디지털독해가 문해력이다

7단계

중학 1 ~ 2학년 권장

교과서를 혼자 읽지 못하는 우리 아이?
평생을 살아가는 힘, '문해력'을 키워 주세요!

'디지털독해가 문해력이다'

디지털 매체 학습으로 문해력 키우기

1

디지털 매체에서 정보를 알맞게 읽어내는 문해력을 키울 수 있습니다.

디지털 매체를 활용한 학습을 하면서 디지털 매체에 담긴 정보를 올바르게 파악할 수 있도록 했습니다.

2

교과별 성취 기준을 바탕으로 한 디지털 매체 학습을 중심으로 구성했습니다.

각 교과에 나오는 디지털 매체인 온라인 대화방, 인터넷 게시판, 인터넷 백과사전, 인터넷 국어사전, 인터넷 뉴스, 텔레비전 뉴스, 블로그, 웹툰, 광고, 스토리보드, SNS를 중심으로 한 독해 학습이 가능합니다.

3

실생활에서 자주 접하는 다양한 디지털 매체를 제시하여 활용해 보는 활동을 구성했습니다.

온라인 대화방, 인터넷 백과사전, 웹툰 등 접하기 쉬운 다양한 디지털 매체를 제시했습니다.

4

디지털 매체를 활용한 다양한 독해 활동과 확인 문제를 구성했습니다.

독해 활동을 하면서 디지털 매체에 대해 이해하고 알맞게 활용할 수 있는지 확인할 수 있습니다.
여러 가지 유형의 확인 문제로 디지털독해를 제대로 학습하였는지 확인할 수 있습니다.

5

학습 내용과 함께 가치 동화를 제시하여 5가지 올바른 가치를 강조했습니다.

5가지 가치인 자신감, 성실, 인내, 행복, 공감을 주제로 한 동화를 구성하여
올바른 가치에 대해 생각해 볼 수 있도록 했습니다.

EBS 〈당신의 문해력〉 교재 시리즈는 약속합니다.

교과서를 잘 읽고 더 나아가 많은 책과 온갖 글을 읽는 능력을 갖출 수 있도록
문해력을 이루는 **핵심 분야별, 학습 단계별** 교재를 준비하였습니다.
한 권 **5회×4주 학습**으로
아이의 공부하는 힘, 평생을 살아가는 힘을 EBS와 함께 키울 수 있습니다.

어휘가 문해력이다	**어휘** 실력이 교과서를 읽고 이해할 수 있는지를 결정하는 척도입니다. 〈어휘가 문해력이다〉는 교과서 진도를 나가기 전에 꼭 예습해야 하는 교재입니다. 20일이면 한 학기 교과서 필수 어휘를 완성할 수 있습니다. 국어, 수학, 사회, 과학 교과서 수록 필수 어휘들을 교과서 진도에 맞춰 날짜별, 과목별로 공부하세요.
쓰기가 문해력이다	**쓰기**는 자기 생각을 표현하는 미래 역량입니다. 서술형, 논술형 평가의 비중은 점점 커지고 있습니다. 객관식과 단답형만으로는 아이들의 생각과 미래를 살펴볼 수 없기 때문입니다. 막막한 쓰기 공부. 이제 단어와 문장부터 하나씩 써 보며 차근차근 학습하는 〈쓰기가 문해력이다〉와 함께 쓰기 지구력을 키워 보세요.
ERI 독해가 문해력이다	**독해**를 잘하려면 체계적이고 객관적인 단계별 공부가 필수입니다. 기계적으로 읽고 문제만 푸는 독해 학습은 체격만 키우고 체력은 미달인 아이를 만듭니다. 〈ERI 독해가 문해력이다〉는 특허받은 독해 지수 산출 프로그램을 적용하여 글의 난이도를 체계화하였습니다. 단어 · 문장 · 배경지식 수준에 따라 설계된 단계별 독해 학습을 시작하세요.
배경지식이 문해력이다	**배경지식**은 문해력의 중요한 뿌리입니다. 하루 두 장, 교과서의 핵심 개념을 글과 재미있는 삽화로 익히고 한눈에 정리할 수 있습니다. 시간이 부족하여 다양한 책을 읽지 못하더라도 교과서의 중요 지식만큼은 놓치지 않도록 〈배경지식이 문해력이다〉로 학습하세요.
디지털독해가 문해력이다	**디지털독해력**은 다양한 디지털 매체 속 정보를 읽어내는 힘입니다. 아이들이 접하는 디지털 매체는 매일 수많은 정보를 만들어 내기 때문에 디지털 매체의 정보를 판단하는 문해력은 현대 사회의 필수 능력입니다. 〈디지털독해가 문해력이다〉로 교과서 내용을 중심으로 디지털 매체 속 정보를 확인하고 다양한 과제를 해결해 보세요.

교재의 구성과 특징

한 주에 5회 학습 계획을 세워 공부할 수 있도록 구성했습니다.

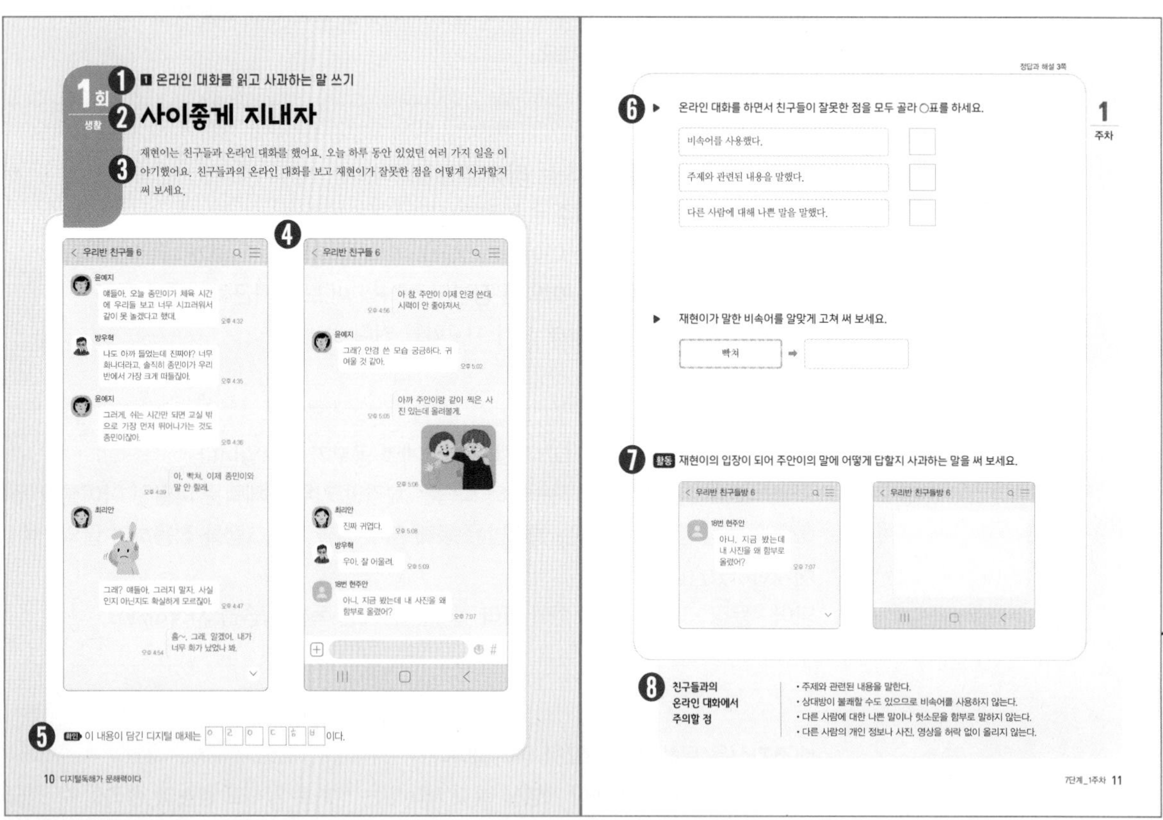

주차별 학습 내용

❶ **성취 기준** 학습할 디지털 매체와 학습 방향을 제시했습니다.
❷ **제목** 학습 내용의 제목을 제시했습니다.
❸ **생각 열기** 학습 동기를 불러일으키는 활동 내용을 제시했습니다.
❹ **본문 학습** 실생활에서 자주 보는 디지털 매체의 특성을 살려 본문 학습을 구성했습니다.
❺ **확인** 본문에 사용된 디지털 매체를 확인할 수 있도록 한 문장으로 구성했습니다.
❻ **바탕학습** 본문 내용을 확인해 보는 문제로 구성했습니다.
❼ **돋움학습** 디지털 매체의 특성을 알고 적용해 볼 수 있는 활동으로 구성했습니다.
❽ **학습 정보** 본문 학습과 관련된 정보나 디지털 매체에 대한 보충 설명으로 내용을 구성했습니다.

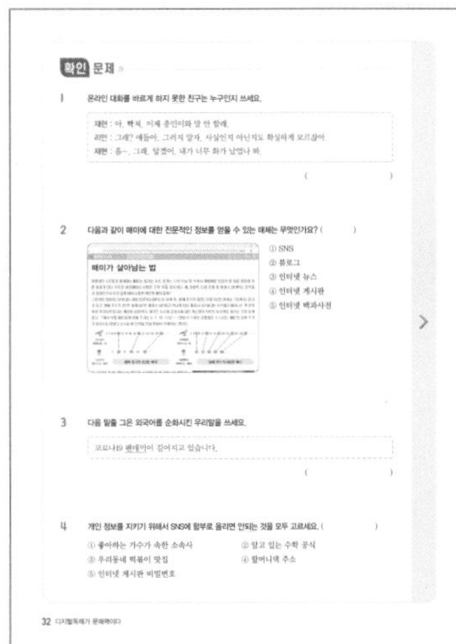

확인 문제
한 주 동안 학습한 내용을 다양한 문제 유형으로 확인할 수 있도록 구성했습니다.

디지털 매체 다시 보기
디지털 매체를 다시 한 번 살펴보면서 상황에 따라 알맞은 디지털 매체를 활용하는 방법을 제시했습니다.

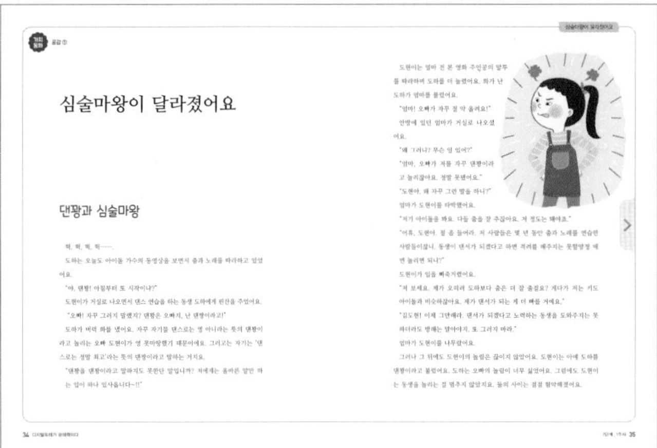
심술마왕이 달라졌어요

댄광과 심술마왕

가치 동화
5가지 가치(자신감, 성실, 인내, 행복, 공감)를 담아 생활 속 이야기를 구성했습니다.

활용 디지털 매체 보기

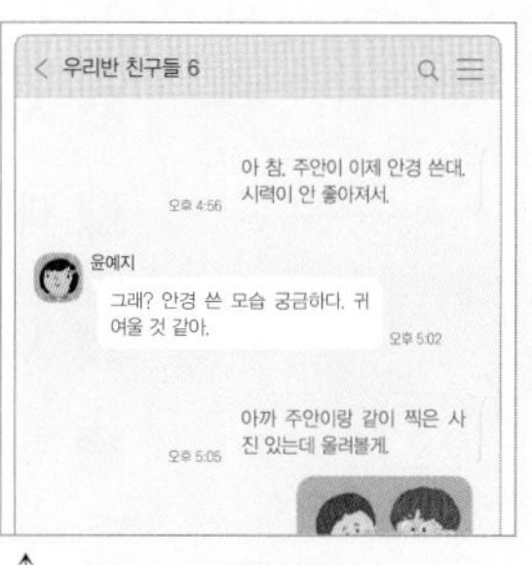

온라인 대화방

웹툰

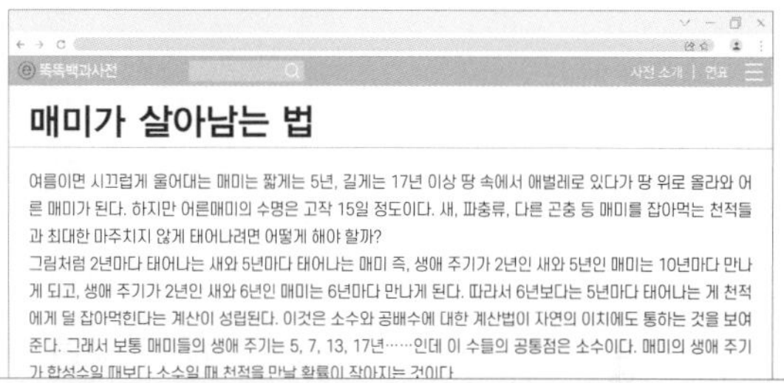
똑똑백과사전

매미가 살아남는 법

여름이면 시끄럽게 울어대는 매미는 짧게는 5년, 길게는 17년 이상 땅 속에서 애벌레로 있다가 땅 위로 올라와 어른 매미가 된다. 하지만 어른매미의 수명은 고작 15일 정도이다. 새, 파충류, 다른 곤충 등 매미를 잡아먹는 천적들과 최대한 마주치지 않게 태어나려면 어떻게 해야 할까?
그림처럼 2년마다 태어나는 새와 5년마다 태어나는 매미 즉, 생애 주기가 2년인 새와 5년인 매미는 10년마다 만나게 되고, 생애 주기가 2년인 새와 6년인 매미는 6년마다 만나게 된다. 따라서 6년보다는 5년마다 태어나는 게 천적에게 덜 잡아먹힌다는 계산이 성립된다. 이것은 소수와 공배수에 대한 계산법이 자연의 이치에도 통하는 것을 보여준다. 그래서 보통 매미들의 생애 주기는 5, 7, 13, 17년……인데 이 수들의 공통점은 소수이다. 매미의 생애 주기가 합성수일 때보다 소수일 때 천적을 만날 확률이 작아지는 것이다.

인터넷 백과사전

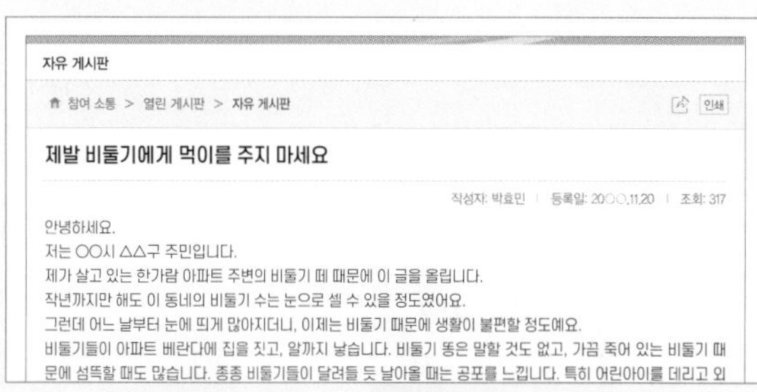
자유 게시판

참여 소통 > 열린 게시판 > 자유 게시판

제발 비둘기에게 먹이를 주지 마세요

작성자: 박효민 | 등록일: 20○○.11.20 | 조회: 317

안녕하세요.
저는 ○○시 △△구 주민입니다.
제가 살고 있는 한가람 아파트 주변의 비둘기 떼 때문에 이 글을 올립니다.
작년까지만 해도 이 동네의 비둘기 수는 눈으로 셀 수 있을 정도였어요.
그런데 어느 날부터 눈에 띄게 많아지더니, 이제는 비둘기 때문에 생활이 불편할 정도예요.
비둘기들이 아파트 베란다에 집을 짓고, 알까지 낳습니다. 비둘기 똥은 말할 것도 없고, 가끔 죽어 있는 비둘기 때문에 섬뜩할 때도 많습니다. 종종 비둘기들이 달려들 듯 날아올 때는 공포를 느낍니다. 특히 어린아이를 데리고 있

인터넷 게시판

최근 가짜 뉴스가 심각한 사회 문제로 떠오르면서 올바른 정보를 걸러내는 능력인 '미디어 리터러시'가 주목을 받고 있습니다. 이지아 기자가 알려 드립니다.

이지아 기자: 보호자들 가운데 열에 아홉은 "아이가 인터넷 동영상을 너무 많이 봐요."라고 말합니다. '미디어 리터러시'라는 말은 생소하지만, 이미 부모들은 우리 아이에게 '미디어 리터러시' 교육이 시급히 필요하다는 것을 인지하고 있습니다.
미국 한 대학에서 미국 청소년 7,804명을 대상으로 2015년 1월부터 1년 6개월에 걸쳐 시행한 '미디어 리터러시' 조사에 따르면, 80%의 청소년이 뉴스성 광고를 진짜 뉴스라고 착각한다는 결과가 나왔습니다.

텔레비전 뉴스

나의 창고 | 역사세상

내 블로그 | 이웃 블로그 | 블로그 홈

척척박사
사소한 것도 모아두는 창고
+ 이웃 추가

감염병을 극복한 인류의 역사

척척박사

전 세계를 두려움에 떨게 한 감염병 코로나19. 하지만 이전에도 인류는 수많은 감염병을 겪고 극복해 왔습니다. 감염병 극복의 역사를 알아보겠습니다.

흑사병_쥐에 기생하는 벼룩에 의해 페스트균이 옮겨져 발생하는 병입니다. 14세기 약 100년 동안 유럽 인구의 1/3을 사망에 이르게 하였습니다. 흑사병의 폭발적인 증가 원인은 비위생적인 환경이었는데, 그 후 위생 관념이 생기면서 극복했습니다.

블로그

교재의 차례

1 주차

1회 1 사이좋게 지내자 10
2 매미가 살아남는 법 12

2회 1 사랑해, 우리말 14
2 학교 내 휴대 전화 사용 금지 16

3회 1 내가 만드는 맛집 지도 18
2 비둘기에게 먹이를 주지 마세요 22

4회 1 오늘도 비, 내일도 비 24
2 아동을 위해, 아동과 함께 26

5회 1 개인 정보 내 손으로 지켜요 28
2 진짜와 가짜를 구분하는 능력 30

확인 문제 32

가치 동화 [공감] 심술마왕이 달라졌어요 ① 34

2 주차

1회 1 우리 학교를 소개합니다 40
2 보령 머드 축제 42

2회 1 알약의 여러 종류 46
2 나폴레옹 되짚어보기 48

3회 1 학습 계획하기 50
2 동지 52

4회 1 귀뚜라미와 반딧불이 54
2 어린이를 보호해요 58

5회 1 바코드의 비밀 60
2 청소년의 스마트폰 과의존 위험 62

확인 문제 66

가치 동화 [공감] 심술마왕이 달라졌어요 ② 68

3 주차

1회	1 거주 지역의 관광지화	74
	2 감염병 극복의 역사	76
2회	1 새로운 경제 모델, 공유 경제	78
	2 거북을 키워요	80
3회	1 내 마음속의 양심	84
	2 시청 소감을 남겨요	86
4회	1 감정까지 읽는 인공 지능 스피커	88
	2 한옥의 과학적 난방	90
5회	1 건강하게 먹어요	92
	2 콩쥐와 신데렐라의 비슷한 점과 다른 점	94
	확인 문제	98
	가치 동화 [공감] 심술마왕이 달라졌어요 ③	100

4 주차

1회	1 아빠와 나는 K-팝 사랑꾼	106
	2 세계의 음식, 크루아상	108
2회	1 키오스크의 장점과 단점	112
	2 수소가 도시를 바꾼다	114
3회	1 타지마할	116
	2 어느 것을 고를까요?	120
4회	1 독서 동아리 회원을 모집해요	122
	2 교사가 궁금해요	124
5회	1 지하철역에 나타난 슈퍼맨	128
	2 밥버거 만들기	130
	확인 문제	132
	가치 동화 [공감] 심술마왕이 달라졌어요 ④	134
	디지털 매체 다시 보기	138

도현이는 동생인 도하와 티격태격하는 남매 사이예요. 장난끼 많은 도현이는 늘 도하를 먼저 놀리고 도하는 그런 오빠에게 화를 내고요. 그런데 춤 추는 것을 좋아하는 도하가 방송 댄스반에 들어가면서 댄스 발표회를 열심히 준비하는데…….

– 가치 동화 〈심술마왕이 달라졌어요〉 –

1

주차

회		제목	학습 계획일	
1	생활	1 사이좋게 지내자	월	일
	과학	2 매미가 살아남는 법	월	일
2	문화	1 사랑해, 우리말	월	일
	생활	2 학교 내 휴대 전화 사용 금지	월	일
3	문화	1 내가 만드는 맛집 지도	월	일
	생활	2 비둘기에게 먹이를 주지 마세요	월	일
4	과학	1 오늘도 비, 내일도 비	월	일
	인물	2 아동을 위해, 아동과 함께	월	일
5	사회	1 개인 정보 내 손으로 지켜요	월	일
	문화	2 진짜와 가짜를 구분하는 능력	월	일
확인 문제				
가치 동화 [공감] 심술마왕이 달라졌어요 ①				

1회
생활

1 온라인 대화를 읽고 사과하는 말 쓰기

사이좋게 지내자

재현이는 친구들과 온라인 대화를 했어요. 오늘 하루 동안 있었던 여러 가지 일을 이야기했어요. 친구들과의 온라인 대화를 보고 재현이가 잘못한 점을 어떻게 사과할지 써 보세요.

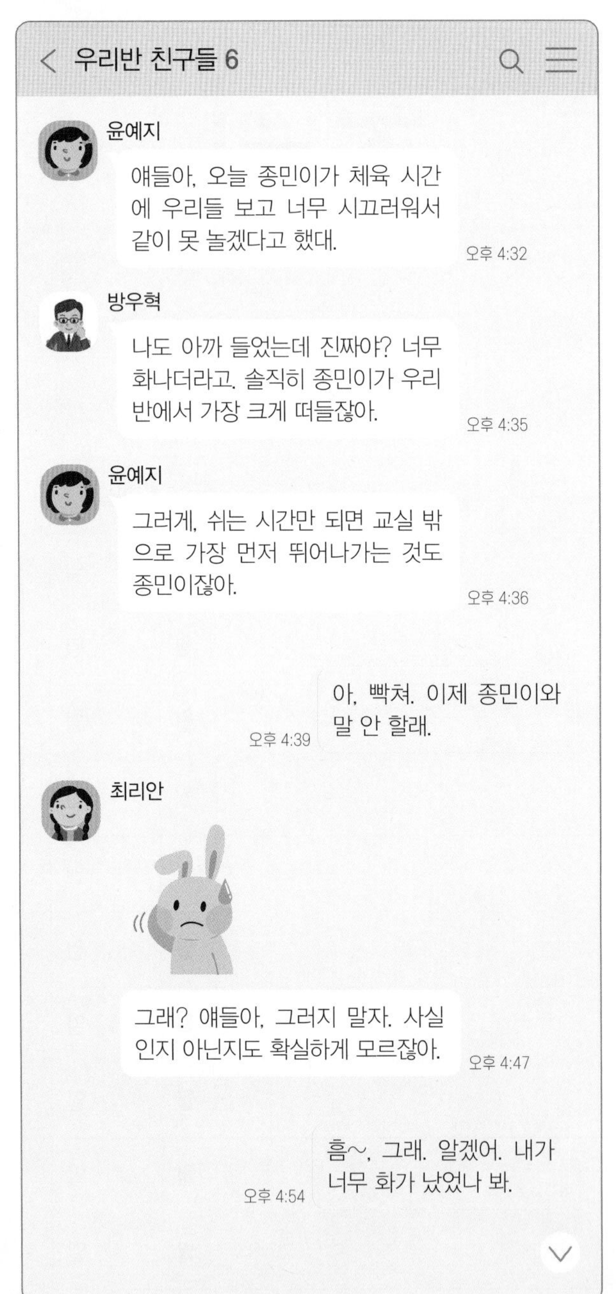

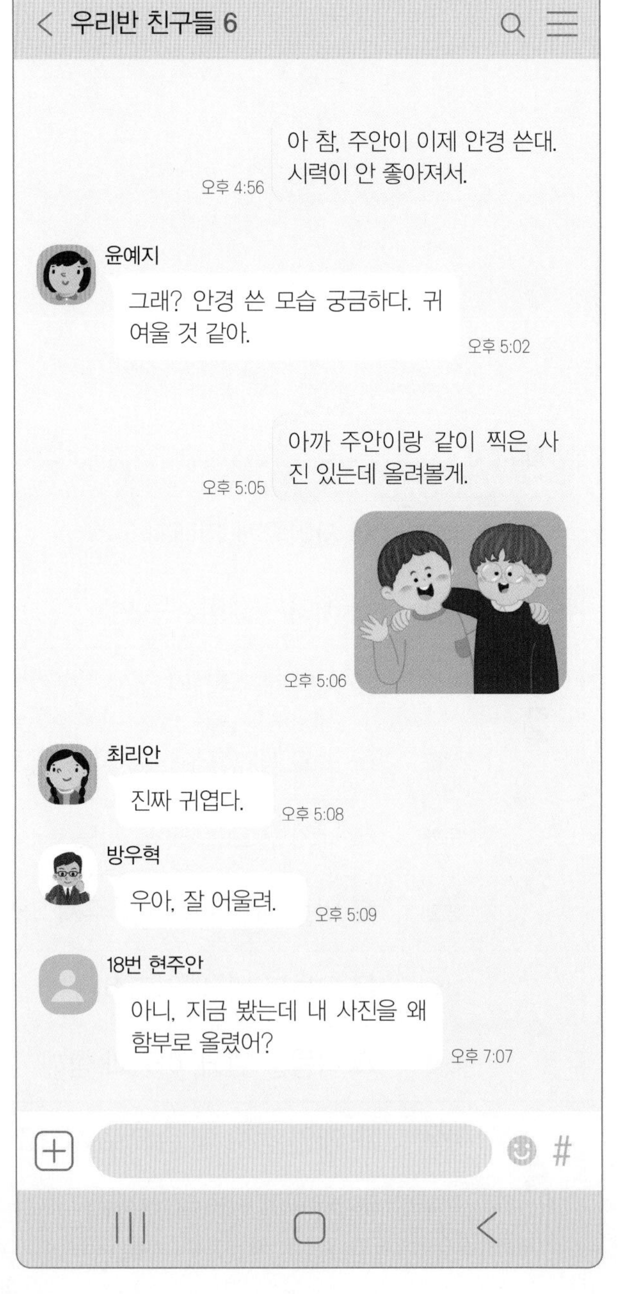

확인 이 내용이 담긴 디지털 매체는 ㅇ ㄹ ㅇ ㄷ ㅎ ㅂ 이다.

▶ 온라인 대화를 하면서 친구들이 잘못한 점을 모두 골라 ○표를 하세요.

비속어를 사용했다.	
주제와 관련된 내용을 말했다.	
다른 사람에 대해 나쁜 말을 말했다.	

▶ 재현이가 말한 비속어를 알맞게 고쳐 써 보세요.

빡쳐 ➡ (   )

활동 재현이의 입장이 되어 주안이의 말에 어떻게 답할지 사과하는 말을 써 보세요.

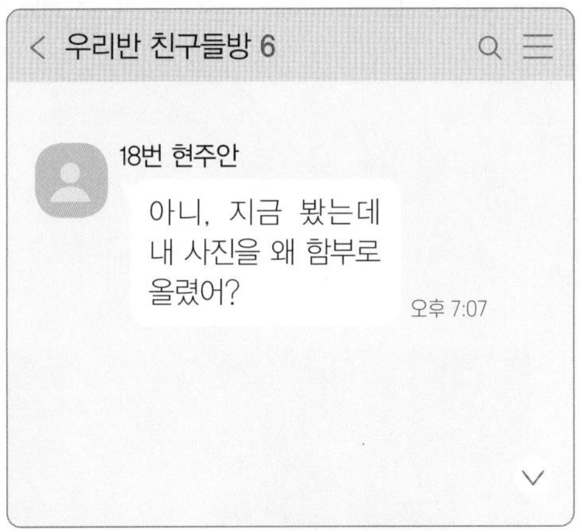

친구들과의 온라인 대화에서 주의할 점

- 주제와 관련된 내용을 말한다.
- 상대방이 불쾌할 수도 있으므로 비속어를 사용하지 않는다.
- 다른 사람에 대한 나쁜 말이나 헛소문을 함부로 말하지 않는다.
- 다른 사람의 개인 정보나 사진, 영상을 허락 없이 올리지 않는다.

1회
과학

■2 인터넷 백과사전을 읽고 인터넷 게시판에 답글 쓰기

매미가 살아남는 법

매미는 굼벵이로 땅속에 여러 해를 있다가 땅 위로 나와 어른 매미가 되어 잠깐 살다 가는 곤충이에요. 이런 매미들의 생애 주기에 숨은 비밀은 무엇인지 인터넷 백과사전으로 알아보고 인터넷 게시판에 답해 보세요.

매미가 살아남는 법

여름이면 시끄럽게 울어대는 매미는 짧게는 5년, 길게는 17년 이상 땅 속에서 애벌레로 있다가 땅 위로 올라와 어른 매미가 된다. 하지만 어른매미의 수명은 고작 15일 정도이다. 새, 파충류, 다른 곤충 등 매미를 잡아먹는 천적들과 최대한 마주치지 않게 태어나려면 어떻게 해야 할까?

그림처럼 2년마다 태어나는 새와 5년마다 태어나는 매미 즉, 생애 주기가 2년인 새와 5년인 매미는 10년마다 만나게 되고, 생애 주기가 2년인 새와 6년인 매미는 6년마다 만나게 된다. 따라서 6년보다는 5년마다 태어나는 게 천적에게 덜 잡아먹힌다는 계산이 성립된다. 이것은 소수와 공배수에 대한 계산법이 자연의 이치에도 통하는 것을 보여 준다. 그래서 보통 매미들의 생애 주기는 5, 7, 13, 17년……인데 이 수들의 공통점은 소수이다. 매미의 생애 주기가 합성수일 때보다 소수일 때 천적을 만날 확률이 작아지는 것이다.

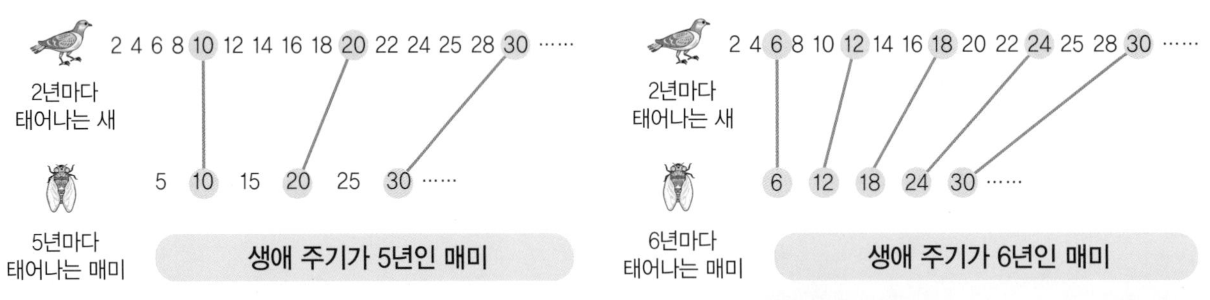

또 13년에 한 번 태어나는 매미와 17년에 한 번 태어나는 매미가 동시에 태어나려면 무려 221년이 걸리게 된다. 바로 이것이 천적도 피하고 같은 매미들끼리의 먹이 경쟁도 피하기 위한, 똑똑한 매미의 생존 방법이다. 다른 개체나 천적과 만나는 확률이 작아지도록 생애 주기를 '소수'로 조절하는 것이 매미의 숨은 수학적 비밀이다.

▲ 매미의 날개돋이

확인 이 내용이 담긴 디지털 매체는 인터넷 [ㅂ][ㄱ][ㅅ][ㅈ]이다.

▶ 인터넷 백과사전을 통해 알게 된 내용으로 알맞은 것을 골라 ○표를 하세요.

매미의 생애 주기	
매미의 암수 구별 방법	
매미가 땅속에서 주로 먹는 먹이	

▶ 매미의 생애 주기가 소수인 이유로 알맞은 것을 모두 골라 기호를 쓰세요.

㉮ 천적에게 덜 잡아먹히기 위해서
㉯ 매미들의 개체 수를 줄이기 위해서
㉰ 매미들끼리의 먹이 경쟁을 피하기 위해서

활동 인터넷 백과사전에서 알게 된 내용을 바탕으로 하여 인터넷 게시판에 올라온 매미에 대한 질문에 알맞은 답글을 써 보세요.

Q&A 게시판 >>> 궁금해요

Q **매미의 생애 주기가 소수라는데 그 이유가 뭔가요?**
매미의 생애 주기가 5, 7, 13, 17, ……과 같은 소수라는데 사실인가요?
사실이라면 그 이유를 알고 싶어요.

A

매미가 소리를 내는 방법

사람은 성대가 있어서 소리를 내지만 성대가 없는 매미는 발음근으로 소리를 낸다. 매미의 배에 있는 발음막, 발음근, 공기주머니는 매미가 소리를 내는 것을 도와 준다. 수컷 매미의 배덮개 안쪽에 브이(V)자 모양의 발음근이 있지만 암컷 매미에게는 발음근이 없어서 소리를 낼 수 없다.

2회
문화

1 웹툰을 읽고 외국어를 우리말로 바꾸기

사랑해, 우리말

웹툰 〈사랑해, 우리말〉에 등장한 비니와 파니가 코로나19에 대해 이야기하고 있어요. 그런데 웹툰 속에 외국어가 많네요. 웹툰을 다시 읽고 외국어를 우리말로 바꾸어 보세요.

사랑해, 우리말 <코로나19>

OO뉴스
코로나19 팬데믹이 길어지고 있습니다. 이제 위드 코로나를 준비해야 합니다.

OO뉴스
난 코로나 블루인 듯. 요즘 계속 우울해.
비니
파니

맞아. 요즘 거의 모든 게 언택트로 변해서 더 그런것 같아.

웹툰에 어떤 외국어가 나오는지 살펴볼까요?

팬데믹
- 뜻: 전염병이 전 세계적으로 크게 유행하는 현상.
- 우리말: 감염병 세계적 유행

위드 코로나
- 뜻: 코로나19 감염을 예방하며 일상생활을 해야 하는 시기.
- 우리말: 단계적 일상 회복

코로나 블루
- 뜻: 코로나19로 일상에 큰 변화가 닥치면서 사람들이 느끼는 불안, 우울, 무기력감.
- 우리말: 코로나 우울

언택트
- 뜻: 사람을 직접 만나지 않고 물품을 구매하거나 서비스 따위를 받는 일.
- 우리말: ______

확인 이 내용이 담긴 디지털 매체는 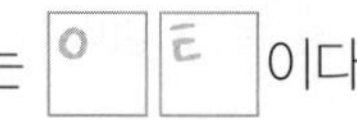 이다.

▶ 웹툰에서 비니와 파니가 말하고 있는 주제로 알맞은 것에 ○표를 하세요.

시험	코로나19	우울한 일상

▶ 외국어를 우리말로 알맞게 바꾼 것을 찾아 선으로 이으세요.

외국어		우리말
팬데믹 •		• 코로나 우울
위드 코로나 •		• 단계적 일상 회복
코로나 블루 •		• 감염병 세계적 유행

활동 파니가 한 말 중 외국어 '언택트'를 우리말로 바꾸어 보세요.

바꾸기 전

바꾼 후

코로나 관련 외국어 더 알아보기

- 드라이브 스루: 자동차에 탄 채로 쇼핑을 하거나 진료를 받는 방식을 말하는 것으로 우리말 '승차 구매', '승차 진료'로 바꿀 수 있다.
- 워킹 스루: 건물 밖이나 공터 등 별도로 마련된 곳으로 걸어가서 진료를 받는 방식을 말하는 것으로 우리말 '도보형 진료'로 바꿀 수 있다.

2회
생활

2 온라인 대화를 읽고 내 의견 쓰기

학교 내 휴대 전화 사용 금지

수업 시간에 휴대 전화 벨이 울려서 지후의 휴대 전화를 선생님께서 가져가는 일이 생겼어요. 친구들이 온라인 대화방에서 다시 그 일에 대해 이야기를 나누고 있어요. 대화방에 참여하여 내 의견을 써 보세요.

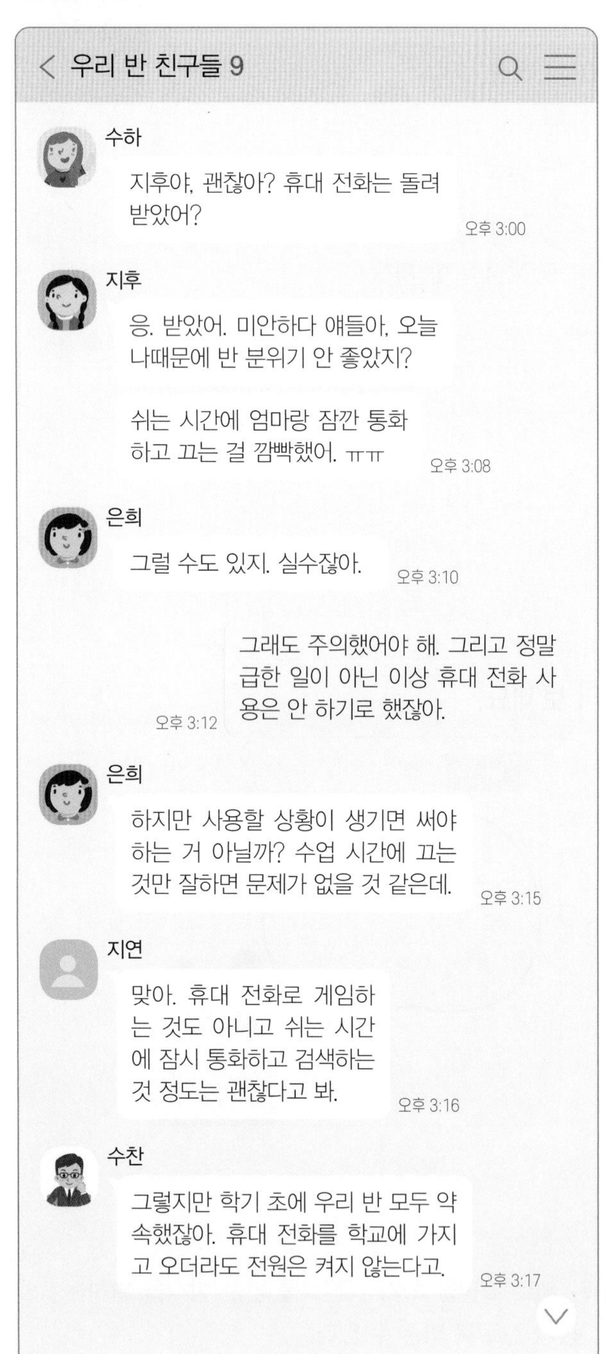

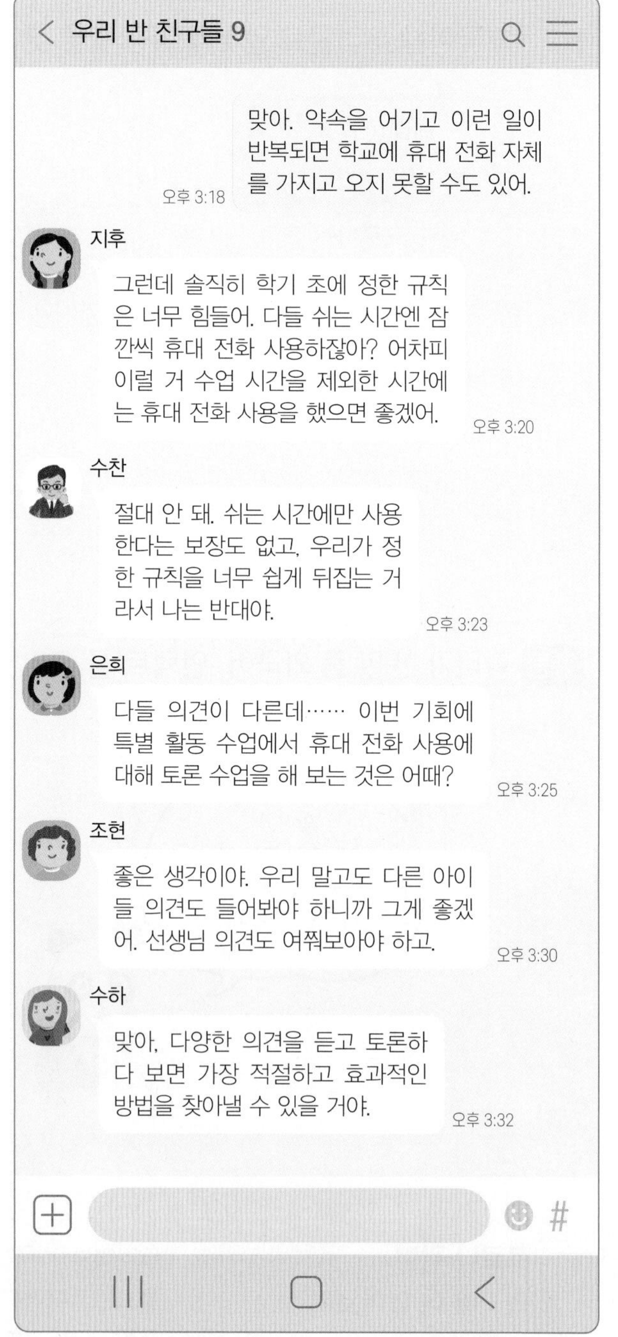

확인 이 내용이 담긴 디지털 매체는 ㅇ ㄹ ㅇ ㄷ ㅎ ㅂ 이다.

▶ 온라인 대화방의 주제로 알맞은 것에 ○표를 하세요.

학교에서 휴대 전화 사용이 금지되어야 하는가?	
선생님께서 휴대 전화를 가져간 것은 정당한가?	

▶ 온라인 대화를 읽고 친구들의 대화 방식으로 알맞은 말에 ○표를 하세요.

한 가지 주제에 대해 찬성하는 사람과 반대하는 사람이 (자기주장 , 공통 의견)을 서로 이야기하고 있다.

활동 친구들의 대화 내용을 보고, 내 의견을 써 보세요.

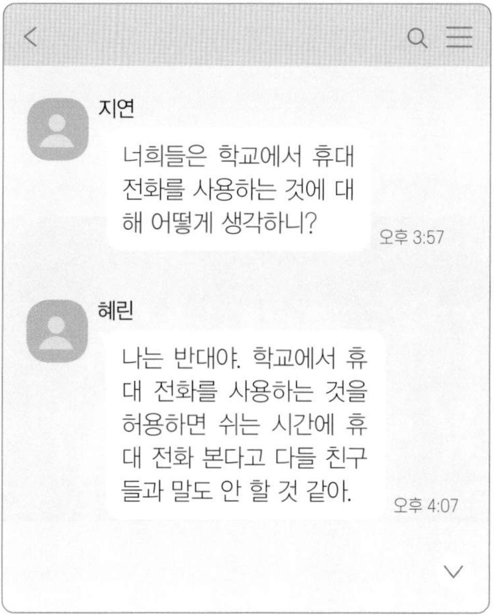

토론의 특징

- 토론은 근거를 내세우며 자기주장을 펼쳐야 한다.
- 다른 의견을 낼 때는 상대의 말을 끝까지 듣고 다른 의견을 내야 한다.

1 인터넷 게시판, SNS, 인터넷 뉴스를 보고 맛집 지도 만들기

내가 만드는 맛집 지도

정원이는 동네 맛집 지도를 만들려고 해요. 인터넷 게시판이나 SNS, 인터넷 뉴스에서 동네 맛집에 대한 자료를 찾아보았어요. 정원이처럼 여러 자료를 찾아 정리하여 우리 동네 맛집 지도를 만들어 보세요.

정원이의 맛집 자료

떡볶이

○○동 모여라!

작성자: 송정원 | 등록일: 20○○.10.13 | 조회: 151

맛집 추천 ▶

우리 동네의 떡볶이 맛집 추천해 주세요.

 맛살맛죽

저는 먹는 것은 다 좋아하지만 그중에서 떡볶이를 정말 좋아해요. 우리 동네에서 맛있게 드셨던 떡볶이 가게를 추천해 주세요.
꼭 먹어보고 싶습니다.

 공감 5 | 댓글 4

ㄴ **빵순이**
진 떡볶이요!

ㄴ **세상 모든 밥**
코끼리 분식의 떡볶이 맛있어요. 새로 생겼어요.

ㄴ **내일도 빵**
코끼리 분식 추천해요. 적당히 매우면서도 자꾸 먹고 싶어요.

ㄴ **달달한 소금**
며칠 전에 코끼리 분식에서 떡볶이 먹었는데 맛있더라고요. 어릴 때 먹었던 떡볶이 맛이에요.

G greee_ok_m ...

♥ 258 Likes
greee_ok_m #맛집 #코끼리분식

코끼리 분식
최고!최고!최고! 떡이 정말 쫄깃쫄깃해. 우리 동네에서 제일 맛있다고.

A a.Maybee ...

♥ 187 Likes
a.Maybee #떡볶이맛집 #진떡볶이

진 떡볶이
내가 먹어 본 최고 떡볶이. 매콤한데 맛있음. 꼭 튀김이랑 같이 먹어야 함.

확인 이 내용이 담긴 디지털 매체는 인터넷 게시판, SNS, [ㅇ][ㅌ][ㄴ] [ㄴ][ㅅ]이다.

1 주차

빵

+ 뉴스 검색차트 MY뉴스

생활

빵 축제, 빵 드시러 오세요!

성시원 기자 입력 20○○.11.22.

지난 17일에 열린 빵 축제가 성공적으로 막을 내렸다. 빵을 주제로는 처음으로 열린 지역 축제여서 많은 사람들의 관심을 끌었다.

○○시의 대표 빵집인 맛나맛나 제빵소는 물론, 수 샌드위치, 달콤당, 태극제과점 등 많은 빵집들이 참가하여 축제를 보러 본 사람들의 관심을 받았다.

빵 축제에 참여한 빵집들은 저마다 대표 빵을 내세웠는데 맛나맛나 제빵소는 크루아상, 달콤당은 단팥빵, 수 샌드위치는 햄 샌드위치, 태극제과점은 크림빵이 가장 관람객들에게 인기가 많았다.

빵 축제에 참여한 한 시민은 “다른 지역에서 왔지만 빵집을 찾아다니며 맛있는 빵을 맛보는 것이 정말 재미있다. 매년 빵 축제가 열렸으면 좋겠다.”고 전했다.

태극제과점 관계자는 빵 축제는 올해 처음 시작되었는데 빵을 좋아하는 사람들의 관심도 높고, 빵집을 알릴 수도 있어서 앞으로도 매년 참여할 계획이라고 말했다.

R rain_rrrr

♥ 301 Likes

rain_rrrr #맛집 #신선한샌드위치

수 샌드위치

재료가 정말 신선해. 건강해지는 느낌!

P pree_100

♥ 486 Likes

pree_100 #빵집 #맛나맛나맛있는빵

맛나맛나 제빵소

여러 가지 빵들이 다 맛있지만 그중에 최고는 크루아상! 버터향이 정말 좋아.

지도

- 지도는 찾아갈 장소를 정확하게 알기 위해서 만들어졌다.
- 버스나 지하철 역 주변에 있는 주변 지역 안내도를 보면 지금 자신이 있는 위치가 어디인지, 찾아갈 장소와 어느 정도 거리인지 알 수 있다.
- 영화관 안에서도 불이 날 때를 대비해서 비상 대피 안내도가 있고, 새로운 곳에 여행을 가면 가 볼 만한 곳을 표시한 관광 지도도 있다.

▶ 정원이가 맛집 지도의 자료를 찾기 위해 활용한 매체를 모두 골라 ○표를 하세요.

인터넷 게시판　　온라인 단체 대화방　　학급 게시판

SNS　　인터넷 백과사전　　인터넷 뉴스

▶ 정원이가 조사한 맛집 자료의 내용으로 알맞은 것에 모두 ○표를 하세요.

정원이가 사는 지역에서 떡볶이 축제가 열렸다.	
재료가 신선해서 수 샌드위치를 좋아하는 사람이 있다.	
정원이 동네의 떡볶이 맛집에는 코끼리 분식과 진 떡볶이가 있다.	
빵 축제에 나온 태극제과점에서는 크루아상이 가장 인기가 많았다.	

▶ 정원이가 정리한 내용을 참고하여 내가 만드는 맛집 지도에 무엇무엇을 표시할지 정하여 써 보세요.

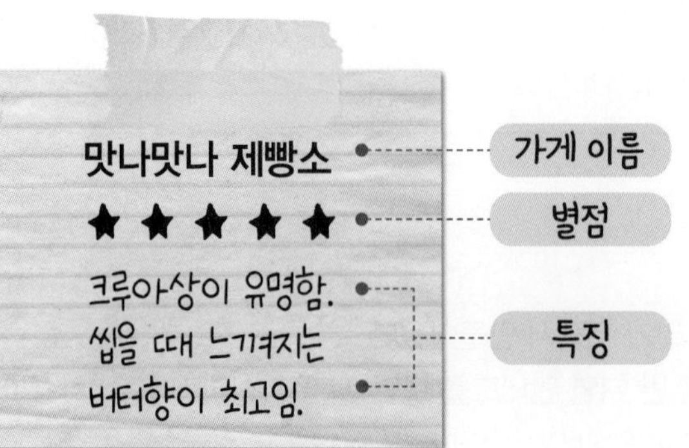

활동 정원이가 만든 맛집 지도를 보고 내가 조사한 내용으로 우리 동네 맛집 지도를 만들어 보세요.

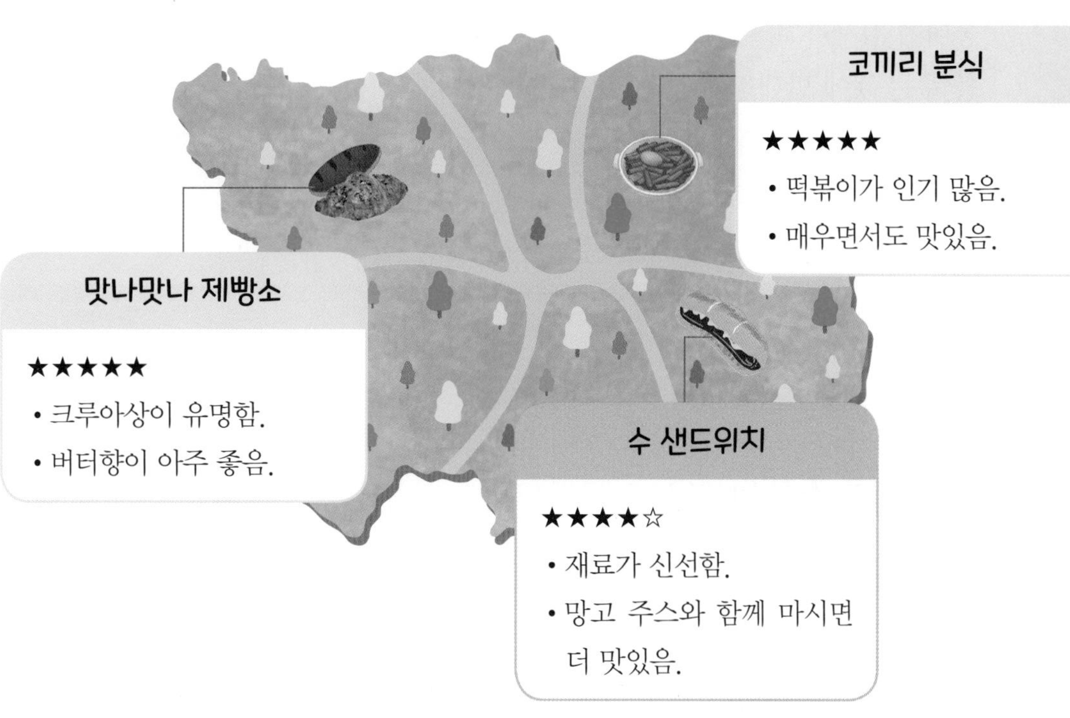

내가 만드는 우리 동네 맛집 지도

3회
생활

2 인터넷 게시판을 읽고 댓글 쓰기

비둘기에게 먹이를 주지 마세요

동네에 갑자기 비둘기가 많아졌어요. 구청 누리집 자유 게시판에는 비둘기에게 먹이를 주는 것에 반대하는 글도 실렸지요. 인터넷 게시판의 글을 읽고 내 생각을 댓글로 써 보세요.

자유 게시판

참여 소통 > 열린 게시판 > 자유 게시판　　인쇄

제발 비둘기에게 먹이를 주지 마세요

작성자: 박효민 | 등록일: 20○○.11.20 | 조회: 317

안녕하세요.
저는 ○○시 △△구 주민입니다.
제가 살고 있는 한가람 아파트 주변의 비둘기 떼 때문에 이 글을 올립니다.
작년까지만 해도 이 동네의 비둘기 수는 눈으로 셀 수 있을 정도였어요.
그런데 어느 날부터 눈에 띄게 많아지더니, 이제는 비둘기 때문에 생활이 불편할 정도예요.
비둘기들이 아파트 베란다에 집을 짓고, 알까지 낳습니다. 비둘기 똥은 말할 것도 없고, 가끔 죽어 있는 비둘기 때문에 섬뜩할 때도 많습니다. 종종 비둘기들이 달려들 듯 날아올 때는 공포를 느낍니다. 특히 어린아이를 데리고 외출을 해야 하는 날에는 더욱 걱정이 크지요.
여기에 더 큰 문제는 비둘기에게 먹이를 주는 것이에요. 어떤 분이 배낭 가득 새 모이를 담아와 아파트와 공원에서 비둘기를 기다렸다가 모이를 주고 가십니다. 그러고 나면 비둘기는 더 많이 모여 들지요.
자료를 찾아보니 비둘기는 2009년에 환경부가 지정한 유해 야생 동물이더라고요. 비둘기 자체가 위험한 동물은 아니지만 사람들에게 많은 피해를 끼치고 있기 때문에요.
정말 비둘기 때문에 받는 고통이 이만저만이 아닙니다. 제발 비둘기에게 먹이를 주지 마세요.
구청 환경과에서도 단속과 관리를 부탁드립니다.

댓글 15

└ **오명훈(28)** 20○○.11.22 15:09
저도 먹이가 없어 두리번거리는 비둘기를 보면 불쌍해서 자꾸 먹이를 주게 돼요.

└ **BigPicture** 20○○.11.27 15:11
저도 작성자님 의견에 동의합니다. 비둘기들이 어깨를 스치듯 날아간 적이 있는데 정말 공포스럽더군요. 비둘기들이 사람이 주는 먹이에 익숙해져서 점점 야생성을 잃고 있다고 하네요.

확인 이 내용이 담긴 디지털 매체는 [ㅇ][ㅌ][ㄴ] [ㄱ][ㅅ][ㅍ]이다.

▶ 인터넷 게시판에서 글쓴이가 주장하는 것은 무엇인지 ○표를 하세요.

배고픈 비둘기에게 먹이를 주세요.	☐
유해 야생 동물인 비둘기에게 먹이를 주지 마세요.	☐

▶ 글쓴이의 의견에 찬성과 반대 의견을 알맞게 선으로 이으세요.

찬성 •	•	관공서에서도 비둘기에게 먹이를 주지 말라는 현수막을 붙이고 관리합니다. 사람이 주는 먹이에 익숙해지면 야생성을 잃고 더 많이 모여들게 됩니다.
반대 •	•	요즘 도시에서 야생 동물이 스스로 먹이를 구하는 건 쉽지 않습니다. 비둘기들은 이미 도시에 터전을 잡아 인간과 함께 사는 관계인데 굶어 죽게 내버려 둘 수는 없지 않을까요?

활동 인터넷 게시판의 의견에 대한 내 생각을 댓글로 써 보세요.

유해 야생 동물로 지정하는 경우는?

- 장기간 동안 무리 지어 살면서 농작물 또는 과일에 피해를 주는 경우
- 일부 지역에서 서식 밀도가 매우 높아서 농업·임업·어업에 피해를 주는 경우
- 비행장 주변에 출현해 항공기 등에 피해를 주거나 군 작전에 지장을 주는 경우
- 주택 주변에 나타나 사람과 동물에게 위험이나 피해를 입힐 가능성이 높은 경우
- 무덤을 훼손하는 경우
- 전선이나 통신선 등 전력 시설에 피해를 주는 경우
- 일부 지역에 서식 밀도가 매우 높아 똥, 털 날림 등으로 문화재와 건물을 훼손하는 경우

– 환경부가 정한 유해야생동물(제4조 관련) 지정 현황에서 발췌

4회
과학

1 두 매체의 일기예보를 보고 온라인 대화 하기

오늘도 비, 내일도 비

장마전선의 영향으로 전국에 비가 내리고 있어요. 많은 양의 비가 계속 내려서 호우 경보까지 내려졌어요. 두 매체의 일기예보를 보고 온라인 대화방에 알맞은 내용을 써 보세요.

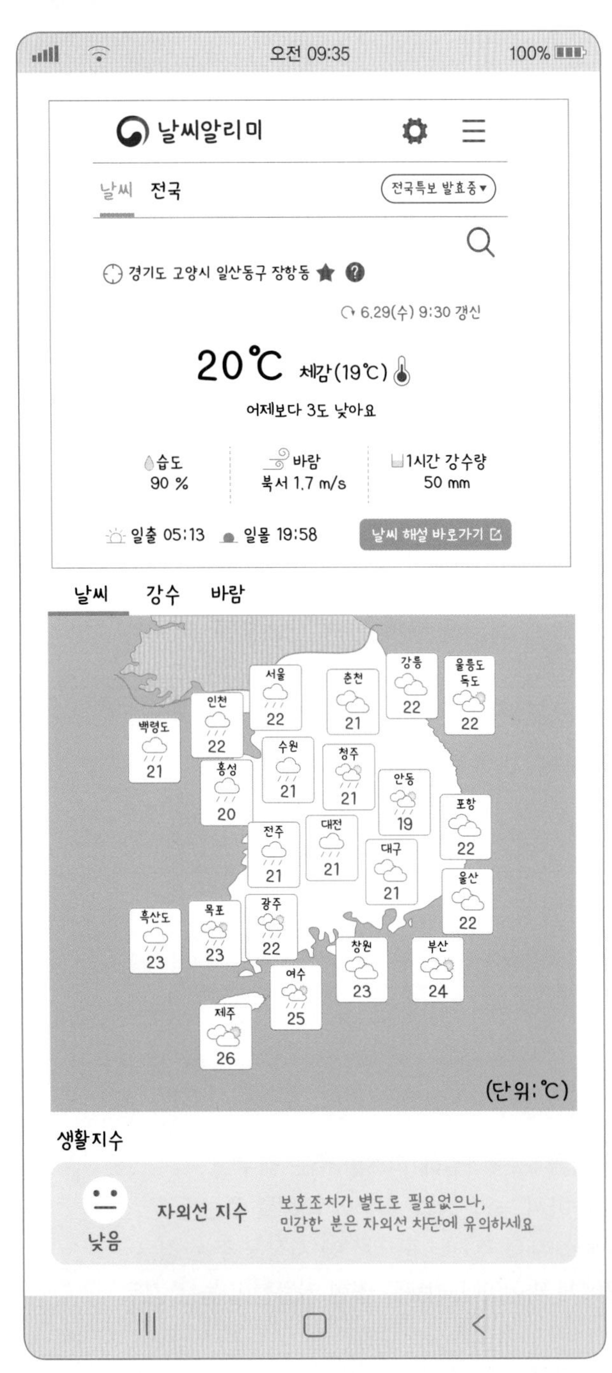

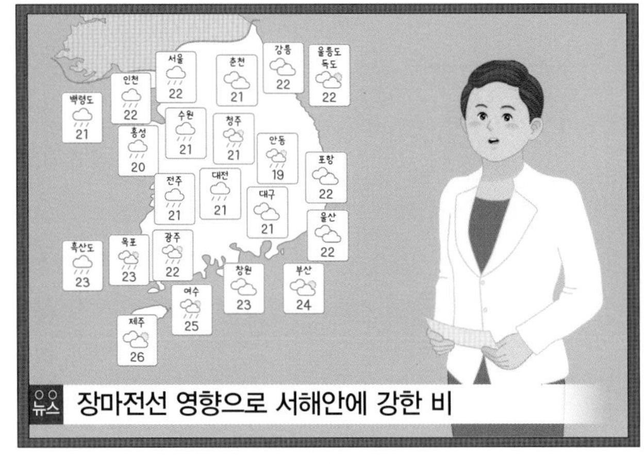

오늘 29일은 장마전선의 영향으로 수도권과 서해안을 중심으로 전국에 많은 비가 내리겠습니다.

29일 오전 9시 30분 현재 장마전선의 영향으로 서울과 경기도를 중심으로 호우경보가 내려져 있습니다. 특히 서해안 지역을 중심으로 시간당 50mm 이상의 강한 비가 오는 곳이 많습니다.

호우경보는 3시간 누적강우량이 90mm 이상 또는 12시간 누적강우량이 180mm 이상으로 예상될 때 내려집니다.

오늘 아침 최저기온은 서울 20도, 강릉 20도, 대구 21도, 광주 22도이고, 낮 최고기온은 서울 27도, 강릉 27도, 대구 26도, 광주 25도입니다.

확인 이 내용이 담긴 디지털 매체는 인터넷 뉴스와 ㅌ ㄹ ㅂ ㅈ 뉴스이다.

▶ 두 매체의 일기예보를 보고 알 수 있는 내용에 ◯표를 하세요.

오늘은 장마전선의 영향으로 전국에 많은 (눈 , 비)(이)가 내릴 예정이다.

▶ 인터넷 일기예보의 특징을 모두 골라 ◯표를 하세요.

정해진 텔레비전 뉴스 방송 시간에만 볼 수 있다.	
인터넷이 사용 가능한 곳에서는 언제든지 볼 수 있다.	
각 지역의 일기예보를 텔레비전 뉴스 일기예보에서보다 더 자세하게 알 수 있다.	

활동 두 매체의 일기예보 내용을 바탕으로 하여 온라인 대화방 친구에게 오늘 날씨에 대해 알맞은 내용을 써 보세요.

< 대화방 4

현돌이
비가 많이 오네. 계속 비가 오니까 기분도 축 쳐지는 것 같아. 오전 10:11

연준
맞아. 비 때문에 다니기도 불편해서 밖에 잘 안 나가게 되더라고. 오전 10:14

차소진
이렇게 비가 많이 오는 날에 밖에 나가려면 어떤 준비를 하면 될까? 오전 10:18

호우 경보와 호우 주의보

일정 시간동안 일정량 이상의 비가 올 때 기상청에서는 호우경보나 호우주의보를 발표한다. 호우주의보는 3시간 누적강우량이 60 mm 이상 또는 12시간 누적 강우량이 110 mm 이상으로 예상될 때, 호우경보는 3시간 누적 강우량이 90 mm 이상 또는 12시간 누적 강우량이 180 mm 이상으로 예상될 때 발표한다.

4회
인물

2 인터넷 백과사전을 읽고 인터넷 게시판에 소개하는 글 쓰기

아동을 위해, 아동과 함께

인터넷 백과사전에서 100년의 역사를 가진 세이브더칠드런의 창시자인 에글렌타인 젭을 검색해 보았어요. 종교, 인종, 국적, 정치적 이념을 초월해 '아동 권리'를 주장한 에글렌타인 젭에 대한 정보를 정리하여 소개하는 글을 써 보세요.

에글렌타인 젭 Eglantyne Jebb

1918년 제1차 세계대전이 끝난 후 영국을 비롯한 승전국은 패전국에 봉쇄 정책을 폈다. 그러나 이 봉쇄 정책의 최대 피해자는 아이들이었다. 에글렌타인 젭은 이러한 패전국의 아이들을 위해 'Save the Children(아이들을 구하라)'을 외치며 불법 전단을 배포한 혐의로 재판에 넘겨졌다. 그녀의 전단 속에는 영양실조에 걸린 패전국 오스트리아의 3살 아이의 모습이 담겨 있었다. 그녀는 심각한 기아에 시달리는 패전국의 아이들을 도와야 한다는 주장을 펼치며 무거운 실형이나 벌금이 부과될 중죄임에도 변호사 없이 자신을 변호하였다. 그러나 법에 따라 유죄를 선고할 수밖에 없었던 판사는 단 5파운드의 벌금을 선고하였고, 이어 담당 검사는 피고인 에글렌타인 젭과 뜻을 함께하는 의미로 5파운드의 벌금을 기부하였다. 이 벌금 5파운드는 세계 최초 아동을 위한 비정부기구(NGO)의 첫 기부금이 되었고, 에글렌타인 젭은 세계 최초 아동을 위한 비정부기구 설립자가 되었다. 그리고 설립 이듬해 세상을 깜짝 놀라게 한 광고가 있었다.

1파운드면 굶주리는 한 어린이를 먹이고 입힐 수 있습니다.
100파운드면 일주일 동안 천 명의 아이를 먹일 수 있습니다.
당신이 망설이는 그 순간 또 다른 무고한 생명을 잃게 됩니다.

직접적인 메시지와 통계 수치로 감성에 호소하는 파격적 광고에 '천박하다, 역겹다'는 비난이 쏟아졌으나 에글렌타인 젭은 꿋꿋하게 활동을 이어갔다. 그녀는 아이들을 구하는 일이 가장 중요했고, 세상 모든 아이들을 사랑했기 때문이다. 그녀는 사랑스럽지 않아도, 내 아이가 아니어도, 아이를 좋아하지 않아도 아이의 권리를 지키고 보호하는 것은 어른의 당연한 의무라고 생각했다. 이는 모성애에서 우러나온 것이 아닌 인류애를 기반으로 한 사회정의의 실현이었다. 1923년 에글렌타인이 만든 세계 최초의 아동 권리 선언문은 1989년 '유엔아동권리협약'으로 발전하며 전 세계 아동의 삶을 바꾼 선언문이 되었다. 아이들에게 가장 중요한 일을 이루어낸 아이를 좋아하지 않은 독신 여성, 그녀가 세상의 모든 아이를 구하는 데 평생을 바친 것은 다음과 같은 이유에서다.

"세상의 미래는 어린이에게 있다."

-에글렌타인 젭

확인 이 내용이 담긴 디지털 매체는 인터넷 [ㅂ][ㄱ][ㅅ][ㅈ]이다.

▶ 인터넷 백과사전을 통해 찾을 수 있는 정보로 알맞은 것에 모두 ○표를 하세요.

제1차 세계대전이 끝난 후 승전국의 패전국 봉쇄 정책의 최대 피해자는 전쟁에 참전했던 군인들이었다.	☐
에글렌타인 젭이 패전국의 아이들을 위해 외쳤던 구호는 'Save the Children(아이들을 구하라)'이다.	☐
1923년 에글렌타인 젭이 만든 세계 최초 아동 권리 선언문은 1989년 '유엔아동권리협약'으로 발전하였다.	☐

▶ 다음은 에글렌타인 젭의 가치관이 잘 드러나는 말입니다. 알맞은 것에 ○표를 하세요.

세상의 미래는 (과학자 , 정치인 , 어린이)에게 있다.

활동 인터넷 백과사전을 통해 알게 된 내용을 바탕으로 인터넷 게시판에 에글렌타인 젭을 소개하는 글을 써 보세요.

자유 게시판

인쇄

등록일: 20○○.10.17 | 조회: 0

공감 0 | 댓글 0

'비정부기구(NGO)'란?

정부기관이나 정부와 관련된 단체가 아니라 순수한 민간조직을 통틀어 일컫는 말이다. 공공의 이익을 위해 조직된 단체로, 정치, 인권, 환경, 보건, 성차별 철폐 등 다양한 목적을 위해 활동한다. 국제 비정부 기구 가운데 대표적인 것으로는 세이브더칠드런, 그린피스, 국경없는 의사회 등이 있다.

5회
사회

■1 웹툰으로 만든 공익 광고를 읽고 내용 정리하기

개인 정보 내 손으로 지켜요

민주가 친구 정현이와 축제에 가서 찍은 사진을 SNS에 올리면서 개인 정보를 노출시켰네요. 웹툰으로 만든 공익 광고를 보고 개인 정보를 보호하기 위해 실천할 내용을 정리해 보세요.

확인 이 내용이 담긴 디지털 매체는 [ㅇ][ㅌ]으로 만든 공익 광고이다.

▶ 알맞은 내용에 ○표를 하세요.

이 광고는 스마트폰 사용을 줄이자는 내용이 담긴 포스터 형식의 공익 광고이다.	
이 광고는 SNS 사용 시 나의 개인 정보를 보호하자는 내용이 담긴 웹툰 형식의 공익 광고이다.	

▶ 민주가 SNS에 올린 내용 중 개인 정보인 것에 모두 ○표를 하세요.

장미 축제 | 행운 아파트 1동 303호 | 02-1234-56○○

활동 웹툰으로 만든 공익 광고를 읽고 알게 된 개인 정보를 보호하기 위해 실천해야 할 내용을 정리해 보세요.

SNS에 올린 내 손의 실수가
돌이킬 수 없는 일이 될 수도 있습니다.

인터넷에 글을 쓸 때 개인 정보가 있는지 확인을 해야 해요.

인터넷에 나, 친구, 부모님의 전화번호를 함부로 올리지 않아야 해요.

웹툰 형식의 공익 광고의 특징

- 그림을 다양하게 표현하여 시각적인 효과를 줄 수 있다.
- 인물의 말과 표정으로 내용이나 분위기를 담을 수 있다.
- 광고에 재미있는 내용을 덧붙여서 읽는 사람에게 부드럽게 내용을 전달할 수 있다.

5회
문화

2 뉴스 방송 대본을 읽고 내용 정리하기

진짜와 가짜를 구분하는 능력

요즘 '미디어 리터러시'라는 단어가 신문이나 뉴스, 그리고 여러 방송에서 쓰이는 것을 볼 수 있어요. '미디어 리터러시'에 대해 다룬 뉴스 방송 대본을 읽어보고, 가짜 뉴스를 어떻게 구별하면 좋을지 써 보세요.

최근 가짜 뉴스가 심각한 사회 문제로 떠오르면서 올바른 정보를 걸러내는 능력인 '미디어 리터러시'가 주목을 받고 있습니다. 이지아 기자가 알려 드립니다.

이지아 기자: 보호자들 가운데 열에 아홉은 "아이가 인터넷 동영상을 너무 많이 봐요."라고 말합니다. '미디어 리터러시'라는 말은 생소하지만, 이미 부모들은 우리 아이에게 '미디어 리터러시' 교육이 시급히 필요하다는 것을 인지하고 있습니다.

미국 한 대학에서 미국 청소년 7,804명을 대상으로 2015년 1월부터 1년 6개월에 걸쳐 시행한 '미디어 리터러시' 조사에 따르면, 80%의 청소년이 뉴스성 광고를 진짜 뉴스라고 착각한다는 결과가 나왔습니다. 이 결과를 통해 뉴미디어에 익숙하지 않은 고령층만이 아니라 뉴미디어에 친숙한 어린 세대들도 넘쳐 나는 정보의 홍수 속에서 올바른 정보를 걸러내는 능력이 부족하다는 것을 알 수 있습니다. 학교에서 이루어지는 미디어 교육에 문제점은 없는지 되돌아 볼 시점입니다.

가짜 뉴스는 첨부된 사진이나 동영상 등의 출처가 불확실하며, 기사 발행 날짜가 불분명한 경우가 많은데요. 사이트 주소를 자세히 살펴보고 문법적으로 어색한 것은 없는지 잘 살펴야 합니다.

1970년부터 학교에서 미디어 교육을 해 온 핀란드에서는 학교 수업시간에 가짜 콘텐츠를 직접 제작해 보고, 실제로 가짜 뉴스를 보며 무엇이 잘못되었는지 토론하는 시간이 있습니다. 이 과정에서 학생들은 가짜 콘텐츠를 분별하는 방법과 비판적인 사고능력을 기르게 됩니다.

'미디어 리터러시' 교육은 미디어 내용의 편향 등 전반적인 문제를 파악하고, 숨은 이해 관계와 의도를 비판적으로 독해하고 능동적으로 활용하는 교육을 말합니다. 다시 말해, 사실을 말하는 미디어에도 한쪽으로 치우치는 편향이 담겨 있다는 것을 이해하는 교육입니다.

유네스코에서는 '미디어 리터러시'를 21세기의 삶을 영위하기 위한 기본 역량이라고 규정하고 있는데요. 인터넷 시대에 미디어에 대한 비판적 이해를 기를 수 있도록 적절한 교육을 고민해야 하지 않을까요?

확인 이 내용이 담긴 디지털 매체는 [ㅌ] [ㄹ] [ㅂ] [ㅈ] [ㄴ] [ㅅ] 이다.

▶ 뉴스 방송 대본을 읽고 빈칸에 들어갈 말은 무엇인지 쓰세요.

(   )은/는 정보의 홍수 속에서 올바른 정보를 걸러내는 능력이다.

▶ 뉴스 방송 대본을 통해 알게 된 내용에 ○표를 하세요.

유네스코에서는 '미디어 리터러시'가 21세기의 삶을 영위하기 위한 기본 역량이라고 규정하였다. [ ]

미국 한 대학의 실험을 통해 뉴미디어에 친숙한 어린 세대들은 '미디어 리터러시'가 뛰어나다는 것이 입증되었다. [ ]

활동 뉴스 방송 대본을 통해 알게 된 가짜 뉴스 구별 방법을 정리하여 써 보세요.

첨부된 동영상이나 사진의 출처를 확인합니다.

사이트 주소를 자세히 살펴봅니다.

'미디어 리터러시'란?

- 미디어(media)와 리터러시(literacy)를 합성한 용어로, '미디어'는 정보를 전달하는 모든 매체를 가리키고, '리터러시'란 글을 읽고 쓸 줄 아는 능력을 뜻한다.
- 다양한 매체를 이해할 수 있는 능력, 다양한 형태의 정보를 분석하고 평가하여 올바른 정보를 걸러낼 수 있는 능력이다.

확인 문제 »

1 온라인 대화를 바르게 하지 <u>못한</u> 친구는 누구인지 쓰세요.

> 재현 : 아, 빡쳐. 이제 종민이와 말 안 할래.
> 리안 : 그래? 얘들아, 그러지 말자. 사실인지 아닌지도 확실하게 모르잖아.
> 재현 : 흠~, 그래. 알겠어. 내가 너무 화가 났었나 봐.

( )

2 다음과 같이 매미에 대한 전문적인 정보를 얻을 수 있는 매체는 무엇인가요? ( )

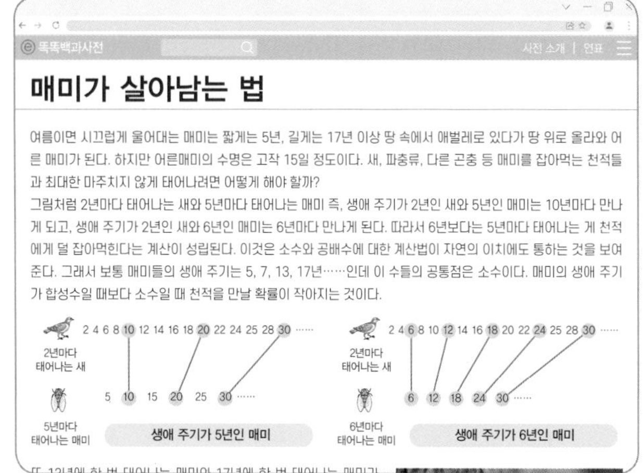

똑똑백과사전 사전 소개 | 연표

매미가 살아남는 법

여름이면 시끄럽게 울어대는 매미는 짧게는 5년, 길게는 17년 이상 땅 속에서 애벌레로 있다가 땅 위로 올라와 어른 매미가 된다. 하지만 어른매미의 수명은 고작 15일 정도이다. 새, 파충류, 다른 곤충 등 매미를 잡아먹는 천적들과 최대한 마주치지 않게 태어나려면 어떻게 해야 할까?
그림처럼 2년마다 태어나는 새와 5년마다 태어나는 매미 즉, 생애 주기가 2년인 새와 5년인 매미는 10년마다 만나게 되고, 생애 주기가 2년인 새와 6년인 매미는 6년마다 만나게 된다. 따라서 6년보다는 5년마다 태어나는 게 천적에게 덜 잡아먹힌다는 계산이 성립된다. 이것은 소수와 공배수에 대한 계산법이 자연의 이치에도 통하는 것을 보여준다. 그래서 보통 매미들의 생애 주기는 5, 7, 13, 17년……인데 이 수들의 공통점은 소수이다. 매미의 생애 주기가 합성수일 때보다 소수일 때 천적을 만날 확률이 작아지는 것이다.

① SNS
② 블로그
③ 인터넷 뉴스
④ 인터넷 게시판
⑤ 인터넷 백과사전

3 다음 밑줄 그은 외국어를 순화시킨 우리말을 쓰세요.

> 코로나19 <u>팬데믹</u>이 길어지고 있습니다.

( )

4 개인 정보를 지키기 위해서 SNS에 함부로 올리면 <u>안되는</u> 것을 모두 고르세요. ( )

① 좋아하는 가수가 속한 소속사 ② 알고 있는 수학 공식
③ 우리동네 떡볶이 맛집 ④ 할머니댁 주소
⑤ 인터넷 게시판 비밀번호

5 지후와 친구들이 학교에서 휴대폰 사용에 대해 이야기하고 있습니다. 친구들이 사용한 매체는 무엇인지 알맞은 것에 ○표를 하세요.

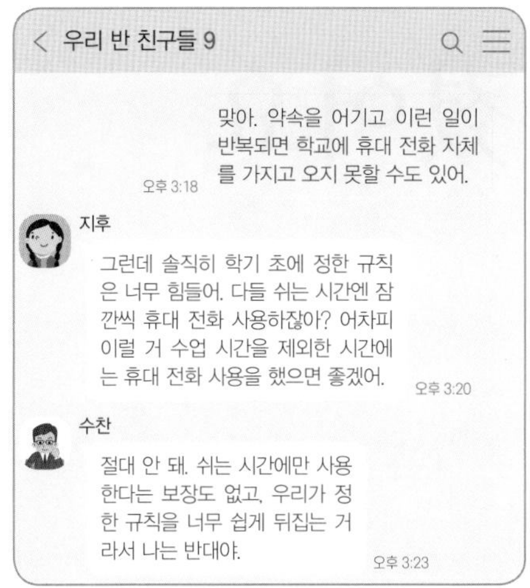

인터넷 게시판

온라인 대화방

휴대폰 문자

6 다음과 같은 특징이 있는 일기예보로 알맞은 것에 ○표를 하세요.

- 인터넷이 사용 가능한 곳에서는 언제든지 일기예보를 볼 수 있다.
- 각 지역의 일기예보를 자세하게 알 수 있다.

텔레비전 뉴스 일기예보 | 종이 신문 일기예보 | 인터넷 일기예보

7 텔레비전 뉴스에서 설명하는 내용은 무엇인가요? (　　　　)

최근 가짜 뉴스가 심각한 사회 문제로 떠오르면서 올바른 정보를 걸러내는 능력인 '미디어 리터러시'가 주목을 받고 있습니다. 이지아 기자가 알려 드립니다.

① 소셜네트워크 서비스　② 매스미디어　③ 미디어 리터러시
④ 가짜 뉴스　⑤ 정보의 홍수

공감 ①

심술마왕이 달라졌어요

댄짱과 심술마왕

헉, 헉, 헉, 헉…….

도하는 오늘도 아이돌 가수의 동영상을 보면서 춤과 노래를 따라하고 있었어요.

"야, 댄꽝! 아침부터 또 시작이냐?"

도현이가 거실로 나오면서 댄스 연습을 하는 동생 도하에게 핀잔을 주었어요.

"오빠! 자꾸 그러지 말랬지? 댄꽝은 오빠지, 난 댄짱이라고!"

도하가 버럭 화를 냈어요. 자꾸 자기를 댄스로는 영 아니라는 뜻의 댄꽝이라고 놀리는 오빠 도현이가 영 못마땅했기 때문이에요. 그러고는 자기는 '댄스로는 정말 최고'라는 뜻의 댄짱이라고 말하는 거지요.

"댄꽝을 댄꽝이라고 말하지도 못한단 말입니까? 저에게는 올바른 말만 하는 입이 하나 있사옵니다~!!"

도현이는 얼마 전 본 영화 주인공의 말투를 따라하며 도하를 더 놀렸어요. 화가 난 도하가 엄마를 불렀어요.

"엄마! 오빠가 자꾸 절 약 올려요!"

안방에 있던 엄마가 거실로 나오셨어요.

"왜 그러니? 무슨 일 있어?"

"엄마, 오빠가 저를 자꾸 댄짱이라고 놀리잖아요. 정말 못됐어요."

"도현아, 왜 자꾸 그런 말을 하니?"

엄마가 도현이를 타박했어요.

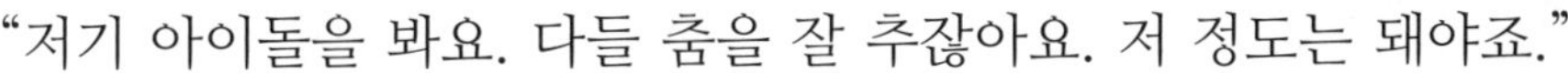

"저기 아이돌을 봐요. 다들 춤을 잘 추잖아요. 저 정도는 돼야죠."

"어휴, 도현아. 철 좀 들어라. 저 사람들은 몇 년 동안 춤과 노래를 연습한 사람들이잖니. 동생이 댄서가 되겠다고 하면 격려를 해주지는 못할망정 매번 놀리면 되니?"

도현이가 입을 삐죽거렸어요.

"저 보세요. 제가 오히려 도하보다 춤은 더 잘 출걸요? 게다가 저는 키도 아이돌과 비슷하잖아요. 제가 댄서가 되는 게 더 빠를 거예요."

"김도현! 이제 그만해라. 댄서가 되겠다고 노력하는 동생을 도와주지는 못하더라도 방해는 말아야지. 또 그러지 마라."

엄마가 도현이를 나무랐어요.

그러나 그 뒤에도 도현이의 놀림은 끊이지 않았어요. 도현이는 아예 도하를 댄짱이라고 불렀어요. 도하는 오빠의 놀림이 너무 싫었어요. 그럼에도 도현이는 동생을 놀리는 걸 멈추지 않았지요. 둘의 사이는 점점 험악해졌어요.

그러던 어느 날, 도하가 손에 종이를 들고 헐레벌떡 뛰어들어 왔어요.

"엄마, 엄마, 엄마! 이것 봐요, 얼른 동그라미 쳐주세요."

"도대체 뭔데 그러니? 방송 댄스반?"

엄마는 도하가 내민 종이를 들여다보았어요.

"네! 딱 제가 들어야 하는 거잖아요. 얼른 동그라미 해주세요. 이거 하겠다는 애들이 정말 많단 말이에요. 어휴, 떨어지면 어떡하지?"

도하는 엄마가 떡하니 동그라미를 쳐 준 종이를 끌어안고 거실을 오갔어요. 그러다가 갑자기 기도라도 하는 것처럼 무릎을 꿇고 손을 모았어요.

"제발 방송 댄스반에 들어가게 해 주세요!!"

그때 집에 돌아온 도현이가 그 모습을 보고 킥킥댔어요.

"댄짱, 너 뭐하냐? 기우제 지내냐?"

"칫, 오빠가 뭘 알아? 오빠랑 말하고 싶지 않아."

"댄짱! 네가 무슨 댄스를 추냐? 지나가는 개가 웃겠다!"

도현이는 깔깔거리면서 말했어요. 그 모습이 너무 얄미웠던 도하는 소파 위의 쿠션을 오빠에게 던졌어요. 도현은 날래게 피했지요. 도하는 발을 동동 구르면서 소리를 질렀어요.

"오빠는 심술마왕이야! 정말 못됐어!"

엄마가 부엌에서 음식을 하다말고 다가왔어요.

"이게 대체 무슨 일이니? 둘 다 뭐하는 짓이야? 둘 다 이리 앉아!"

엄마가 뿔이 나셨어요. 도하와 도현이는 서로 멀찍이 떨어져서 앉았어요. 도현이는 여전히 툴툴거리며 동생을 노려보았어요. 도하도 역시 지지 않고 오빠를 노려보았지요.

"둘 다 정말 못났구나. 너희는 세상에 하나뿐인 남매야. 서로 사이좋게 지내도 모자랄 판에, 이렇게 사이가 나빠서야……."

"얘가 저한테 쿠션을 던졌다고요!"

"오빠가 또 댄꽝이라고 놀렸다고요!"

엄마가 엄한 목소리로 말했어요.

"둘 다 똑같이 잘못했네. 어서 사과해. 먼저 동생을 놀린 도현이부터!"

도현이는 사과를 하기 싫어서 버티다가, 엄마의 매서운 눈초리가 무서워서 부루퉁해하며 억지로 사과했어요.

"미안하다."

"도하, 너도!"

"미안해."

둘은 억지로 사과했고, 엄마는 절레절레 고개를 저었어요.

이어지는 내용은 68쪽에 ›››

“엄마, 드디어 방송 댄스반에 붙었어요!”

도하는 “꺄악!” 환호성을 질렀어요.

“네가 방송 댄스반에 들어가다니, 이게 말이 돼? ”

도하가 한눈으로 도현을 째렸어요.

– 가치 동화 〈심술마왕이 달라졌어요〉 중에서 –

2 주차

회		제목	학습 계획일	
1	생활	1 우리 학교를 소개합니다	월	일
	사회	2 보령 머드 축제	월	일
2	과학	1 알약의 여러 종류	월	일
	인물	2 나폴레옹 되짚어보기	월	일
3	생활	1 학습 계획하기	월	일
	문화	2 동지	월	일
4	과학	1 귀뚜라미와 반딧불이	월	일
	사회	2 어린이를 보호해요	월	일
5	과학	1 바코드의 비밀	월	일
	사회	2 청소년의 스마트폰 과의존 위험	월	일
확인 문제				
가치 동화 [공감] 심술마왕이 달라졌어요 ②				

1회 생활

■1 온라인 대화를 읽고 소개하는 글 쓰기

우리 학교를 소개합니다

수행평가 모둠별 과제로 학교를 소개하는 자료를 만들어 발표해야 해요. 민서는 같은 모둠 친구들과 누리 소통망에서 온라인 대화로 우리 학교를 어떻게 소개하면 좋을지 의논하기로 했어요. 대화 내용을 보고, 학교를 소개하는 글을 써 SNS에 올려 보세요.

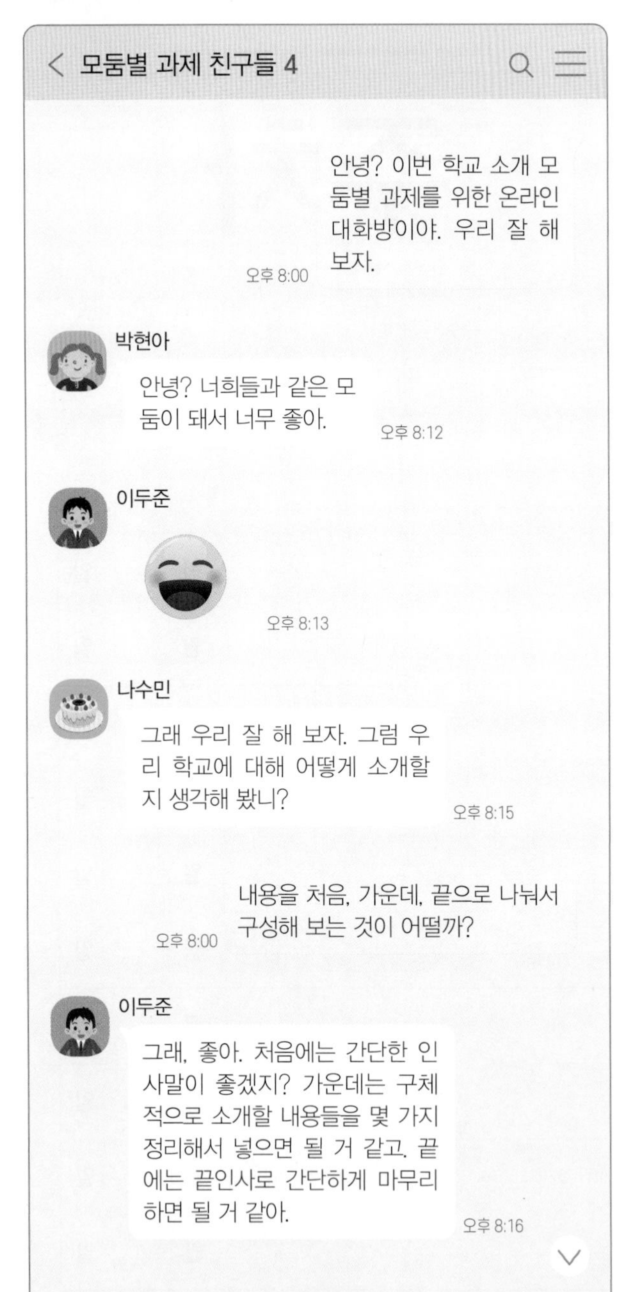

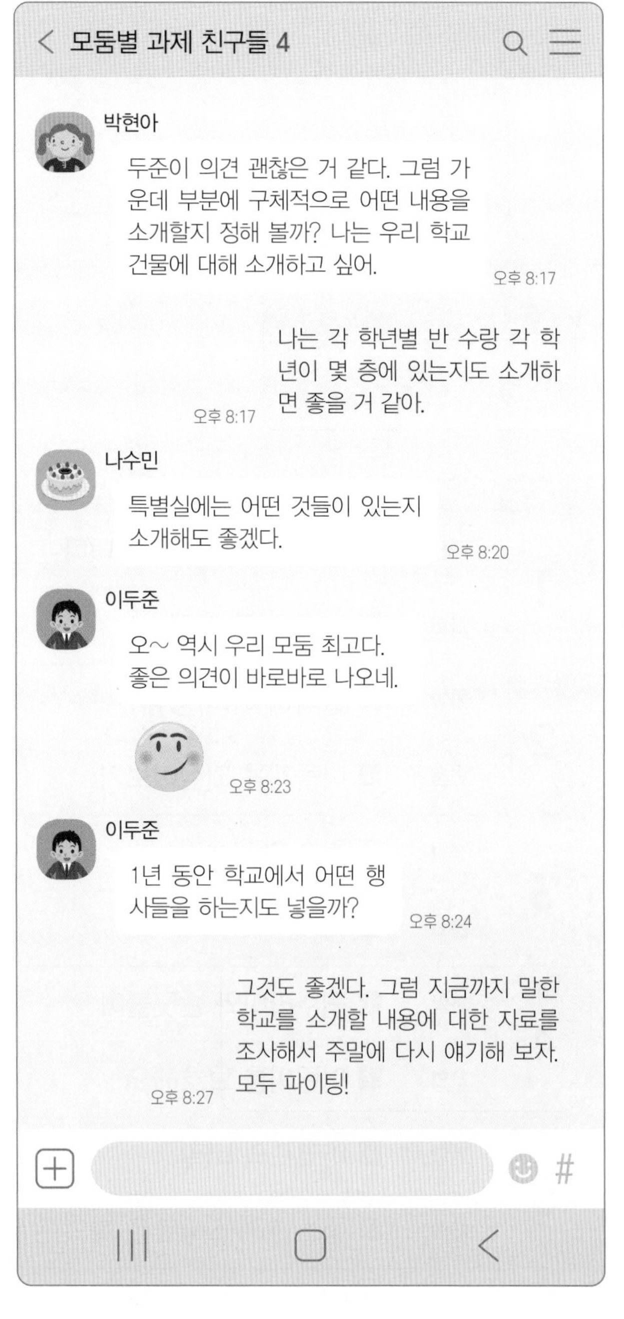

확인 이 내용이 담긴 디지털 매체는 [ㅇ][ㄹ][ㅇ] 대화방이다.

▶ 온라인 대화 내용으로 알맞은 것에 ○표를 하세요.

(우리 학교 소개하기 , 우리 마을 소개하기) 모둠별 과제를 준비하면서 나눈 온라인 대화이다.

▶ 학교를 소개하는 발표 자료를 만들기 위해 수민이가 조사하자고 한 내용에 ○표를 하세요.

학교의 특별실	
1년 동안 학교에서 하는 행사	
학년별 반 수와 각 학년 교실의 위치	

활동 온라인 대화에서 나온 소개할 내용 중 한 가지를 정하여 왼쪽의 SNS의 내용처럼 나의 학교를 SNS에 소개하는 글을 써 보세요.

오후 02:30 100%

greee_ok_m

우리 학교를 소개합니다.

우리 학교에서는 수학 경시 대회, 가을 연극제, 가을 체육회, 합창 대회 등 여러가지 행사가 1년 동안 개최됩니다.

오후 02:30 100%

pree_100

온라인 대화의 특징

- 여럿이 동시에 문자 언어로 대화하므로 소리나는 대로 글을 적거나 줄임말을 사용하는 경우가 있다.
- 이모티콘과 같은 시각적인 기호를 사용하여 표정이나 동작을 표현한다.

1회
사회

2 웹툰과 포스터, 블로그를 읽고 광고 만들기

보령 머드 축제

선우는 머드 축제를 홍보하는 웹툰과 보령 머드 축제 포스터를 보고 가족과 함께 보령 머드 축제에 다녀왔어요. 더 많은 사람들이 참가할 수 있도록 보령 머드 축제를 홍보하는 SNS 광고를 만들어 보세요.

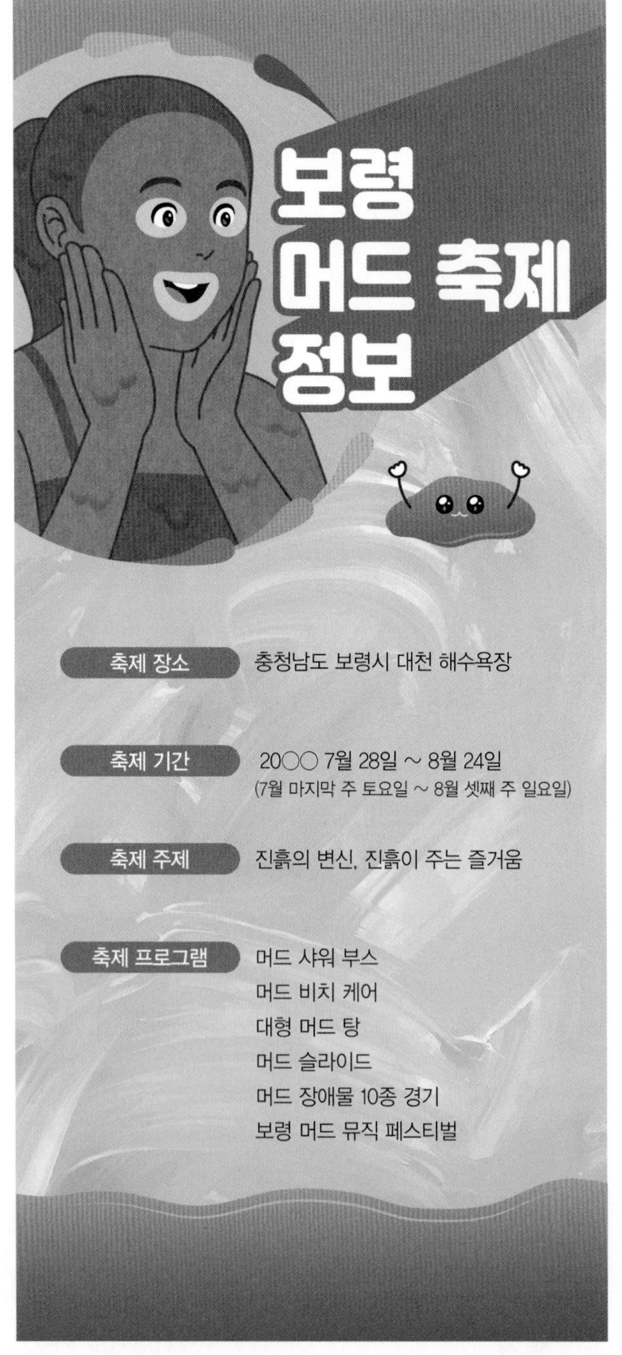

확인 이 내용이 담긴 디지털 매체는 ㅇ ㅌ 과 포스터, 블로그이다.

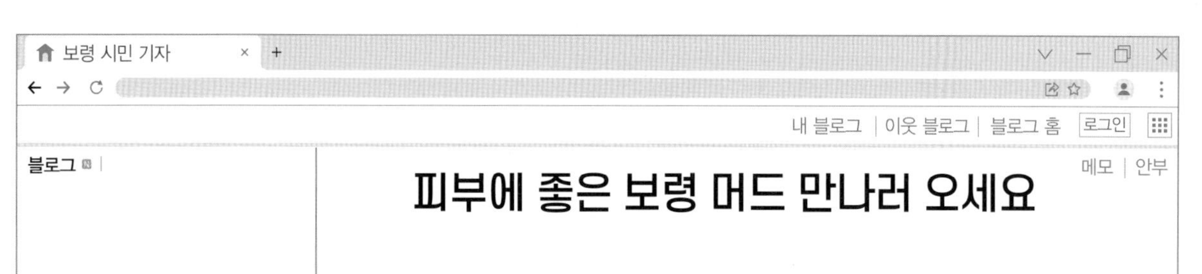

피부에 좋은 보령 머드 만나러 오세요

보령 시민 기자
보령 시민 기자로 활동 중입니다.
프로필 ▸
+ 이웃 추가

목록

전체 보기(67)

머드 효능(12)
보령 머드 축제 (12)
보령 맛집(22)
공지 사항(21)

충청남도 서남부에 위치한 보령은 서해안에 접해 있어 대천 해수욕장, 무창포 해수욕장과 같은 큰 해수욕장이 많습니다. 대천 해수욕장 주변에는 질척한 흙, 즉 머드가 많아서 1998년부터 보령 머드 축제가 열리고 있습니다.

"보령 머드에는 어떤 효능이 있을까?"

보령 머드는 원적외선과 게르마늄, 천연 미네랄인 마그네슘, 알루미늄, 칼슘, 철 등 인체에 유익한 성분을 다량 포함하고 있습니다. 이 성분들은 세포 활동을 활성화시키고 노폐물의 배출을 돕습니다. 또 피부의 수분 균형과 해독 작용을 도와 피부 미용에 효과가 뛰어납니다.
보령시는 그동안 수입에 의존하던 머드 원료를 국내 최초로 국산화하여 생산했습니다. 또 머드 화장품도 생산하고 있습니다. 그런 의미에서 보령 머드 축제는 머드의 효능을 온몸으로 체험할 수 있는 행사라고 할 수 있습니다.
머드 원액이 분사되는 머드 샤워 부스, 천연 머드 팩을 체험할 수 있는 머드 비치 케어, 대형 머드 탕과 머드 슬라이드, 갯벌에서 벌이는 마라톤 등 행사장 곳곳에서 보령의 천연 머드를 경험할 수 있습니다. 아이처럼 신나게 놀 수 있는 다양한 행사가 해마다 수백만 관광객의 발길을 끌고 있습니다.
이처럼 보령 머드 축제는 지역화 전략의 성공한 사례로 세계적으로 인정받고 있습니다.

#보령 #축제 #머드효능 #머드팩

지역화 전략과 세계 여러 나라 축제

- 지역화 전략은 한 지역이 사회·경제·문화적으로 세계적인 가치를 가지게 되는 과정이나 현상을 말한다.
- 지역화 전략 중 하나는 지역의 자연환경이나 역사, 특산물 등을 테마로 한 지역 축제이다.
- 세계 여러 나라의 축제에는 일본 삿포로 눈 축제, 독일 뮌헨 맥주 축제, 에스파냐 부뇰 토마토 축제 등이 있다.

▶ 웹툰에서 홍보하고 있는 축제를 찾아 ○표를 하세요.

숲 서바이벌 축제 | 보령 머드 축제 | 서해안 조개 잡이 축제

▶ 블로그 내용으로 알맞지 않은 것의 기호를 쓰세요.

㉮ 보령의 대천 해수욕장 주변에는 품질 좋은 머드가 많다.
㉯ 보령시는 동해의 청정 바다를 소재로 보령 머드 축제를 개최하고 있다.
㉰ 보령시는 우리나라 최초로 머드 원료를 국산화하여 머드 화장품을 생산하였다.

▶ 빈칸에 들어갈 말을 쓰세요.

(   )는 물기가 있어 질척한 흙을 말하는데 인체에 유익한 성분이 많고 피부 미용에 뛰어난 효능이 있어 인기가 많다.

활동 1 보령 머드 축제 광고를 만들기 위한 스토리보드를 작성하려고 합니다. 블로그 내용을 바탕으로 다음 장면을 보고, 적당한 문구를 써 보세요.

장면 번호	장면 그림	머드와 관련된 문구
1		머드의 효능 피부 미용 천연 미네랄 세포 활동의 활성화
2		

활동 2 **활동 1**에서 정리한 내용을 바탕으로 왼쪽의 SNS 광고처럼 광고 문구를 만들어 보령 머드 축제 광고를 완성해 보세요.

2회
과학

■1 인터넷 뉴스를 읽고 카드 광고 만들기

알약의 여러 종류

알약은 용도와 목적에 따라 형태와 기능이 진화되어 왔어요.
알약의 여러 가지 형태와 기능에 대한 인터넷 뉴스를 읽고, 알약의 특징을 알리는 광고를 만들어 보세요.

○○뉴스

뉴스홈 | 최신 기사

알약도 형태와 기능이 달라요

채윤아 기자

20○○-12-04 15:47:12 | 조회 68

몸이 아플 때 먹는 알약, 알약의 종류에는 여러 가지가 있습니다.
일반적으로 많이 먹는 알약의 형태는 태블릿과 캡슐입니다. 여러 가지 약 성분을 한 알로 단단하게 압축해서 만든 태블릿은 보관하기 쉽다는 장점이 있지만 단단해서 알약을 삼킬 때 목에서 불편함을 느낄 수 있습니다. 말랑말랑한 성분으로 만든 캡슐은 민감한 약 성분을 담아 보호할 수 있지만 이물질이 들어갈 위험이 있습니다.
그래서 태블릿과 캡슐의 단점을 보완해서 만들어진 알약이 캐플릿입니다. 캐플릿은 태블릿의 장점을 살려 약 성분을 한 알로 압축하고, 삼키기 쉽게 캡슐 모양으로 만든 알약입니다.
이밖에도 태블릿 형태의 알약에는 위산에도 견딜 수 있도록 특수 코팅이 되어 장까지 약 성분이 살아서 갈 수 있는 장용정도 있고, 알약이 몸 안에 들어갔을 때 절반은 바로 녹아 효과가 빠르게 나타나고 나머지 절반은 서서히 녹아서 시간이 지난 다음에 효과가 나타나는 서방정도 있습니다. 변비약처럼 장까지 약효가 살아 있어야 하는 경우에는 장용정 형태로, 진통제처럼 약효가 오래 지속되어야 하는 경우에는 서방정 형태로 약을 만듭니다.
캡슐에는 액체 상태의 약 성분을 담는 부드러운 연질 캡슐이 있습니다. 연질 캡슐은 바로 흡수되기 때문에 효과가 빨라 해열제나 건강 기능 식품에서 많이 사용합니다.
또 사탕처럼 빨아먹는 형태의 트로키정도 있습니다. 트로키정은 입 안이나 목에 직접적인 효과가 있기 때문에 약을 삼키거나 씹어 먹으면 효과가 없어질 수도 있습니다.
이렇게 알약은 용도와 목적에 따라 계속 달라지고 있습니다.

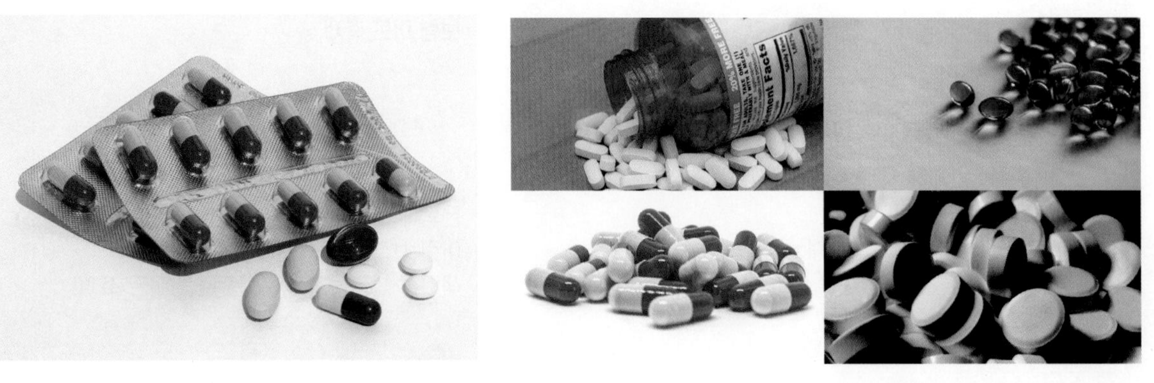

확인 이 내용이 담긴 디지털 매체는 인터넷 [ㄴ][ㅅ]이다.

▶ 다음은 알약의 종류 중에서 무엇을 설명한 것인지 쓰세요.

(   )은/는 약 성분을 한 알로 압축하고 삼키기 쉽게 캡슐 모양으로 만든 알약이다.

▶ 알약의 종류가 아닌 것의 기호를 쓰세요.

㉮ 시럽	㉯ 캡슐	㉰ 장용정	㉱ 서방정

활동 트로키정에 대한 자료를 보고, 트로키정의 특징을 살려 감기약의 광고 문구를 만들어 보세요.

트로키정

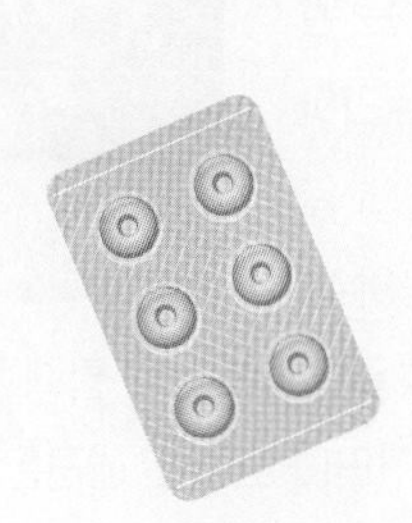

- 사탕처럼 빨아먹는 의약품이다.
- 맛과 향이 있어 먹기가 쉽다.
- 깨물어 먹지 말고, 끝까지 침으로 녹여 먹어야 약 성분이 입안에 오랫동안 머물면서 통증 완화에 도움을 준다.

감기약 아나파

알약이 변질되어 먹을 수 없는 경우

- 유통 기한이 지난 경우
- 부서지거나 금이 가 있는 경우
- 코팅이 녹아 얼룩이 생기거나 변색된 경우
- 서로 달라붙어 덩어리를 이루고 있는 경우

2회
인물

■2 블로그를 읽고 댓글 쓰기

나폴레옹 되짚어보기

역사 속 나폴레옹은 두 가지 상반된 모습으로 평가되고 있어요. 혁명가 나폴레옹과 독재자 나폴레옹, 역사 속 나폴레옹에 대한 기록을 정리한 블로그를 찾아 보았어요. 나폴레옹에 대한 상반된 평가에 대해 나의 의견은 어떠한지 댓글로 써 보세요.

블로그

지혜의 거울

역사 속 위인들의 삶을 본받고자 위인들의 일화를 정리하고 있어요.

목록

전체 보기(41)

우리나라의 위인(23)
세계의 위인(18)
ㄴ고대(2)
ㄴ중세(5)
ㄴ근대(6)
ㄴ현대(5)

메모 | 안부

나폴레옹은 영웅인가

지혜의 거울 2OOO. 11. 01 19:05

URL 복사

프랑스 혁명으로 절대 왕정이 무너지고 시민에 의한 정치가 시작된 프랑스, 이에 불안을 느낀 유럽의 여러 나라 왕들은 동맹을 맺고 프랑스를 공격하였다. 이에 프랑스는 국민들의 인기를 얻고 있던 나폴레옹에게 이탈리아 원정군 사령관을 맡겼다. 이때 나폴레옹의 나이는 27세였다. 나폴레옹은 알프스 산맥을 넘어 이탈리아를 차지했고, 곧이어 오스트리아의 수도인 빈까지 쳐들어갔다. 그리고 1798년, 이집트의 알렉산드리아까지 차지했다. 전쟁의 영웅이 된 나폴레옹의 인기는 하늘을 찔렀고, 그에 힘입은 나폴레옹은 쿠데타를 일으켜 스스로 황제가 되었다.

황제가 된 나폴레옹은 영국을 정복할 욕심을 품었다. 그러나 프랑스 해군은 트라팔가르 해전에서 넬슨이 이끄는 영국 함대에 크게 졌다. 이에 나폴레옹이 유럽 여러 나라에 영국과의 무역을 금지하도록 하였으나, 러시아가 이를 따르지 않았다. 그러자 나폴레옹은 러시아 원정에 나섰다. 그러나 결과는 나폴레옹의 패배였다. 러시아와의 싸움에서 진 나폴레옹은 엘바 섬으로 쫓겨났지만, 권력을 내려놓지 못하고 복귀를 위한 시도 끝에 다시 황제의 자리에 올랐다. 그러나 영국과 프로이센 연합군에 져서 100일 만에 다시 황제의 자리에서 쫓겨나 세인트헬레나 섬에서 죽음을 맞았다. 훗날 사람들은 나폴레옹이 황제로 복귀해 다시 쫓겨날 때까지의 100일을 두고 '백일천하'라고 불렀다.

"내 사전에 불가능은 없다"라는 명언을 남긴 나폴레옹은 모든 사람이 법 앞에 평등하다며 민법을 공표하고, 중앙은행을 만드는 등 많은 개혁을 단행하고 프랑스의 영토를 넓힌 영웅이라는 평가가 있는 한편, 스스로 황제 자리에 앉아 자신의 가족에게 온갖 특권과 혜택을 몰아 주는 비리를 저지르고 무모한 전쟁으로 수많은 프랑스 젊은이들의 목숨을 희생시킨 독재자라는 평가가 있다.

#나폴레옹 #프랑스혁명 #황제나폴레옹 #러시아원정 #절대왕정

확인 이 내용이 담긴 디지털 매체는 [ㅂ][ㄹ][ㄱ]이다.

▶ 블로그를 읽고 나폴레옹이 최후를 맞이한 곳에 ○표를 하세요.

엘바 섬	알프스 산맥	세인트헬레나 섬

▶ 블로그를 읽고 알게 된 내용으로 옳은 것을 찾아 모두 ○표를 하세요.

나폴레옹은 27세의 나이에 이탈리아 원정군 사령관이 되었다.	
나폴레옹이 황제로 복귀해 다시 쫓겨날 때까지의 3일을 두고 '삼일 천하'라고 한다.	
넬슨이 이끄는 영국 함대에 크게 진 나폴레옹은 유럽 여러 나라에게 영국과의 무역을 금지시켰다.	

활동 블로그를 읽고 나폴레옹에 대한 상반된 평가에 대해 나의 의견을 댓글에 써 보세요.

댓글

댓글 달기

1000자 이내 등록

프랑스 혁명

1789년부터 1794년에 걸쳐 일어난 프랑스의 시민혁명으로, 왕을 몰아내고 여러 사람의 합의를 통해 나라를 이끌어 가는 공화정을 이룩한 혁명이다. 부당한 세금 징수와 평민을 차별하는 신분 제도 때문에 고통받던 프랑스 시민들이 들고일어나 감옥을 습격하고 왕을 몰아내면서 시작되지만 시민들의 바람대로 혁명 후 곧바로 민주주의와 같은 새로운 정치 체계가 도입되지는 않았다.

3회
생활

1 웹툰이 실린 인터넷 게시판을 읽고 자기 주도 학습 계획서 만들기

학습 계획하기

동재는 인터넷 학급 게시판에서 선생님께서 올린 웹툰 〈엄마 주도 학습〉을 보고 자기 주도 학습을 해야겠다고 생각했어요. 자기 주도 학습을 하기 위해 자기 주도 학습 계획서를 간단히 만들어 보세요.

○○ 중학교 학급 게시판

엄마 주도 학습

여러분은 이 웹툰을 보고 어떤 생각을 했나요? 여러분도 자기 자신이 아닌 남의 주도로 학습을 하고 있나요? 공부는 스스로 하는 것이 가장 중요합니다. 미래의 나를 위해 나의 공부는 스스로 생각하고 판단하여 내가 주도적으로 이끌어 나가 봅시다.

확인 이 내용이 담긴 디지털 매체는 웹툰이 실린 인터넷 ㄱ ㅅ ㅍ 이다.

▶ 웹툰에서 지수의 학습을 결정하는 사람은 누구인지 쓰세요.

▶ 선생님이 이 웹툰을 게시판에 올린 까닭에 ○표를 하세요.

자기 주도 학습을 하는 것이 중요하다는 것을 알리기 위해	
부모님 말씀을 잘 들어야 한다는 것을 알려주기 위해	

활동 동재가 만든 자기 주도 학습 계획서를 보고 나만의 자기 주도 학습 계획서를 만들어 보세요.

동재의 자기 주도 학습계획서	나만의 자기 주도 학습계획서
• 무엇을 공부할 것인가? **수학 공부**	• 무엇을 공부할 것인가?
• 왜 공부하는가? **계산력이 부족해서**	• 왜 공부하는가?
• 언제부터 할 것인가? **오늘부터 바로**	• 언제부터 할 것인가?
• 어떻게 공부할 것인가? **매일 10문항씩 계산력 문제를 푼다.**	• 어떻게 공부할 것인가?
• 달성 목표는? **30분에 계산력 문제 10문항 풀기**	• 달성 목표는?

자기 주도 학습 | 자신의 공부를 스스로 판단하여 실행하는 것을 말한다. 하다 보면 시행착오가 생길 수 있지만 그것을 극복하는 것도 자기 주도 학습이라고 할 수 있다. 점차 스스로 할 수 있는 일을 늘려 나가면 공부에 대한 성취감과 자립심이 길러진다.

3회 문화

2 블로그를 읽고 마인드맵으로 정리하기

동지

해마다 음력 11월이 되면 일 년 중 밤이 가장 긴 날인 '동지'가 와요. '동지'는 한 해의 또 다른 시작으로 여러 가지 풍습이 전해집니다. 블로그 내용을 바탕으로 하여 '동지'에 대한 내용을 마인드맵으로 정리해 보세요.

도토리 공장 | 책, 책을 읽자

내 블로그 | 이웃 블로그 | 블로그 홈 | 로그인

블로그

메모 | 안부

책 읽는 도토리
#책 #재미 #기본_상식

+ 이웃 추가 | 채팅

목록

전체 보기(21)

궁금한 정보(14)
ㄴ생활(9)
ㄴ교과(2)
ㄴ상식(3)
재미있는 이야기(7)

우리나라의 세시 풍속_동지

책 읽는 도토리 20○○. 10. 09 17:33 URL 복사 + 이웃 추가

음력 11월, 이십사절기의 하나. 대설과 소한 사이이며,
일 년 중 낮이 가장 짧고 밤이 가장 길다.

한 해의 또 다른 시작이라는 뜻으로 흔히 동지를 '작은설'이라고 했어요. 또, 동지는 해가 다시 길어지기 시작하는 날이기 때문에 다음 해가 시작되는 날이라고 생각해 설날만큼 중요한 명절로 지켜 왔어요. 동짓날 서로 달력을 주고받는 풍습이 생긴 것도 이런 생각에서 온 것이에요. 이 생각은 오늘날에도 여전해서 "동지를 지나야 한 살 더 먹는다." 또는 "동지 팥죽을 먹어야 진짜 나이를 한 살 더 먹는다."라는 말이 남아 있어요.

동지에는 동지 팥죽을 먹는 풍습이 있어요. 팥을 고아 죽을 만들고 여기에 찹쌀로 단자를 만들어 넣어 끓이는데, 단자는 새알만 한 크기로 하기 때문에 새알심이라 불러요. 실제로 동지 팥죽에 찹쌀 새알심을 나이 수대로 넣어 먹었어요. 팥죽을 다 만들면 먼저 조상들께 올리고, 각 방과 마루, 장독, 헛간 같은 집안의 여러 곳에 놓아두었다가 식은 다음에 식구들이 모여서 먹었답니다. 집안 곳곳에 팥죽을 놓는 것은 집안에 있는 악귀를 모조리 쫓아낸다고 믿었기 때문이에요. 옛날 사람들은 붉은 팥에 질병과 못된 귀신을 쫓아내는 힘이 있다고 생각했어요. 이것은 팥의 붉은색이 악귀를 쫓는 데 효과가 있다고 생각해서랍니다. 그리고 동지 부적이라고 하여 못된 귀신을 쫓거나 복을 불러들이기 위해 종이에 글씨를 쓰거나 그림을 그려 넣은 부적을 벽이나 기둥에 붙이기도 했어요.

▲ 팥죽

#동지 #작은설 #팥죽 #풍습 #동지부적 #붉은색 #달력

확인 이 내용이 담긴 디지털 매체는 [ㅂ][ㄹ][ㄱ]이다.

▶ 무엇에 대한 설명이 나타난 글인지 골라 ○표를 하세요.

우리나라의 세시 풍속인 동지에 대한 설명이 나타난 글	
옛날 사람들이 붉은 팥을 심고 키우는 방법이 나타난 글	

▶ 이와 같은 매체를 활용하는 글을 쓸 때 주의할 점을 알맞게 말한 사람은 누구 누구인지 모두 써 보세요.

선호: 내가 쓴 글은 나만 읽는다는 생각으로 써야 해.
민아: 인터넷 언어인 은어를 사용해서 친근하게 쓰면 돼.
해인: 사진이나 그림을 이용해서 써도 돼.
서준: 문장은 짧고 간결하게 쓰면 좋아.

활동 우리나라의 세시 풍속인 동지를 마인드맵으로 정리하여 써 보세요.

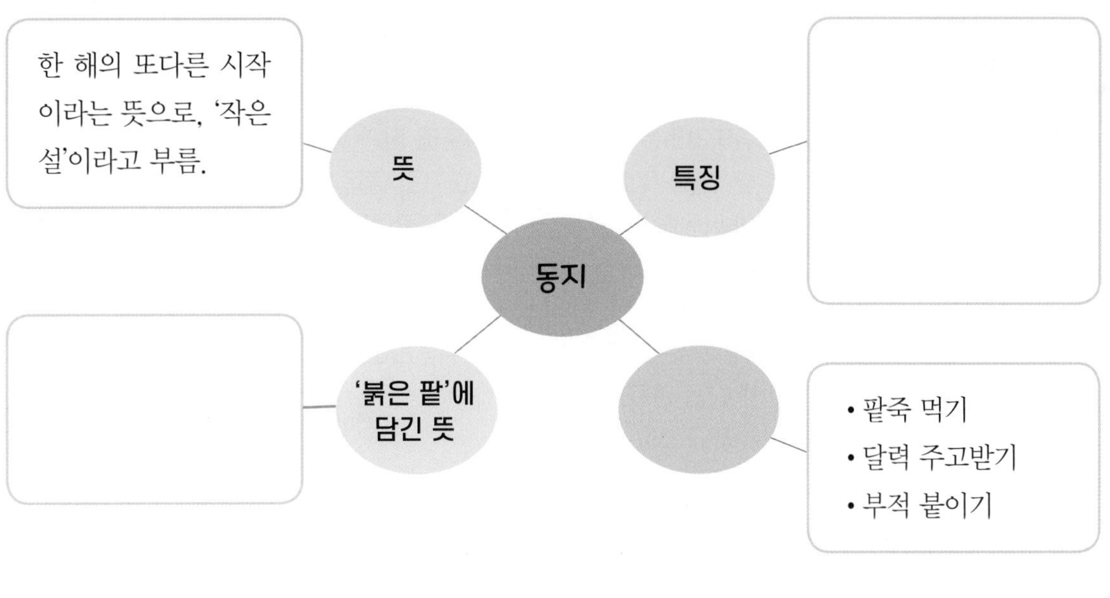

블로그에 글쓰기를 할 때 알아둘 것

- 문장은 짧고 간결하게 쓰는 것이 좋다.
- 인터넷 언어인 은어를 사용하지 않는다.
- 사진이나 그림을 이용하면서 쓸 수 있다.
- 내가 쓴 글을 누구든지 읽을 수 있다는 생각으로 올바른 언어를 쓰는 것이 좋다.

4회
과학

1 블로그를 읽고 전자 우편 쓰기

귀뚜라미와 반딧불이

가을의 전령사 귀뚜라미와 개똥벌레라고 알려져 있는 반딧불이는 모두 곤충이에요. 이 두 곤충은 각각 어떤 특징이 있는지 자세히 설명하고 있는 블로그 자료를 살펴보고 반딧불이를 소개하는 카드 내용과 전자 우편을 써 보세요.

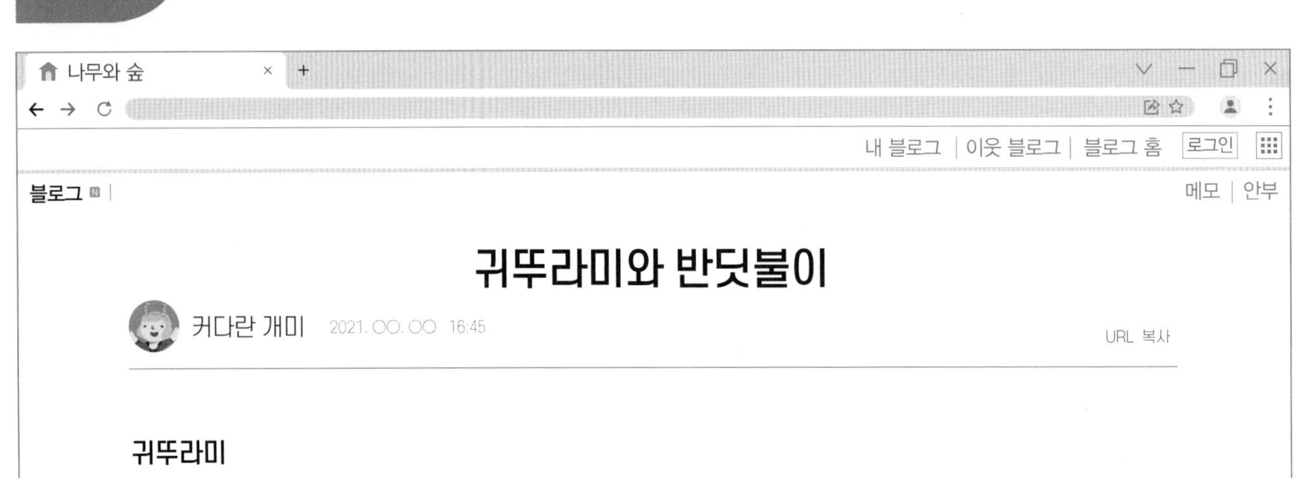

귀뚜라미와 반딧불이

커다란 개미 2021. OO. OO 16:45

URL 복사

귀뚜라미

메뚜기목 귀뚜라미과의 곤충으로,
몸길이는 17~21mm임. _ 똑똑백과사전

▲ 가을의 전령사 귀뚜라미

몸 전체는 흑갈색이고 8~10월 사이 서늘한 가을밤 어둡고 습기 찬 돌밑이나 주택가 근처에서 볼 수 있는 귀뚜라미는 오래전 중국에서는 애완용으로도 키웠다고 합니다.

귀뚜라미는 변온 동물로 온도에 따라 활동성이 바뀌는데, 온도가 낮아질수록 대사 활동이 늦어지고 울음 반복 속도도 느려지기 때문에 기온이 낮아지면 울음소리도 잦아드는 것입니다. 가을 무렵 귀뚜라미 소리가 듣기 좋은 것은 기온이 내려가면서 울음 반복 속도가 듣기 좋게 살짝 느려지기 때문이라고도 합니다.

1897년 미국 과학자 아모스 돌베어는 '온도계 구실을 하는 귀뚜라미'라는 논문에서 귀뚜라미가 특정 시간에 몇 번 우는지 횟수를 센 다음 온도를 계산하는 방식으로 '돌베어 법칙'을 만들기도 했습니다. 특히 북아메리카 지역에 사는 흰나무 귀뚜라미는 기온 변화에 정확히 반응하여 울음소리를 낸다고 합니다. 그래서 귀뚜라미 울음소리로 기온을 알 수 있다고 합니다.

귀뚜라미는 수컷이 짝짓기를 위해 구애 행동을 할 때에 날개를 비벼 울음소리를 내는 것인데, 24℃를 전후에서 짝짓기를 가장 많이 하기 때문에 가장 아름다운 울음소리를 낸다고 합니다.

> 귀뚜라미가 1분 동안 운 횟수를 n
> 화씨온도를 F라 할 때,
>
> 귀뚜라미 우는 소리 횟수와 온도의 관계식
>
> $$F = \frac{1}{4}(n + 160)$$

▲ 돌베어 법칙

확인 이 내용이 담긴 디지털 매체는 [ㅂ][ㄹ][ㄱ]이다.

반딧불이

딱정벌레목 반딧불이과의 곤충으로,
개똥벌레라고도 하며 몸길이는 12~18mm임. _ 똑똑백과사전

▲ 어두운 숲에서 날아다니는 반딧불이

몸 전체는 검은색으로, 배쪽에 있는 노란 부분이 산소와 만나 빛을 내는 신기한 곤충입니다. 지구상에 약 2000여 종이 존재하며, 숲 속이나 하천을 끼고 있는 산기슭 등 음습한 곳에서 주로 서식을 합니다. 암컷이 이끼나 나무뿌리에 알을 낳으면 알에서 나온 애벌레는 다슬기나 달팽이를 먹이로 하여 15~20mm까지 자랍니다. 애벌레는 번데기를 거쳐 어른벌레인 반딧불이가 되어 빛을 내며 밤에 활동하기 시작합니다. 다 자란 반딧불이는 이슬을 먹고 살고 손톱만큼 작습니다. 크기는 암컷이 수컷보다 조금 더 큽니다.

반딧불이는 다른 곤충과 다른 큰 특징이 하나 있습니다. 바로 빛을 내는 것인데요, 반딧불이가 빛을 내는 까닭은 짝을 찾기 위해서라고 합니다. 반짝이는 줄이 두 개면 수컷이고 한 개면 암컷이랍니다. 예전에는 반딧불이가 지천으로 많다는 뜻에서 개똥벌레라고 불리기도 했는데, 요즘에는 환경 오염, 인공조명, 살충제 등의 원인으로 반딧불이를 잘 볼 수 없습니다. 우리나라에서는 전라북도 무주군 설천면 남대천 일대와 같이 환경이 아주 깨끗한 곳에서 볼 수 있으며 천연기념물로 지정하여 보호하고 있습니다.

▲ 빛을 내는 반딧불이

#귀뚜라미 #반딧불이 #곤충 #짝짓기 #빛을내는곤충 #온도 #암수 #천연기념물 #개똥벌레

반딧불이가 줄어드는 원인

- 급격한 도시화 개발로 인해 서식지가 줄어들었다.
- 농약 사용이 많아지면서 물이 오염되어 물속에서 애벌레 생활을 하는 반딧불이의 개체 수가 줄어들었다.
- 야행성인 반딧불이는 주로 밤에 활동하므로 암수 짝짓기를 하기 위해 불빛으로 신호를 하는데, 인공조명이 늘어나면서 반딧불이의 불빛 신호에 혼란을 주었다.

▶ 블로그의 내용을 모두 골라 ◯표를 하세요.

귀뚜라미의 특징을 설명했다.	
반딧불이가 줄어드는 원인이 나타나 있다.	
귀뚜라미와 반딧불이의 먹이가 비슷한 까닭을 소개했다.	

▶ 블로그의 주제와 관련된 내용을 검색하려고 합니다. 왼쪽의 귀뚜라미처럼 검색 키워드로 알맞은 것에 ◯표를 하세요.

▶ 블로그 댓글에서 친구들이 '반딧불이를 보호하기 위해 해야 할 일'에 대해 서로의 생각을 나누고 있어요. 나의 생각은 어떠한지 댓글을 써 보세요.

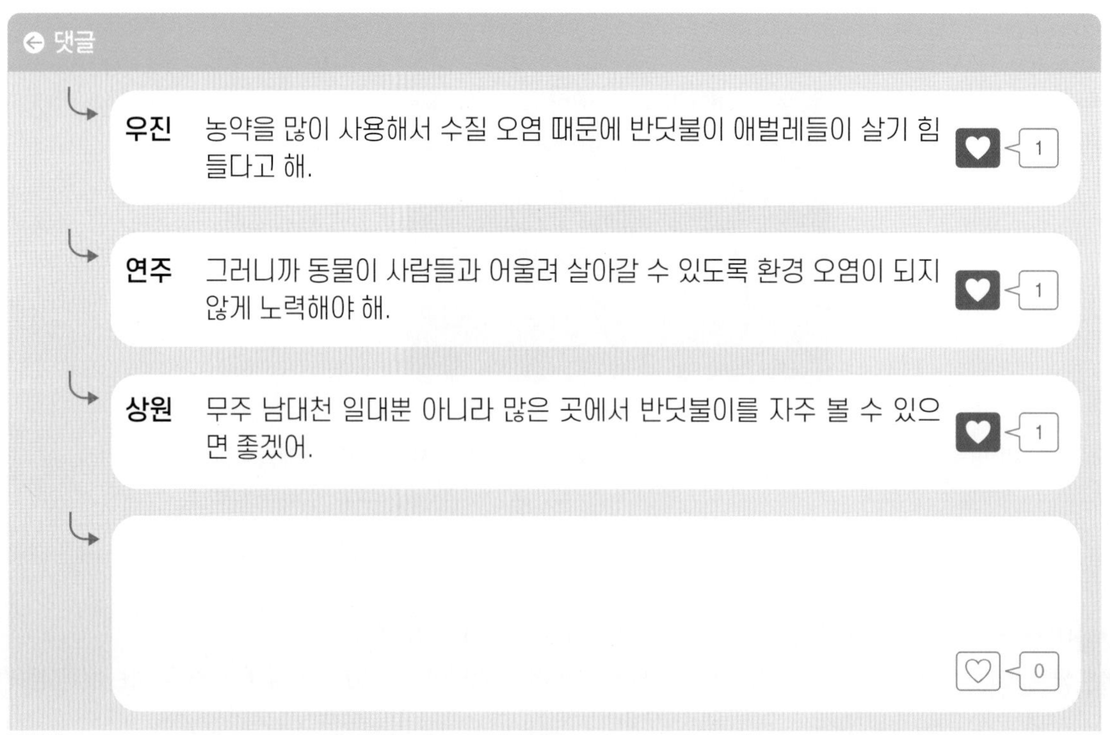

활동 1 귀뚜라미 카드처럼 블로그의 내용을 바탕으로 하여 반딧불이를 소개하는 카드의 내용을 써 보세요.

귀뚜라미
귀뚜라미과의 곤충으로 온도에 따라 활동성이 바뀌는 곤충이다. 가을 무렵 가장 듣기 좋은 울음소리를 낸다.

반딧불이

활동 2 환경 오염으로 서식지와 개체 수가 줄어들고 있는 반딧불이에게 전하고 싶은 말을 생각하여 전자 우편을 써 보세요.

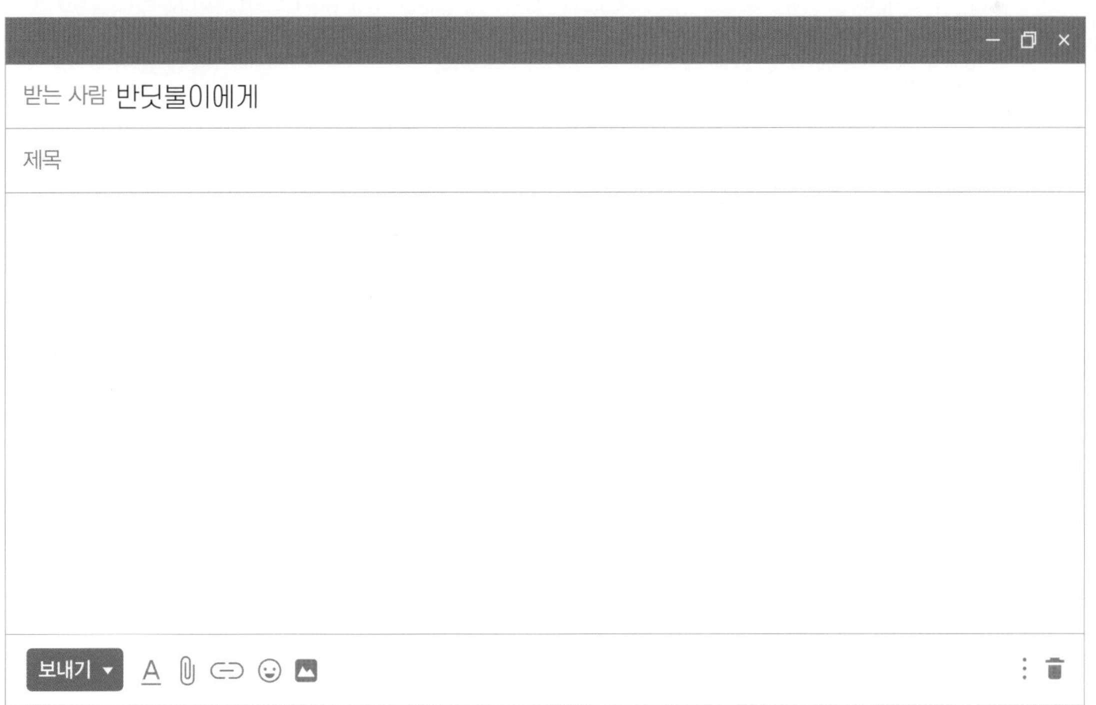

4회
사회

2 인터넷 뉴스를 읽고 제안하는 글 쓰기

어린이를 보호해요

집에 하나쯤 있는 축구공, 달콤하고 맛있는 초콜릿, 스마트폰 배터리에 꼭 필요한 물질인 코발트, 이것들 뒤에는 어린이들의 눈물이 숨겨져 있다는 걸 아시나요? 뉴스 내용을 바탕으로 어린이들이 더 이상 착취 당하지 않도록 제안하는 글을 써 보세요.

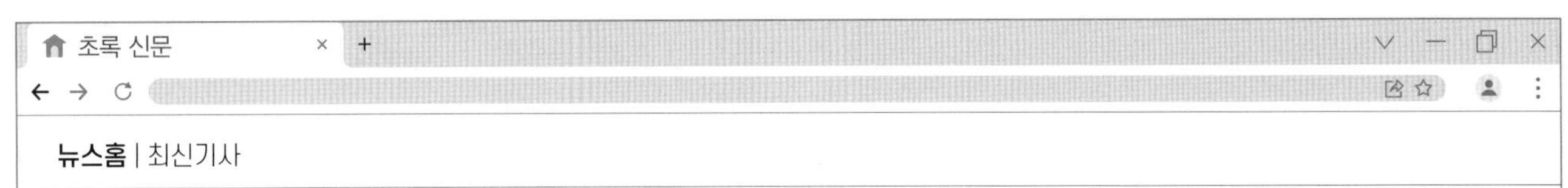

뉴스홈 | 최신기사

송고시간 | 20○○-12-04 15:47

성혜미 기자

스피드, 반발력, 정확도. 첨단 기술의 집약체인 축구공이 어떻게 만들어지는지 아십니까? 천 번이 넘는 손박음질로 오각형과 육각형 서른 두 조각을 실수없이 이어야 합니다. 외피를 만드는 과정은 100% 수작업으로 1,620회의 바느질을 해야 합니다. 전 세계인의 축제인 월드컵에 쓰이는 축구공의 70% 이상이 인도와 파키스탄에서 만들어지고 있고 어린이의 노동력에 의해 생산된다고 합니다.

하루종일 축구공 조각을 꿰맸더니 지문이 없어지고 나무처럼 손이 딱딱해졌지만, 10만 원도 넘게 팔리는 축구공 하나를 만들고 받는 돈은 150원 남짓입니다.

축구공뿐만이 아닙니다. 세계 은행에 따르면, 초콜릿 원료인 카카오 농장에서 일하는 어린이의 절반 이상이 말 그대로 입에 풀칠조차 힘든 아주 가난한 환경이라고 합니다. 문제는 빈곤한 농민들이 인건비를 줄이기 위해서 어린이를 싼 값에 고용할 수밖에 없다는 것입니다.

그리고 스마트폰 배터리에 꼭 필요한 코발트 채취를 위해 콩고민주공화국의 어린이들이 노동력을 착취당하고 있다는 사실이 알려져 충격을 주고 있습니다. 콩고민주공화국의 코발트 생산량은 전 세계 60% 정도로, 이를 위해 4만 명이 넘는 어린이들은 하루 12시간 이상 감독관의 폭언과 폭력에 시달리며 코발트 광산에서 일하는데요. 특히 한 대학의 분석 결과에 따르면 코발트 광산에서 일하는 사람들의 소변에서 기준치의 최대 43배가 넘는 코발트가 검출돼 어린이들의 건강마저 위협받고 있는 실정입니다.

이러한 강제적인 어린이 노동력 착취를 없애기 위해서는 무엇보다 지구촌의 관심과 동참이 필요합니다.

확인 이 내용이 담긴 디지털 매체는 [ㅇ][ㅌ][ㄴ] [ㄴ][ㅅ]이다.

▶ 인터넷 뉴스를 통해 알게 된 내용으로 알맞은 것을 모두 골라 ○표를 하세요.

전 세계의 카카오 생산량	
월드컵에 쓰이는 축구공 중 인도와 파키스탄의 생산량 비중	
콩고민주공화국의 코발트 생산량 비중	

▶ 인터넷 뉴스 중 '기자의 마무리'에 해당하는 내용의 기호를 쓰세요.

㉮ 스피드, 반발력, 정확도. 첨단 기술의 집약체인 축구공이 어떻게 만들어지는지 아십니까?
㉯ 이러한 강제적인 어린이 노동력 착취를 없애기 위해서는 무엇보다 지구촌의 관심과 동참이 필요합니다.
㉰ 문제는 빈곤한 농민들이 인건비를 줄이기 위해서 어린이를 싼 값에 고용할 수밖에 없다는 것입니다.

활동 인터넷 뉴스 내용을 바탕으로 하여 어린이들이 코발트 광산에서 일하지 않도록 해야 한다는 내용으로 제안하는 글을 써 보세요.

뉴스의 구성

- 기자의 도입: 뉴스의 핵심 내용을 안내한다.
- 기자의 보도: 보는 사람의 이해를 돕기 위해 일반 시민이나 전문가와의 면담, 통계 자료가 포함되기도 한다.
- 기자의 마무리: 전체 내용을 요약하거나 핵심 내용을 강조, 앞으로의 전망을 쓴다.

5회
과학

1 인터넷 백과사전을 읽고 바코드와 QR 코드 비교하기

바코드의 비밀

흰 바탕에 검은 막대로 나타낸 바코드는 무엇을 의미하는 것일까요? 바코드의 모양 바로 밑에는 13개의 숫자가 나열되어 있습니다. 인터넷 백과사전을 통해 그 숫자에 담긴 비밀을 알아보고 바코드와 QR 코드의 특징을 비교해 보세요.

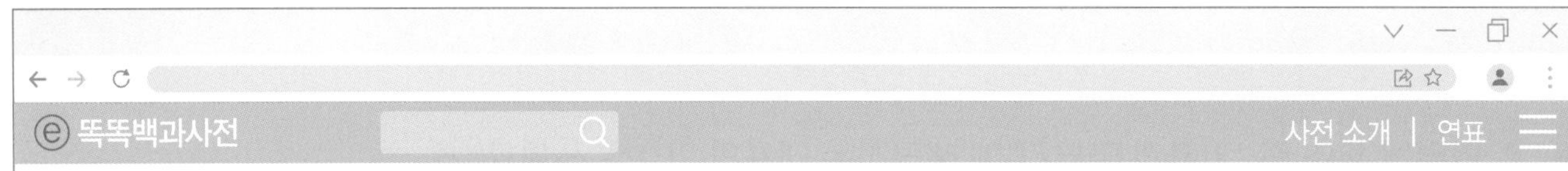

바코드의 비밀

우리 주변의 물건에서 쉽게 찾을 수 있는 흰색 바탕에 여러 줄의 검은색 막대, 무엇을 말하는 것일까요? 바로 바코드입니다. 바코드을 읽어들이는 기계를 바코드에 대면 '삑'하고 소리가 나면서 계산대 모니터에 상품 가격이 뜹니다. 바코드 덕분에 복잡한 데이터를 입력할 필요가 없는 것입니다. 이는 0과 1로 정보를 표현하는 컴퓨터가 잘 읽을 수 있도록 상품의 여러 정보를 흰색 바탕에 검은색 막대로 표현한 것입니다. 그럼 바코드 밑에 나열된 숫자들에도 무언가 의미가 있겠지요? 가끔 물건을 살 때 바코드가 잘 읽히지 않아 결국 키보드로 숫자를 입력하는 경우를 본 적이 있을 것입니다. 이 숫자는 사람이 바코드를 읽을 수 있게 써 둔 것입니다.

바코드의 13개의 숫자들 중 가장 앞의 세 개는 제조 국가, 즉 '대한민국 880'과 같이 나라마다 고유의 번호가 있는데 그것을 의미합니다. 두 번째 네 개의 숫자는 제조업자, 세 번째 다섯 개의 숫자는 상품을 나타내는 고유 번호, 그리고 마지막 한 개 숫자는 앞의 숫자들이 맞는지 검증하는 체크 숫자입니다. 그러니까 마지막의 숫자는 앞의 숫자들에 의해 결정되는 셈입니다.

▲ 바코드에 숨은 방정식

바코드의 숫자의 검증은 홀수 번째 자리에 있는 수들을 더하고, 짝수 번째 있는 수들은 세 배를 해서 더한 합이 10의 배수가 되도록 하면 됩니다. 어찌 보면 복잡해 보이지만 방정식을 사용하여 계산해 보면 간단합니다. 바로 위의 그림과 같이 일차방정식의 계산이 바코드 숫자에 숨겨진 비밀입니다.

확인 이 내용이 담긴 디지털 매체는 인터넷 [ㅂ][ㄱ][ㅅ][ㅈ]이다.

▶ 인터넷 백과 사전을 통해 알게 된 내용으로 알맞은 것을 골라 ○표를 하세요.

바코드를 만든 사람과 비밀	
바코드에 숨은 일차방정식의 비밀	

▶ 바코드에 들어 있는 정보를 알맞게 말한 친구는 누구누구인지 이름을 쓰세요.

영진: 제조 국가와 제조업자를 알 수 있어.
선우: 물건을 만든 사람이 누구인지 알 수 있어.
재호: 어떤 상품인지 고유 번호를 통해 알 수 있지.

활동 인터넷 백과사전에서 찾은 내용을 바탕으로 하여, 바코드와 QR 코드를 비교하여 공통점과 차이점을 정리해 보세요.

바코드

QR 코드

정보가 담겨 있음.

- 격자 무늬임.
- 그림, 사진 더 많은 정보를 담고 있음.

QR 코드 알아보기

정보를 나타내는 2차원 바코드인 QR 코드는 격자 무늬로 되어 있다. 일반 바코드는 한쪽 방향, 즉 1차원적으로 숫자 또는 문자 정보가 저장 가능한 반면, QR 코드는 가로 세로 2차원 형태로 그림, 사진, 지도 등 많은 정보를 담을 수 있다. 요즈음에는 학습에도 이용되어 QR 코드를 찍으면 문제 풀이 동영상이 나오는 형태로 활용된다.

5회
사회

■2 뉴스 방송 대본과 인터넷 뉴스를 보고 실천 방법 정리하기

청소년의 스마트폰 과의존 위험

뉴스 방송 대본과 인터넷 뉴스에 청소년의 스마트폰 과의존 위험에 관한 기사가 소개되었어요. 뉴스 방송 대본과 인터넷 뉴스를 통해 스마트폰 과의존 현상에 대해 알아보고, 이것을 예방하기 위한 실천 방법을 정리해 보세요.

여러분은 혹시 스몸비라는 말을 들어본 적 있나요? 스마트폰을 계속 들여다보며 길을 걷는 모습이 '좀비' 같다는 데서 '스마트폰 좀비'라는 말이 나오고, 이를 더 줄여서 '스몸비'라는 신조어가 나왔다고 합니다. 오늘은 청소년의 스마트폰 중독 실태와 대안에 대해 정보통신부 연구원을 모시고 이야기를 나누어 보겠습니다. 안녕하세요. 연구원님, 스마트 중독 문제 정말 심각하지요?

정보통신부 연구원: 네. 현대 사회에서 스마트폰은 신체의 일부가 되었다고 할 정도로 일상에서 없어서는 안될 도구가 되었죠. 하지만 말씀하신 대로 스몸비라는 신조어가 생길 정도로 전 세계에서 스마트폰 과의존이 심각한 사회 문제가 되고 있습니다. 2020년에 발표한 한국 인터넷 백서에 따르면 지난해 10대 청소년의 인터넷 동영상 서비스 주 평균 이용 시간은 7~9시간으로 2019년에 비해 3.1시간 이상 증가한 것으로 나타났습니다. 또 과학기술정보통신부의 '2020년 스마트폰 과의존 실태조사'에 따르면 만10~19세 청소년의 과의존 위험군이 35.8%로 나타나 청소년의 스마트폰 과의존에 대한 우려가 커지고 있습니다.

아나운서: 청소년의 스마트폰 과의존, 대체 어떤 문제들을 불러옵니까?

정보통신부 연구원: 가장 큰 문제는 뇌에 휴식을 주지 못한다는 점입니다. 스마트폰은 뇌의 특정 부분만 자극해 감정 조절 능력이나 집중력, 판단력 등의 발달을 어렵게 합니다. 또 과도한 사용으로 수면 부족을 불러와 학습 능력을 떨어뜨리고, 우울감이나 불안감이 증가해 또래와 원만한 관계를 맺는 데 어려움을 보이는 경우도 있습니다.

아나운서: 그렇다면, 이에 대한 대책이라던가, 대안은 없을까요?

정보통신부 연구원: 가정에서 건전한 스마트폰 이용 방법에 대해 이야기를 나누는 것이 중요합니다. 가상이 아닌 실제 생활에서 교류와 성취감을 느낄 수 있는 놀이나 프로그램 등을 접하는 것도 좋습니다. 또 스마트폰 과의존으로 인한 어려움을 상담하고 예방 교육을 실시하는 기관도 있으니 이런 기관의 도움을 받는 것도 좋은 방법이지요.

아나운서: 네, 지금까지 스마트폰 중독 실태와 대안에 대한 말씀 감사합니다.

확인 이 내용이 담긴 디지털 매체는 텔레비전 뉴스와 인터넷 [ㄴ][ㅅ]이다.

NEWS | HOT뉴스 | 정치 | 스포츠 | TV 연예 | 날씨

스마트폰 중독, 청소년에게 왜 위험할까?

김지예 기자 입력 20○○.07.09 11:54

코로나19 팬데믹으로 인한 온라인 수업의 증가는 초중고생들에게 스마트폰 과의존을 초래하다.

우리나라에서 초중고생 스마트폰 사용에 대한 우려와 통제 필요성 제기는 2014년부터 본격화됐습니다. 당시 대한소아청소년의학회가 정신건강의학과 전문의들을 대상으로 아동·청소년들의 스마트폰 사용에 대한 의견을 물어본 결과 응답자의 대부분이 아동과 청소년의 스마트폰 사용 연령 제한이 필요하다고 답했습니다. 사용 제한이 필요한 이유로는 자기 조절 능력 부족과 통제력 부족 등을 꼽았습니다. 또 많이 사용했을 때 발생할 수 있는 문제로 중독 위험, 위험 상황 노출 등을 말했습니다.

이와 관련된 연구로 미국의 심리학자 진 트웬지 교수는 소셜미디어와 스마트폰의 영향을 받고 자란 세대 50만 명을 5년간 추적 연구한 결과, 스마트폰 사용시간이 1시간 미만인 청소년과 비교해 하루에 3시간 이상 스마트폰을 사용하는 청소년은 절망과 자살 충동을 느낄 가능성이 30퍼센트 이상 높았다는 연구 결과를 발표하기도 했습니다.

세계보건기구(WHO)도 2019년 어린이의 스마트폰 사용과 관련한 길잡이를 발표했습니다. 2~4세 어린이는 하루 1시간 이상 스마트폰 등 전자기기 화면을 계속해서 봐서는 안 되고, 1세 이하는 전자기기 화면에 노출되는 일이 없도록 해야 한다는 것입니다. 세계보건기구는 적절한 신체적 활동과 충분한 수면이 보장돼야 비만과 각종 질병을 예방하고 건전한 습관을 익힐 수 있다고 강조했습니다.

마지막으로 스마트폰 과의존을 이겨내는 방법을 소개합니다.

1. 스마트폰 사용 시간을 기록하기
2. 사용 시간 제한 설정하기
3. SNS 팔로우 수를 줄이기
4. 자투리 시간에 할 수 있는 습관 만들기
5. 스마트폰 사용 금지 구역 만들기
6. 스마트폰 알림은 최소한으로 하기
7. 잘 때 스마트폰은 다른 방에 두기

자기자신에게 알맞은 방법을 적용하여 적정 사용 시간을 지킬 수 있도록하는 노력이 필요합니다.

청소년의 스마트폰 과의존 증상

- 스마트폰이 없거나 사용할 수 없을 때 매우 불안하다.
- 스마트폰 사용으로 계획한 일을 제때 하지 못할 때가 많다.
- 스마트폰 사용 시간이나 빈도를 스스로 조절할 수 없다.

▶ 두 매체의 뉴스는 무엇에 대한 정보를 담고 있는지 알맞은 것에 모두 ○표를 하세요.

스마트폰 과의존의 문제점	
스마트폰의 종류와 유용성	
스마트폰 과의존의 해결 방법	

▶ 두 매체의 뉴스의 내용으로 알맞지 않은 것의 기호를 쓰세요.

㉮ 스마트폰의 가장 큰 문제는 뇌에 휴식을 주지 못한다는 것이다.
㉯ 스마트폰의 과도한 사용은 수면 부족을 불러와 우울감이 증가한다.
㉰ 스마트폰 사용 시간을 기록해 보면 스마트폰 과의존을 줄이는 데 도움이 된다.
㉱ 스마트폰 과의존을 줄이려면 스마트폰 게임을 오랜 시간 동안 즐겁게 해야 한다.

활동 1 뉴스 방송 대본을 참고하여 빈칸에 알맞은 말을 써 보세요.

스마트폰 과의존 추세로 생겨난 신조어

스마트폰을 들여다보며 길을 걷는 모습이 '(　　　　)' 같다. → 스마트폰 (　　　　) →

활동 2 뉴스를 통해 알 수 있는 스마트폰 과의존의 문제점을 읽고 해결 방안을 찾아 써 보세요.

가장 큰 문제는 뇌에 휴식을 주지 못한다는 점이다. 스마트폰은 뇌의 특정 부분만 자극해 감정 조절 능력이나 집중력, 판단력 등의 발달을 어렵게 한다. 또 과도한 사용으로 수면 부족을 불러와 학습 능력을 떨어뜨리고, 우울감이나 불안감이 증가해 또래와 원만한 관계를 맺는 데 어려움을 보이는 경우도 있다.

해결 방법	

활동 3 스마트폰 과의존이나 중독을 예방하기 위해 실천할 수 있는 방법을 생각하여 정리해 보세요.

건전한 스마트폰 이용 방법	• 하루 사용 시간을 정해 놓고 쓴다. • •
실생활에서 성취와 교류감을 높이는 방법	• SNS 사용 시간과 빈도를 줄인다. • •

확인 문제 »

1 다음의 매체는 무엇인가요? (　　　　　)

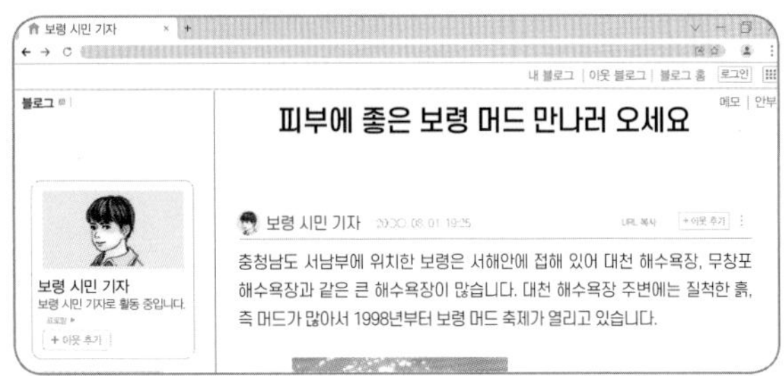

① 카드뉴스
② 블로그
③ 인터넷 뉴스
④ 인터넷 게시판
⑤ 인터넷 백과사전

2 다음 매체를 알맞게 읽지 않은 친구의 이름을 쓰세요.

우식: 채윤아 기자가 쓴 인터넷 뉴스이다.

다미: 기사를 입력한 날짜와 시간을 알 수 없다.

재웅: 알약의 여러 가지 형태와 기능에 대한 내용의 기사이다.

(　　　　　　　　　)

3 다음은 블로그의 일부를 발췌한 것입니다. 누구에 대한 설명인지 이름을 쓰세요.

> 모든 사람이 법 앞에 평등하다며 민법을 공표하고, 중앙은행을 만드는 등 많은 개혁을 단행하고 프랑스의 영토를 넓힌 영웅이라는 평가가 있는 한편, 스스로 황제 자리에 앉아 자신의 가족에게 온갖 특권과 혜택을 몰아 주는 비리를 저지르고 무모한 전쟁으로 수많은 프랑스 젊은이들의 목숨을 희생시킨 독재자라는 평가가 있다.

(　　　　　　　　　)

4 블로그에서 다음과 같은 키워드를 가진 글을 읽어 보았습니다. 관련 있는 우리나라의 세시 풍속은 무엇인가요? (　　　　　)

> #작은설 #팥죽 #동지부적 #붉은색

① 설　　② 단오　　③ 추석　　④ 동지　　⑤ 정월 대보름

확인 문제 »

정답과 해설 30쪽

5 웹툰을 읽고 웹툰 속 지수에게 필요한 학습 태도로 알맞은 것의 기호를 쓰세요.

㉠ 부모님 말씀대로 학습하기
㉡ 선생님 말씀대로 학습하기
㉢ 스스로 판단하여 자기 주도 학습하기

( )

6 다음은 블로그의 일부를 발췌한 것입니다. 글에서 알 수 있는 반딧불이가 다른 곤충과 다른 특징은 무엇인지 쓰세요.

반딧불이는 다른 곤충과 다른 큰 특징이 하나 있습니다. 바로 빛을 내는 것인데요, 반딧불이가 빛을 내는 까닭은 짝을 찾기 위해서라고 합니다. 반짝이는 줄이 두 개면 수컷이고 한 개면 암컷이랍니다.

( )

7 인터넷 백과사전에서 알 수 있는 바코드에 대한 설명으로 옳지 <u>않은</u> 것을 모두 고르세요. ( )

똑똑백과사전 | 사전 소개

바코드의 비밀

우리 주변의 물건에서 쉽게 찾을 수 있는 흰색 바탕에 여러 줄의 검은색 막대, 무엇을 말하는 것일까요? 바로 바코드입니다. 바코드을 읽어들이는 기계를 바코드에 대면 '삑'하고 소리가 나면서 계산대 모니터에 상품 가격이 뜹니다. 바코드 덕분에 복잡한 데이터를 입력할 필요가 없는 것입니다. 이는 0과 1로 정보를 표현하는 컴퓨터가 잘 읽을 수 있도록 상품의 여러 정보를 흰색 바탕에 검은색 막대로 표현한 것입니다. 그럼 바코드 밑에 나열된 숫자들에도 무언가 의미가 있겠지요? 가끔 물건을 살 때 바코드가 잘 읽히지 않아 결국 키보드로 입력하는 경우를 본 적이 있을 것입니다. 이 숫자는 사람이 바코드를 읽을 수 있게 써 둔 것입니다.

바코드의 13개의 숫자들 중 가장 앞의 세 개는 제조 국가, 즉 '대한민국 880'과 같이 나라마다 고유의 번호가 있는데 그것을 의미합니다. 두 번째 네 개의 숫자는 제조업자, 세 번째 다섯 개의 숫자는 상품을 나타내는 고유 번호, 그리고 마지막 한 개 숫자는 앞의 숫자들이 맞는지 검증하는 체크 숫자입니다. 그러니까 마지막의 숫자는 앞의 숫자들에 의해 결정되는 셈입니다.

① 바코드로 제조 국가를 알 수 있다.
② 바코드로 제조업자를 알 수 있다.
③ 제품과 관련된 동영상을 볼 수 있다.
④ 바코드는 검은 막대와 흰 막대로 나타낸다.
⑤ 물건의 제조일자를 알 수 있다.

공감 ②

꺄, 방송 댄스반에 붙었어요!

“꺄악! 붙었어요, 붙었어!”

도하가 빽 소리를 질렀어요.

“뭐, 뭐 말이니?”

신발을 현관에 대충 벗어던지고는 잽싸게 거실로 들어서는 도하를 보고 엄마가 물으셨어요.

“엄마, 드디어 방송 댄스반에 붙었어요! 우리 반에서는 나랑 윤하만 됐어요!”

“정말 잘됐구나!”

도하는 엄마를 부둥켜안고 “꺄악!” 환호성을 질렀어요. 도현이가 그 모습을 보고 재를 뿌렸지요.

“네가 방송 댄스반에 들어가다니, 이게 말이 돼? 나 같은 인재가 들어가면 또 모를까. 쯧쯧쯧.”

도하가 한눈으로 도현이를 째렸어요. 그걸 모른 체하고 도현이가 말했지요.

“넌 이제부터 이 오빠한테 방송 댄스의 기초를 배우거라. 너, 이렇게 골반 튕기는 거 알아?”

도현이가 어느 아이돌 가수의 골반 춤을 따라하면서 말했지만, 도하는 눈길조차 주지 않았어요.

"엄마, 엄마! 우리 선생님 정말 춤도 잘 추시고 엄청 멋있어요. 저 그 선생님처럼 되고 싶어요!"

방송 댄스반에 들어간 도하는 재잘재잘 엄마한테 방송 댄스반 얘기를 했어요.

"엄마, 방송 댄스반 연습하는 강당 앞에는 전신 거울이 쭉 붙어 있어요."

"엄마, 우리 선생님한테 춤을 배우니까, 정말 제대로 배우는 거 같아요!"

"엄마, 선생님이 나 춤 잘 춘대요! 정말 소질이 있대요!"

그동안 도하의 이야기를 흘려듣던 도현이가 비웃으며 말했어요.

"야, 댄짱! 말이 되는 소리를 해라. 네가 무슨 소질이 있냐? 넌 그냥 집에서나 춤추라니까. 하긴, 그것도 꼴불견이긴 하지만."

도현이의 말에 토라진 도하가 자리를 털고 일어나더니, 제 방문을 쾅 닫았어요. 엄마는 도현이의 말을 듣고 화가 나셨어요.

"김도현! 그동안 너랑 도하랑 투닥거리는 거, 그저 사춘기려니 하고 넘어가려고 했어. 그런데 이제 보니 너 정말 못됐구나."

도현이는 놀라서 하마터면 '억!' 소리가 나올 뻔했어요.

"어, 엄마, 갑자기 왜 그러세요? 소자가 잘못했어요."

엄마 분위기가 심상치 않은 걸 눈치챈 도현이가 능치려고 했어요.

"도현아, 장난으로 그냥 넘어갈 일이 아닌 것 같아. 엄마는 그동안 네가 그냥 장난기가 많은 아이라고 생각했는데, 지금 보니 다른 사람의 마음을 조금도 헤아릴 줄 모르는 것 같아서 걱정스럽네."

도현이는 머쓱했어요.

"그냥 놀리려고 한 것뿐인데……."

도현이가 기어들어가는 소리로 말했어요.

"너도 한 번 생각해보렴. 네가 정말 열심히 하고 있고, 정말 잘하기 위해서 애쓰는 걸 도하가 계속 놀리고 항상 비웃는다고 생각해 봐. 그러면 네 마음은 좋을지 말이야."

도현이는 터덜터덜 자기 방으로 들어가 의자에 앉았어요.

'난 그냥 동생이 설치는 게 웃겨서 좀 놀린 것뿐인데, 그게 그렇게 야단맞을 일인가?'

도현이는 엄마한테 혼난 게 속상했어요. 그리고 그게 동생 도하 탓이라는 생각이 드니 더 억울했어요. 텔레비전의 댄스 프로그램이나 동영상에 나오는 아이돌의 동작은 늘 완벽했고 멋있었어요. 어설프게 그걸 따라하는 도하의 모습이 웃겨서 좀 놀린 것뿐이었어요. 도하가 댄서가 되고 싶은 꿈을 방해할 생각은 전혀 없었거든요.

도현이는 갑자기 머리가 지끈지끈 아파왔어요. 그때 거실에서 웃음소리가 났어요. 슬그머니 방문을 열어봤더니 거실에서 엄마랑 도하가 무언가를 보면서 즐겁게 이야기하는 게 보였지요.

"칫, 저것 봐. 좀 전에 삐쳐서 들어가더니만 쪼르르 나와서 엄마랑 웃는 꼴 하고는. 그냥 심술부리는 거지. 저런데도 엄마는 도하 편만 들고. 내가 뭘 그렇게 잘못했다고."

도현이는 뭔가 못마땅했어요. 자기는 죽을죄를 지은 사람처럼 방 안에서 이런저런 생각을 하느라 마음이 불편한데 도하는 마치 아무 일도 없었다는 것처럼 저렇게 하하호호 즐겁다니…….

'이건 남매 차별이야. 엄마는 동생인 도하 편만 드는 거잖아. 아빠가 있었으면 이게 그렇게 큰 문제가 아닐 수도 있어. 아빠는 내 편일걸?'

도현이는 자기 잘못을 털끝만치도 받아들이지 않았어요.

이어지는 내용은 100쪽에 >>>

"너희 그 댄스 대회는 언제냐?"

"7월 15일이에요. 그날 토요일인데, 보러 오세요!"

"오빠가 오면 우린 망해. 심술마왕이 와 봤자지."

도하가 먹던 치킨을 접시에 내려놓으며 짜증스럽게 말했어요.

– 가치 동화 〈심술마왕이 달라졌어요〉 중에서 –

3 주차

회		제목	학습 계획일	
1	사회	1 거주 지역의 관광지화	월	일
	역사	2 감염병 극복의 역사	월	일
2	사회	1 새로운 경제 모델, 공유 경제	월	일
	과학	2 거북을 키워요	월	일
3	생활	1 내 마음속의 양심	월	일
	생활	2 시청 소감을 남겨요	월	일
4	과학	1 감정까지 읽는 인공 지능 스피커	월	일
	문화	2 한옥의 과학적 난방	월	일
5	생활	1 건강하게 먹어요	월	일
	생활	2 콩쥐와 신데렐라의 비슷한 점과 다른 점	월	일
확인 문제				
가치 동화 [공감] 심술마왕이 달라졌어요 ③				

1회
사회

1 뉴스 방송 대본을 읽고 인터넷 게시판에 글 쓰기

거주 지역의 관광지화

지역을 대표하는 장소가 될 초고층 빌딩 건설 재추진을 앞두고 주민들과 환경 단체 사이에 많은 이견 차를 보이고 있어요. 관련한 텔레비전 뉴스 방송 대본을 읽고 이 건물을 지을 경우 문제점이 무엇일지 생각하여 인터넷 게시판에 글을 써 보세요.

다음 뉴스입니다. ○○도 ○○시에서 10년 동안 계획한 지역을 대표할 건설 사업이었죠? 150층 초고층 빌딩 건설 재추진을 앞두고 있다고 합니다. 이 소식은 김준서 기자가 취재했습니다.

기자: 『이곳은 ○○도 ○○시에서 우리나라 초고층 빌딩이 위치할 자리로 선정한 곳입니다. 이곳에 건립하려다가 중단됐던 150층 규모의 ○○ 타워가 이곳 주민들의 강력한 요구를 반영하여 재추진될 것으로 알려지자, 환경 단체들이 안전 및 환경을 우려하며 반대하고 나섰습니다. 이에 주민들은 이 타워가 건설될 경우 이곳이 지역을 대표하는 유명 장소가 되어 지역 경제 활성화에 도움을 준다고 주장하고 있습니다.

지역 주민(인터뷰): ○○ 타워가 건설된다면 최고의 관광 자원이자, 우리 지역의 위상을 높여 줄 거예요.

기자: 하지만 환경 단체들은 안전성 및 기후 위기 등을 이유로 초고층인 ○○ 타워 건설을 중단해야 한다는 입장을 고수하고 있습니다.

환경 단체(인터뷰): 초고층 건물은 재난 및 안전에 취약하고 막대한 에너지를 소비하며 대량의 탄소를 배출하게 되어서 환경에 악영향을 끼칠 것입니다.』

기자: 지역 주민과 환경 단체의 팽팽한 의견 대립은 좀처럼 좁혀지지 않는 평행선을 걷고 있지만, ○○도 ○○시에서는 주민들은 계획대로 ○○ 타워 재추진을 밀어붙일 전망입니다. 지역 관광지화로 지역 경제를 살리는 것이 우선인지, 환경을 지키는 것이 우선인지 어느 쪽이 공공의 이익을 위하는 것인지 우리 모두 생각해 봐야 할 문제입니다. ETS 뉴스 김준서 기자였습니다.

확인 이 내용이 담긴 디지털 매체는 텔레비전 [ㄴ][ㅅ]이다.

▶ 뉴스 방송 대본을 읽고 알게 된 내용으로 알맞은 것에 모두 ○표를 하세요.

○○ 타워가 건설될 경우 지역이 관광지가 되어 지역 경제 활성화에 도움을 줄 것이다.	
○○ 타워가 건설될 경우 막대한 탄소를 배출하여 환경에 문제를 끼칠 것이다.	
○○ 타워는 ○○도 ○○시 주민뿐 아니라 전 국민이 염원하는 우리나라 대표의 초고층 빌딩이 될 것이다.	

▶ 다음 빈칸에 알맞은 말에 ○표를 하세요.

뉴스 방송 대본에서『 』부분은 (진행자의 도입 , 기자의 보도 , 기자의 마무리)에 해당한다.

활동 초고층 건물을 지을 경우 어떤 문제점이 발생할지 생각하여 반대하는 입장이 되어 인터넷 게시판에 글을 써 보세요.

자유 게시판

인쇄

등록일: 20○○.9.13 | 조회: 0

뉴스 기사를 쓸 때 주의할 점

- 기사가 공공의 이익을 위하는 것인지 파악해야 한다.
- 명예 훼손이나 개인 사생활을 침해해서는 안 된다.
- 의도가 좋아도 취재 과정이 정당하지 못하면 인정받지 못한다.

1회
역사

2 블로그를 읽고 감염병 연표 만들기

감염병 극복의 역사

그동안 인류를 괴롭혔던 수많은 감염병을 블로그를 통해 알아보았어요. 우리 인류를 괴롭혔던 감염병의 종류를 알아보고 그 감염병을 어떻게 극복했는지 살펴보았어요. 블로그 정리하여 감염병 연표를 완성해 보세요.

나의 창고 | 역사세상

내 블로그 | 이웃 블로그 | 블로그 홈 | 로그인

블로그 | 메모 | 안부

척척박사

사소한 것도
모아두는 창고

프로필 ▶

+ 이웃 추가

목록

전체 보기(39)

상식도 척척(8)
과학도 척척(11)
요리도 척척(10)
ㄴ한식(5)
ㄴ중식(2)
ㄴ일식(3)

감염병을 극복한 인류의 역사

척척박사 20OO. 12. 29 17:33 URL 복사

전 세계를 두려움에 떨게 한 감염병 코로나19. 하지만 이전에도 인류는 수많은 감염병을 겪고 극복해 왔습니다. 감염병 극복의 역사를 알아보겠습니다.

흑사병_쥐에 기생하는 벼룩에 의해 페스트균이 옮겨져 발생하는 병입니다. 14세기 약 100년 동안 유럽 인구의 1/3을 사망에 이르게 하였습니다. 흑사병의 폭발적인 증가 원인은 비위생적인 환경이었는데, 그 후 위생 관념이 생기면서 극복했습니다.

콜레라_1800년대 약 100년간 전 세계를 휩쓴 감염병입니다. 콜레라균에 오염된 물이 근본적인 원인입니다. 상하수도 시스템을 분리하고 공중위생 개선을 위해 노력한 결과 극복할 수 있었습니다.

천연두_1900년대 이후 전 세계에서 3억~5억 명 사망한 두창 바이러스에 의한 감염병입니다. 1798년 영국 의사 에드워드 제너가 종두법을 개발하여 시행한 덕분에 예방과 치료가 가능해졌습니다. 1980년 세계보건기구(WHO)에서 천연두 종식을 선언하였습니다.

스페인 독감_제1차 세계대전 이후 유행하기 시작한 인플루엔자 바이러스에 의한 감염병으로 미국에서 퍼졌습니다. 전쟁 당시 중립국이었던 스페인의 보도를 통해 알려져 스페인 독감으로 이름 지어졌습니다. 사회적 거리두기를 시행하여 극복할 수 있었습니다.

코로나19_현재 전 세계에서 유행 중이며 2021년 12월 기준 전 세계 사망자는 약 540만 명이나 됩니다. 개인위생 관리와 사회적 거리두기, 백신 개발 등으로 극복할 수 있을 것입니다.

▲ 코로나19 바이러스

확인 이 내용이 담긴 디지털 매체는 [ㅂ][ㄹ][ㄱ]이다.

▶ 블로그를 읽고 알게 된 인류를 괴롭혔던 감염병이 아닌 것을 골라 ○표를 하세요.

흑사병 콜레라 타박상 스페인 독감

▶ 블로그를 읽고 알게 된 감염병과 극복한 방법을 선으로 이으세요.

콜레라 •	• 사회적 거리두기
스페인 독감 •	• 상하수도 시스템 분리

활동 블로그의 내용을 바탕으로 인류를 괴롭혔던 감염병 연표를 완성해 보세요.

감염병	발병 시기	원인	극복을 위한 노력
	14세기	쥐에 기생하는 벼룩에 의해 페스트균이 옮겨져 발생	위생 관념이 생기면서 극복함.
콜레라	1800년대		상하수도 시스템을 분리하고 공중위생 개선을 위해 노력함.
	1900년대	두창 바이러스	우두법을 개발하여 시행함.
스페인 독감	제1차 세계대전 이후	인플루엔자 바이러스	

감염병 예방을 위한 행동 수칙

- 비누로 30초 이상 꼼꼼하게 손을 씻는다.
- 기침할 때는 옷소매로 가린다.
- 안전한 물과 익힌 음식을 먹는다.
- 감기 등이 유행할 때는 마스크를 쓰고 다닌다.

2회
사회

1 카드 뉴스를 읽고 아이디어 쓰기

새로운 경제 모델, 공유 경제

물건이나 서비스를 여럿이 공유해 사용하는 공유 경제가 새로운 경제 모델로 확산되고 있어요. 공유 경제의 사례가 담긴 카드 뉴스를 읽고 공유하면 좋을 물건이나 서비스를 그 이유와 함께 써 보세요.

자동차 공유 서비스

'운행되는 시간보다 주차되어 있는 시간이 훨씬 많은 차량을 여럿이 함께 사용하면 어떨까?' 하는 아이디에서 나온 서비스입니다. 자동차 소유주와 승객을 연결해 차량을 공유하여 이용하는 서비스입니다.

집 공유

'사용하지 않는 공간을 여행객에게 숙박 공간으로 공유하면 어떨까?' 하는 아이디어에서 나온 서비스입니다. 숙소 소유주와 여행객을 연결해 공간을 공유하여 이용하는 서비스입니다.

주방 공유

배달 음식의 인기가 높아지면서 여러 음식점이 주방을 함께 쓰는 공유 주방의 인기가 점점 높아지고 있습니다. 음식점의 초기 창업 비용을 낮추어 비용 부담을 줄일 수 있습니다.

옷 공유

면접 등 특별한 날에 주로 입는 정장을 필요로 하는 청년들에게 공유하는 서비스입니다. 양질의 정장을 청년들에게 공유하여 취업 비용에 대한 부담을 줄여줍니다.

확인 이 내용이 담긴 디지털 매체는  이다.

정답과 해설 35쪽

3 주차

▶ 카드 뉴스에서 다루고 있는 주제를 생각하며 빈칸에 들어갈 말을 쓰세요.

물건이나 서비스를 여럿이 공유해 사용하는 (   )이/가 새로운 경제 모델로 확산되고 있다.

▶ 과거 경제 활동 모습과 공유 경제로 바꾸었을 때의 좋은 점을 선으로 이으세요.

배달 음식점을 창업할 때 주방 시설하는 비용이 들었다. •	• 면접 때 입을 정장을 빌려주는 서비스가 있어 취업 비용에 대한 부담을 덜 수 있다.
면접을 보기 위해 단정해 보이는 정장을 구매해 입었다. •	• 여럿이 함께 쓰는 주방을 이용하면서 배달 음식점 창업 비용 부담을 줄일 수 있다.

활동 카드 뉴스를 읽고 알게 된 공유 경제 내용을 바탕으로 공유하면 좋은 물건이나 서비스를 써 보세요.

공유할 물건이나 서비스	이유
아기 장난감	아기 장난감은 아기가 자라면서 사용하지 않게 된다. 이를 공유하면 장난감 비용도 줄이고 환경도 보호할 수 있다.

공유 경제의 예

- 나에게 더 이상 필요 없는 물건이나 안 쓰는 물건
- 초기에 설치 비용이 높은 시설이나 공간
- 지식 정보나 창작물 등

2회 과학

■2 웹툰과 인터넷 백과사전을 읽고 인터넷 게시판에 글쓰기

거북을 키워요

요즘은 집에서 거북, 도마뱀, 이구아나 등 특수 동물을 키우는 사람도 많아요. 웹툰과 인터넷 백과사전을 읽고 거북을 키우는 방법을 알아보고, 거북을 강이나 바다에 유기하는 사람들에게 인터넷 게시판에 제안하는 글을 써 보세요.

반려 거북의 종류에는 어떤 것이 있을까요?

레오파드 육지거북

▲ 레오파드 육지거북

평생 육지에서 살아가는 육지 거북입니다. 육지거북 중에서 4번째로 크게 자라는 중형 거북으로, 반려용으로 많이 키웁니다. 등딱지의 문양이 표범무늬 같아서 표범무늬 거북이라고 불리기도 합니다. 등딱지가 다른 육지거북에 비해서 높게 자라기 때문에 뒤집혀도 오뚝이처럼 빨리 정상으로 돌아올 수 있습니다.

남생이

▲ 남생이

우리나라의 대표적인 민물거북으로 2005년 천연기념물로 지정된 멸종위기 야생생물 Ⅱ급으로 법정보호종입니다. 때문에 남생이는 함부로 기를 수 없으며 환경부의 허락을 받은 곳에서 입양받아야 합니다. 성질이 온순하며 등딱지는 매우 단단합니다. 수명은 약 20년 정도입니다.

늑대거북

▲ 늑대거북

톱니 모양의 돌기가 있고, 등딱지만큼이나 긴 꼬리가 특징입니다. 독특한 생김새로 반려용으로 선호하지만 다른 거북들에 비하여 빠르게 성장하며 성격이 포악합니다.

확인 이 내용이 담긴 디지털 매체는 웹툰과 인터넷 [ㅂ][ㄱ][ㅅ][ㅈ]이다.

반려 거북 키우기

준비물

수조, 히터기, 온도계, 여과기, 쉼터, 램프, 먹이 등

수조	거북이 성장했을 때의 크기를 생각하여 넉넉한 사이즈로 준비한다.
히터	추위에 약해 온도가 내려가면 움직임이 느려지고 병에 걸릴 수 있기 때문에 히터로 물의 온도를 유지해 준다.
온도계	온도 체크를 위해 필요하다.
여과기	물을 깨끗하게 유지해 주고 물비린내가 나는 것을 막기 위해 필요하다.
쉼터	물 밖에서 쉴 수 있도록 쉼터를 만들어 준다.
램프	거북도 햇빛을 봐야 하므로 램프로 햇빛의 역할을 대신해 준다.
먹이	전용 사료와 가끔씩 채소를 먹이로 준다.

먹이 주기

크기에 따라 적당한 양의 사료를 하루에 한 번, 혹은 2~3일에 한 번 물 위에 띄워 줍니다. 사료를 과하게 주면 먹지 않은 사료로 수질이 오염 될 수 있으니 알맞게 준다.

물 갈아 주기

수돗물을 3일 정도 받아 두었다가 염소 성분이 제거된 다음 사용한다.

주의할 점

- 거북의 몸에 살모넬라균이 있을 수 있으므로 거북을 만졌을 때는 손을 깨끗이 씻어야 한다.
- 수시로 온도 체크를 하여 적정 온도 26~28도를 유지해야 한다.
- 육지를 만들어 주어 일광욕을 하며 등딱지를 말리고 쉴 수 있도록 한다.
- 배설물의 양이 많아 물이 오염되기 쉬우므로 수질 관리를 잘 해야 한다.
- 성장 속도에 따라 환경을 바꿔 주고 끝까지 책임지고 키워야 한다.

반려 거북의 관리

- 소중한 생명이므로 끝까지 책임지고 관리해야 한다.
- 거북이 탈출하거나 잃어버렸을 때는 반려동물을 찾는 앱을 활용하여 찾는다.
- 반려 거북을 강이나 바다에 버리면 생태계에 나쁜 영향을 미칠 수 있으므로 절대 함부로 버리면 안 된다.

거북의 수명

장수의 상징으로 알려진 거북의 수명은 자연에서 살아가는 일반적인 거북의 경우 보통 20~30년 정도이며, 바다거북은 평균 약 50년 정도를 산다고 한다. 하지만 반려동물로 키우는 거북은 대략 15~20년 정도를 산다고 한다.

▶ 거북의 특징에 따라 알맞게 선으로 이으세요.

남생이 •	• 톱니 모양의 돌기가 있고, 등딱지만큼이나 긴 꼬리가 특징입니다.
늑대거북 •	• 우리나라의 대표적인 민물거북으로 2005년 천연기념로 지정되 었습니다.
레오파드 육지거북 •	• 등딱지의 문양이 표범무늬 같이서 표범무늬 거북이라고 불리기 도합니다.

▶ 인터넷 백과사전을 읽고 알게 된 내용으로 알맞은 것에 ○표를 하세요.

반려 거북 키우는 방법	파충류의 종류	반려 거북의 유해성

▶ 거북을 키울 때 주의할 점으로 알맞은 것을 골라 ○표를 하세요.

사료는 한꺼번에 많이 주어야 빨리 자란다.	
거북을 키우는 수조의 온도는 15도로 맞춰 준다.	
배설물의 양이 많아 물이 오염되기 쉬우므로 수질 관리를 잘 해야 한다.	

정답과 해설 37쪽

활동 1 인터넷 백과사전을 통해 알게 된 거북을 키울 때 주의할 점을 정리해 보세요.

수조를 꾸밀 때	먹이를 줄 때
거북이 성장했을 때의 크기를 생각하여 넉넉한 사이즈로 준비한다. 물 밖에서 쉴 수 있도록 쉼터를 만들어 준다.	

물을 갈아 줄 때	배설물이 생겼을 때
	여과기로 배설물을 걸러주고 물을 자주 갈아준다.

활동 2 인터넷 백과사전을 읽고 알게 된 내용을 바탕으로 거북을 키우다가 강이나 바다에 유기하는 사람들에게 제안하는 글을 쓰려고 합니다. 주어진 글의 뒷부분을 완성해 보세요.

자유 게시판

제목 : 반려 거북을 유기하지 맙시다. 인쇄

등록일: 20○○.4.13 | 조회: 0

거북을 나의 반려동물로 받아들였다는 것은 가족이 된다는 것입니다. 그런데 최근 반려 거북을 키우다가 마음이 바뀌거나 키우기 힘들다는 이유로 강이나 바다에 유기하는 사례가 늘고 있습니다.

공감 0 | 댓글 0

3회
생활

1 독자 후기와 댓글을 읽고 게시판에 댓글 쓰기

내 마음속의 양심

연수는 《자전거 도둑》을 읽고 서점 게시판에 독자 후기를 썼어요. 연수의 독자 후기와 댓글을 읽어 보고 하고 싶은 말을 댓글로 써 보세요.

독자 후기

국내 도서 > 어린이 > 독자 후기

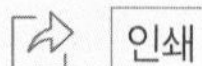

《자전거 도둑》을 읽고

작성자: 김유진 | 등록일: 20○○.10.9 | 조회: 41

아버지의 서재에서 익숙한 도서 제목이 눈에 들어왔습니다. 교과서에서 배운 소설이라 호기심이 생겨 책을 펼쳤습니다.

수남이는 고향을 떠나 청계천 세운상가 전기용품 점원으로 일하는 16세 아이입니다. 수남이는 주인 영감의 칭찬에 용기를 얻고 골목의 누구보다 더 일찍 일어나 가게 문을 열고 열심히 일합니다. 어느 날 배달하러 간 곳에서 힘겹게 돈을 받아 낸 수남은 자전거를 세워 놓은 쪽으로 달려가는데 세워 놓은 자전거가 쓰러지면서 신사의 차와 부딪히게 됩니다. 신사는 수남에게 차 수리비를 요구하고 수남은 잘못했다고 신사에게 빌지만 신사는 수남의 자전거에 자물쇠를 채우고는 이 자전거를 찾으려면 오천 원을 가지고 오란 말을 하고 떠납니다. 혼란에 빠진 수남은 자전거를 가지고 도망치게 되고 주인 영감은 그런 수남의 행동을 칭찬합니다. 하지만 수남은 자신의 행동이 도둑질인 것 같고, 자전거를 들고 달렸을 때에 느끼던 쾌감은 무엇인지 죄책감을 느끼며 괴로워합니다. 문득 수남은 도덕적으로 자신을 견제해 줄 어른이 그리워졌고 짐을 꾸려 시골로 내려갈 결심을 합니다.

《자전거 도둑》의 배경인 1970년대는 우리나라의 경제가 빠른 속도로 성장하면서 돈, 좋은 집 같은 물질적인 가치를 쫓기 시작했다고 합니다. 이러한 물질 만능주의는 주인 영감이나 신사처럼 다른 사람을 배려하기보다는 자신의 이익을 먼저 생각하는 이기적인 태도를 많이 보였을 거라 짐작됩니다. 그런데 돈만 아는 어른들과 달리 성실하고 양심적인 수남이의 모습을 통해 우리가 마음속에 지니고 살아야 하는 것이 무엇인지를 알려 주려는 것 같습니다.

공감 5 | 댓글 3

ㄴ **딱지치기** 이 책은 수남이의 마음속 갈등이 왜 생겼는지, 그리고 수남이는 그것을 어떻게 해결해 가는지에 주목하며 읽어야 해요.

ㄴ **달고나** 자전거를 들고 달린 수남이가 느꼈던 감정이 뭐였는지 궁금했습니다. 자전거를 들고 달렸을 때는 두려움과 무서움이 먼저 들 것 같은데 왜 쾌감을 느꼈다고 했을까요?

ㄴ **초코우유** 최근에 자전거를 구입해서 열심히 배우고 있는데 쉽지가 않네요. 진작에 자전거를 배워야 했어야 했나 봐요.

확인 이 내용이 담긴 디지털 매체는 ㅇ ㄷ ㄴ ㄱ ㅅ ㅍ 이다.

▶ 《자전거 도둑》에서 내면의 갈등을 겪는 인물을 찾아 ○표를 하세요.

수남	주인 영감	자동차 주인 신사

▶ 댓글 게시판에서 '초코우유'가 쓴 댓글이 잘못된 점으로 알맞은 것의 기호를 쓰세요.

㉮ 은어와 비속어를 사용했다.
㉯ 글쓴이의 생각을 비판했다.
㉰ 글의 내용과 관련 없는 내용을 썼다.
㉱ 너무 길고 자세히 써서 댓글의 요점을 파악할 수 없다.

활동 연수의 독자 후기와 댓글을 읽고 인터넷 게시판에 댓글로 써 보세요.

인터넷 게시판 이란? 인터넷 상에서 여러 사람에게 알리는 글을 볼 수 있으면서, 자신의 글을 올릴 수도 있는 공간을 말한다.

3회
생활

2 인터넷 게시판을 읽고 답글 쓰기

시청 소감을 남겨요

텔레비전 방송 프로그램 누리집에 시청자들의 칭찬 답글이 많이 올라와 있네요. 이런 간단한 시청 소감을 통해서도 비평 능력을 키울 수 있어요. 자신이 본 텔레비전 프로그램 중 하나를 골라 인터넷 게시판에 시청 소감을 댓글로 남겨 보세요.

확인 이 내용이 담긴 디지털 매체는 ㅇ ㅌ ㄴ ㄱ ㅅ ㅍ 이다.

정답과 해설 39쪽

3 주차

▶ 인터넷 게시판은 무엇에 대한 내용인지 알맞은 것에 ○표를 하세요.

책	영화	방송 프로그램

▶ 방송 프로그램 인터넷 게시판 댓글의 특징을 모두 골라 ○표를 하세요.

제작진만 글쓰기에 참여할 수 있다.	
짧은 글을 통해 자신의 의견을 표현할 수 있다.	
다른 사람의 의견이나 생각을 확인해 볼 수 있다.	

활동 이번 주에 보았던 텔레비전 프로그램 중 하나를 골라 인터넷 게시판에 시청 소감을 댓글로 남겨 보세요.

인터넷 게시판 댓글의 특징

- 여러 사람이 글쓰기에 참여할 수 있다.
- 짧은 글을 통해 자신의 의견을 표현할 수 있다.
- 다른 사람의 의견이나 생각을 확인해 볼 수 있다.
- 목적에 따라 게시판 활용의 방법이 달라질 수 있다.

4회 과학

1 뉴스 방송 대본을 읽고 광고 만들기

감정까지 읽는 인공 지능 스피커

텔레비전 뉴스를 통해 일상 곳곳에서 인간과 함께하는 인공 지능 스피커에 대해 알게 되었어요. 한 번도 안 써 본 사람은 있어도 한 번만 써 본 사람은 없다는 인공 지능 스피커를 소개하는 광고를 만들어 보세요.

보시는 대화는 사람과 인공 지능 스피커의 대화라고 하는데요. 인공 지능 스피커가 무엇인지 지능미 기자가 소개합니다.

지능미 기자: "같이 놀러 갈까?"라는 사람 말을 알아듣고 사람처럼 대답하는 인공 지능 스피커가 사람 목소리에 반응하고 대답하는 원리는 무엇일까요? 이 질문에 대한 답은 인공 지능 연구가인 김인공 전문 위원이 소개해 주신다고 합니다.

전문 위원: 문의하신 원리는 음성 신호를 음성 인식 엔진으로 변환하여 들어온 음성을 음소 단위로 분류 인식하여 단어 사이의 관계를 확률적으로 계산한 다음, 소리를 글자로 만들어 인식하고 최적의 답을 찾아 소리로 내보내는 인공 지능 음성 인식 기술에 기반합니다. 딥 러닝의 기반은 수많은 데이터에서 규칙을 발견해 사람이 사물을 구분하듯 선별하여 길찾기, 정보 검색, 전화 연결, 음악 재생을 할 수 있는 것입니다.

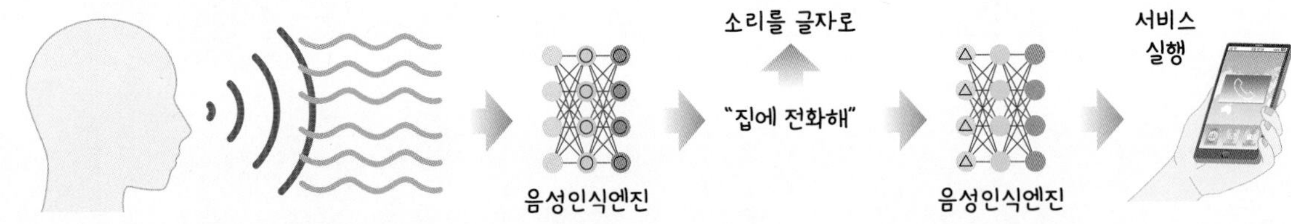

지능미 기자: 이처럼 인공 지능 스피커는 우리가 사용하는 문장의 의미를 빅데이터 분석을 통해 학습하는데요, "덕분에 기분 좋은 하루가 될 것 같네요." 와 같은 사용자 기분에 맞춘 감성 지능형 대화, 시각 장애인 전용 음성 도서, 함께 놀 수 있는 친구 기능까지 앞으로 음성 인식 인공 지능 스피커는 생활 속 어디에서나 등장할 것입니다.

아나운서: 지능미 기자, 잘 들었습니다. 인공 지능 스피커는 음성 기반 플랫폼으로 발전해 자율주행, 사물 인터넷은 물론 사람과 교감하는 역할도 하게 되겠군요. 이상 인공 지능 스피커에 대한 소식이었습니다.

확인 이 내용이 담긴 디지털 매체는 텔레비전 ㄴ ㅅ 이다.

▶ 뉴스 방송 대본을 통해 알게 된 내용으로 알맞은 것을 두 가지 골라 ○표를 하세요.

인공 지능 로봇의 발전	인공 지능 스피커의 기능	인공 지능 스피커의 원리

▶ 인공 지능 스피커의 음성 인식 기술은 어떤 과정을 거치는지 차례대로 번호를 쓰세요.

단어 사이의 관계를 확률적으로 계산한 다음 소리를 글자로 만들어 인식함.	
음성신호를 음성인식 엔진으로 변환함.	
최적의 답을 찾아 다시 소리로 내보냄.	
들어온 음성을 음소 단위로 분류하여 인식함.	

활동 뉴스 방송 대본 내용을 바탕으로 인공 지능 스피커의 광고를 만들어 보세요.

인공 지능과 인공 감정 지능

인간의 감정을 인지하고 해석하여 적절한 반응을 보이는 것이 '인공 지능(AI: Artificial Intelligence)'이라면 '인공 감정 지능(AEI: Artificial Emotional Intelligence)'은 인간의 감정을 인식하고 식별하여 인간과 교감하는 인공 지능으로 컴퓨터 과학, 심리학, 인지 과학 등의 다양한 분야가 접목되는 융합 분야를 말한다.

4회

문화

2 인터넷 백과사전을 읽고 한옥 카드 만들기

한옥의 과학적 난방

한류의 영향으로 한옥에 대한 세계인의 관심이 높아졌어요. 인터넷 백과사전을 읽고 옥의 구조를 살펴보세요. 그리고 그 안에 담긴 한옥의 우수성을 정리하여 한옥 카드를 만들어 보세요.

한옥

요약 온돌과 마루 구조를 가진 우리나라 고유의 가옥 양식

한옥은 자연에서 나는 나무와 흙을 재료로 하여 못이나 접착제를 쓰지 않고 끼워 맞춤 형태로 지은 자연 친화적 건축물이다. 또 북쪽으로 갈수록 찬 기운을 막고 열을 유지하기 위해 방을 두 줄로 배열하는 겹집 구조가 발달하였고, 남쪽으로 갈수록 바람이 잘 통하도록 방을 한 줄로 배열하는 홑집 구조와 마루가 발달하였다.

온돌

온돌은 한옥에서 볼 수 있는 고유한 난방 장치이다. 아궁이에서 불을 때면 불과 연기가 부넘기, 고래를 지나는 동안 구들장을 데워 방 전체를 따뜻하게 하고 연기는 굴뚝을 통해 빠져나간다. 이는 다른 나라의 전통 난방 방식인 벽난로나 화로에 비해 열기를 오랫동안 잡아 두어 열효율이 높고, 재나 연기가 실내로 들어오지 않아 쾌적한 난방 방식이다.

마루

마루는 방과 방 사이를 이은 공간이다. 바닥이 지면으로부터 떨어져 있어서 땅에서 올라오는 습기나 열기를 막고, 통풍이 잘 되게 해 준다. 온돌이 겨울철 난방을 위한 시설이라면 마루는 여름철을 시원하게 보내기 위한 공간으로 남쪽으로 갈수록 더 발달했다.

처마

처마는 지붕이 기둥보다 바깥쪽으로 나와 있는 부분이다. 처마는 비가 집 안으로 들이치는 것을 막아 줄 뿐만 아니라 계절별 태양 고도에 맞게 각도를 두어 여름철에는 집 안으로 햇빛이 적게 들게 하고, 겨울철에는 많은 빛이 실내로 들어올 수 있게 만들었다.

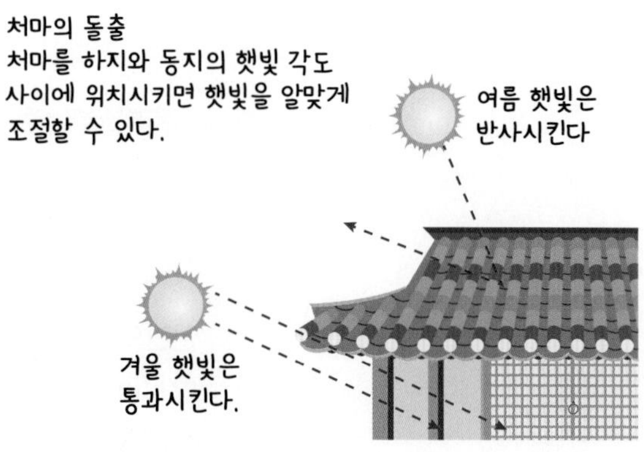

확인 이 내용이 담긴 디지털 매체는 ㅇ ㄷ ㄴ ㅂ ㄱ ㅅ ㅈ 이다.

▶ 인터넷 백과사전을 읽고 알 수 있는 한옥의 특징에 모두 ○표를 하세요.

자연에서 나는 재료로 지은 자연 친화적 건축물이다.	
북쪽으로 갈수록 마루가 넓게 발달했다.	
못이나 접착제를 쓰지 않고 끼워 맞춤 형태로 지었다.	

▶ 다음과 같은 과학적 원리가 담긴 한옥의 구조는 각각 무엇인지 빈곳에 쓰세요.

한옥의 고유한 난방 장치로, 열기를 오랫동안 잡아 두어 방 안을 따뜻하게 한다.	계절별 태양 고도에 맞게 각도를 두어 여름철에는 집 안으로 햇빛이 적게 들게 하고, 겨울철에는 많은 빛이 실내로 들어올 수 있게 만들었다.

활동 한옥의 우수성을 알리는 한옥 카드를 만들어 보세요.

한옥의 우수성 ❶	한옥의 우수성 ❷	한옥의 우수성 ❸
온돌은 한옥에서 볼 수 있는 고유한 난방 장치로, 열 효율이 높다.		

소통을 고려한 한옥

- 여름철에는 마루, 겨울철에는 온돌방에서 온 가족이 함께 모여 시간을 보낸다.
- 집 가운데에 있는 넓은 마당은 집안의 큰일 등을 치르는 공동체 공간으로 쓰인다.
- 담장이 낮은 편이라서 오가는 이웃과 소통하기에 좋다.

5회
생활

■1 온라인 대화를 읽고 대화 하기

건강하게 먹어요

나연이가 친구들과 온라인 대화를 하고 있어요. 나연이는 햄버거를 먹으러 가려고 했는데 다른 친구들은 건강해지는 음식을 먹자고 하네요. 친구들과의 온라인 대화 내용을 바탕으로 먹고 싶은 건강한 학교 급식 식단을 써 보세요.

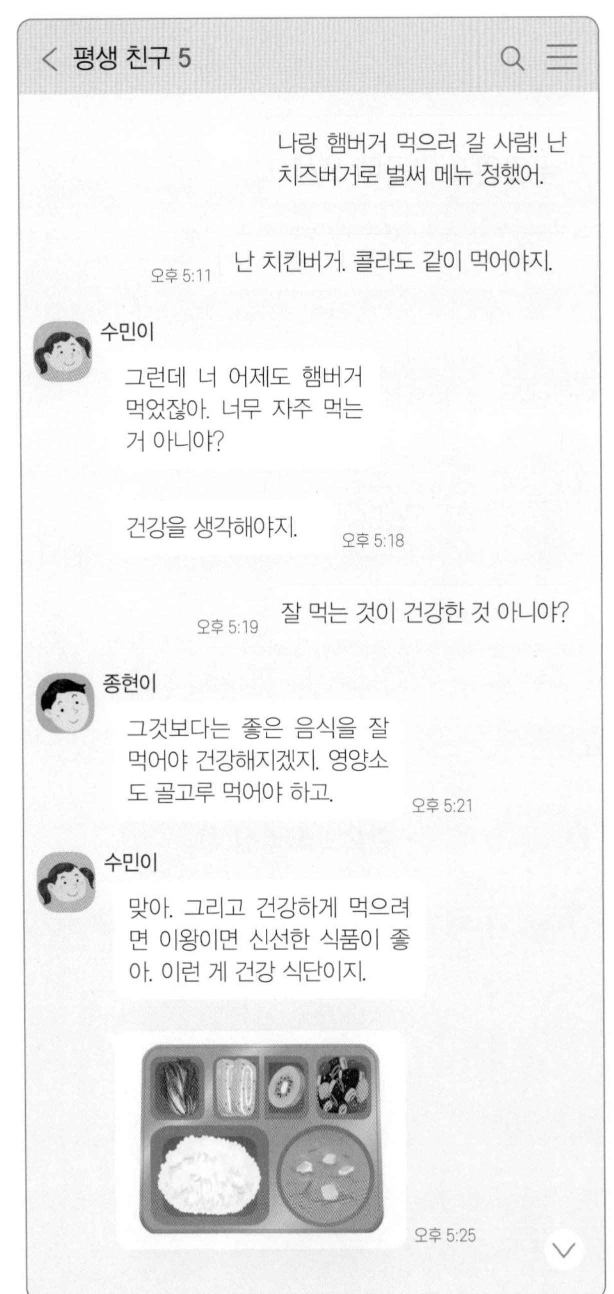

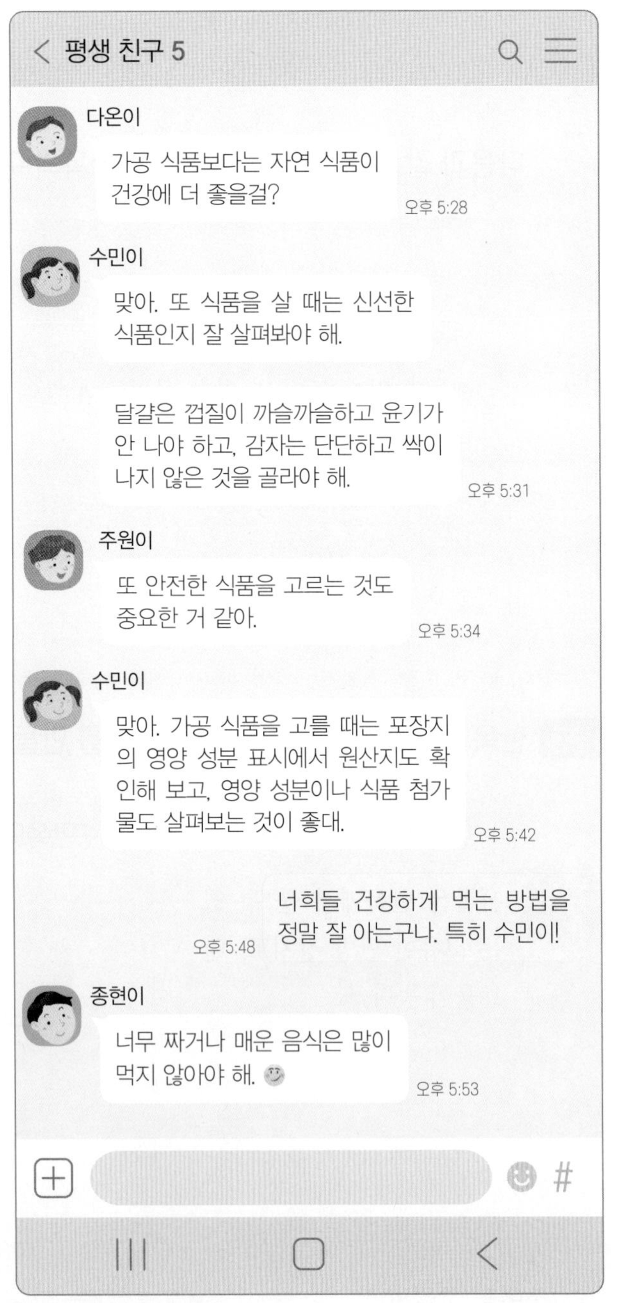

확인 이 내용이 담긴 디지털 매체는 [ㅇ][ㄹ][ㅇ] [ㄷ][ㅎ][ㅂ]이다.

▶ 온라인 대화 내용으로 알맞은 것에 ○표를 하세요.

나연이와 친구들은 (재미있는 운동 방법 , 건강하게 먹는 방법)에 대해 온라인 대화를 하고 있다.

▶ 온라인 대화를 읽고 알 수 있는 건강한 식생활을 위한 내용에 모두 ○표를 하세요.

좋아하는 영양소 위주로 먹는다.	
너무 짜거나 매운 음식을 많이 먹지 않는다.	
가공 식품을 고를 때는 영양 성분을 확인한다.	

활동 나연이 친구들의 온라인 대화 내용을 바탕으로 다원이와 주원이 처럼 내가 먹고 싶은 건강한 학교 급식 식단을 써 보세요.

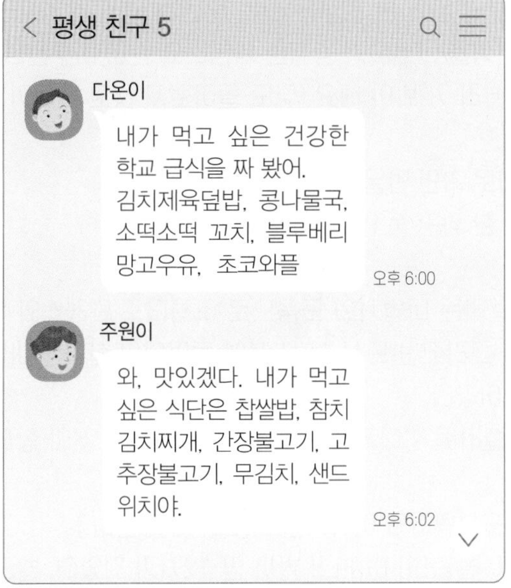

알면 보이는 영양 성분 표시

가공된 식품을 살 때에는 제품에 표시된 영양 성분 표시를 꼼꼼하게 확인해야 한다. 영양 성분 표시에는 그 식품의 1회 제공량이나 식품을 만든 원재료명와 원산지가 표시되어 있다. 그리고 영양성분의 함유량이나 보관 방법, 식품첨가물을 확인할 수 있어서 자신에게 잘 맞는 제품을 고르는 데에 도움이 된다.

5회
생활

2 블로그를 읽고 댓글 쓰기

콩쥐와 신데렐라의 비슷한 점과 다른 점

작가를 꿈꾸는 지수는 블로그에 콩쥐팥쥐와 신데렐라의 이야기를 각색한 대본 일부를 올렸어요. 친구들이 지수가 쓴 글을 읽고 온라인 대화방에서 등장인물에 대해 이야기를 나누고 있어요. 지수의 글에 대한 의견을 댓글로 써 보세요.

지수 is 원들 × 지식백과 × +

내 블로그 | 이웃 블로그 | 블로그 홈 로그인

블로그 | 메모 | 안부

지수 사랑

동화 읽는 재미에 퐁당!
같이 읽고 이야기
나눌 사람 모여라~!

프로필 ▸

+ 이웃 추가

목록

전체 보기(29)

전래 동화(15)
창작 동화(5)
외국 동화(9)

공감 댓글

콩쥐팥쥐와 신데렐라 이야기 속으로

지수 사랑 20○○. 10. 17 17:00 URL 복사

착한 콩쥐는 새엄마와 새언니가 시킨 일을 다 한 뒤 선녀의 도움으로 예쁘게 차려입고 잔치가 열리는 곳으로 갔다. 어여쁜 콩쥐를 본 원님은 한눈에 반해 콩쥐 곁을 떠나지 않았다. 그렇게 한참을 원님과 이야기를 나누다가 콩쥐는 새엄마와 눈이 마주친다.

콩쥐: (급히 서두르며) 원님, 제가 빨리 가 봐야 해요.(뒤도 돌아보지 않고 뛰어가다가 꽃신 한 짝이 벗겨진다.)

원님: (콩쥐를 쫓아가며) 아니, 어디로 가면 만날 수 있소?

원님은 콩쥐를 뒤쫓아 가다가 꽃신 한 짝만 품 안에 꼭 안았다.

집안 청소를 모두 마친 착한 신데렐라는 마법사의 도움으로 아름다운 드레스와 유리 구두를 신고 황금마차에 올라탔다. 그리고 반드시 12시 전에 돌아와야 한다는 마법사의 말을 생각하며 무도회장으로 들어갔다.

왕자: (한눈에 반한 모습으로 신데렐라에게 다가서며) 아름다운 아가씨, 저와 함께 춤을 추시겠습니까?

신데렐라: (기뻐하며) 네, 얼마든지요. (왕자와 이야기를 나누며 춤을 춘다.)

신데렐라: (시계가 12시를 가리키자 놀라며) 어머나! 벌써 밤 12시가 되었어. 빨리 집으로 가야 해! (서두르며 뛰어가다가 유리구두 한 짝이 벗겨진다.)

왕자: (급히 따라가며) 아가씨~, 아가씨!

왕자는 신데렐라의 유리구두를 집어들었다.

#콩쥐팥쥐 #신데렐라 #잔치 #무도회 #꽃신 #유리구두

확인 이 내용이 담긴 디지털 매체는 [ㅂ][ㄹ][ㄱ]와 온라인 대화방이다.

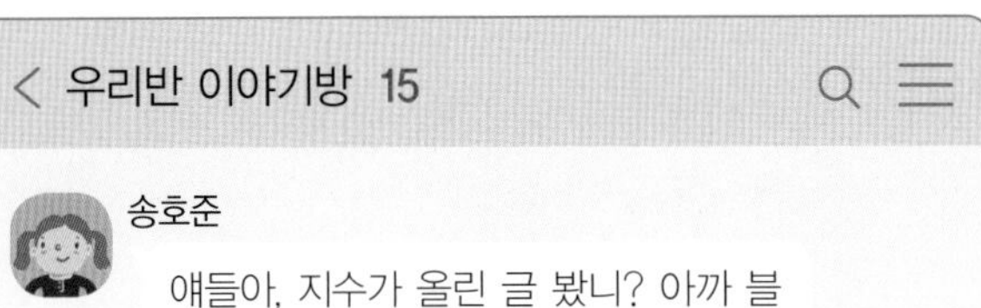

송호준
얘들아, 지수가 올린 글 봤니? 아까 블로그 들어가서 읽어 봤는데 콩쥐팥쥐와 신데렐라의 일부분을 함께 보니까 비슷한 점이 정말 많더라. 오후 3:00

그런데 호준아, 비슷한 점도 있지만 또 다른 점도 있었어. 우선 콩쥐팥쥐는 우리나라 전래동화이고, 신데렐라는 외국 이야기라는 큰 차이점이 있지. 오후 3:02

박군
그래도 차이점보다 비슷한 점이 더 많은 거 같은데? 잃어버리는 게 '신발'이라는 것과 신분이 여성보다 높은 남자가 등장한다는 것도 비슷하고 말이야. 오후 3:03

서영희
원님과 왕자가 콩쥐와 신데렐라에게 한눈에 반하는 것도 비슷해. 오후 3:13

정호연
그리고 두 인물의 성격도 비슷한 것 같아. 둘 다 정말 착하잖아. 맡은 일도 인내심 있게 다 하고 말이야. 정말 부지런해. 오후 3:17

서영희
맞아. 그러고 보니 가족 구성도 비슷하네. 새엄마와 새언니가 등장하잖아. 오후 3:18

박군
정말 신기하다. 조선 시대 우리나라 이야기와 17세기 프랑스의 이야기라는데 정말 비슷한 게 많네. 오후 3:19

차이점을 얘기해 보면 박군이 말한 내용에서 나왔다시피 바로 시대와 장소가 다른 이야기라는 점이야. 오후 3:20

우리반 이야기방 15

정호연
시대와 장소가 다른데 이렇게 비슷한 이야기가 있을 수 있을까? 두 작가가 혹시 서로 아는 사이 아닐까 싶었어. 하하. 오후 3:25

송호준
흠. 시대적으로 볼 때 그럴 가능성은 거의 없지 않을까?^^ 오후 3:30

박군
옛날엔 남성 중심 사회였잖아. 그래서인지 두 이야기 모두 원님과 왕자를 만나 결혼해서 행복하게 살았다는 결말이잖아. 오후 3:32

정호연
맞아. 예전에는 여자 혼자 살아가기 힘든 세상이어서 남성 의존이 심했었대. 지금은 평등 사회가 되어 얼마나 다행인지 몰라. 오후 3:37

서영희
맞아. 그리고 콩쥐와 신데렐라처럼 무조건 착하게 살면 복이 온다는 비슷한 주제도 요즘엔 잘 안 맞는 거 같아. 오후 3:40

정호연
응. 우리는 착하게만 살면 누구나 콩쥐와 신데렐라가 될 수 있을 거라는 헛된 드라마 같은 꿈을 꾸지는 말자. 오후 3:51

박군
지수야, 우리 모두가 다 아는 이야기인데 네가 올린 글처럼 함께 놓고 비교해 보니 새로운 시각으로 생각해 볼 수 있어서 좋았어. 오후 3:03

오~박군! 내 칭찬까지 해 주는 거야? 다음에도 재미있는 이야기 올릴 테니 기대해 줘~~. 오후 4:20

블로그와 온라인 대화방의 공통점과 차이점

- 공통점: 상대방과 다양한 이야기로 소통할 수 있다.
- 차이점: 블로그는 다양한 형태로 내용을 자세히 쓸 수 있고 댓글로 소통이 가능하지만, 온라인 대화방은 여럿이 실시간으로 대화를 하는 공간으로 긴 이야기보다 짤막한 대화를 할 수 있다.

▶ 온라인 대화방에서 나누는 이야기의 주제는 무엇인지 ○표를 하세요.

옛날과 오늘날의 비슷한 점과 다른 점	
콩쥐팥쥐와 신데렐라의 비슷한 점과 다른 점	

▶ 온라인 대화방의 특징으로 알맞은 것을 모두 찾아 기호를 쓰세요.

㉮ 긴 이야기보다 짤막한 대화를 할 수 있다.
㉯ 휴대 전화나 컴퓨터를 이용해 그린 만화를 인터넷을 통해 연재하고 볼 수 있다.
㉰ 다양한 형태로 내용을 자세하게 쓸 수 있고 댓글로 소통이 가능하다.
㉱ 실시간으로 여럿이 대화를 할 수 있는 공간이다.

▶ 지수가 블로그에 올린 대본을 통해 연극이나 영화로 만들 때 들어갈 장면을 알맞게 말한 친구에 모두 ○표를 하세요.

활동 1 다음은 콩쥐팥쥐와 신데렐라 이야기의 한 장면들입니다. 친구들이 온라인 대화방에서 이야기를 나눈 것을 바탕으로 짐작할 수 있는 콩쥐와 신데렐라의 비슷한 성격에 모두 ○표를 하세요.

콩쥐는 일을 하고 팥쥐가 비웃는 모습

신데렐라는 청소를 하고 새엄마가 일을 시키는 모습

잘난 척을 잘한다. 　착하다. 　욕심이 많다. 　부지런하다.

활동 2 온라인 대화방에 참여하지 못한 친구가 지수의 글을 읽고 블로그에 댓글을 썼어요. 이에 대한 나의 생각을 댓글로 써 보세요.

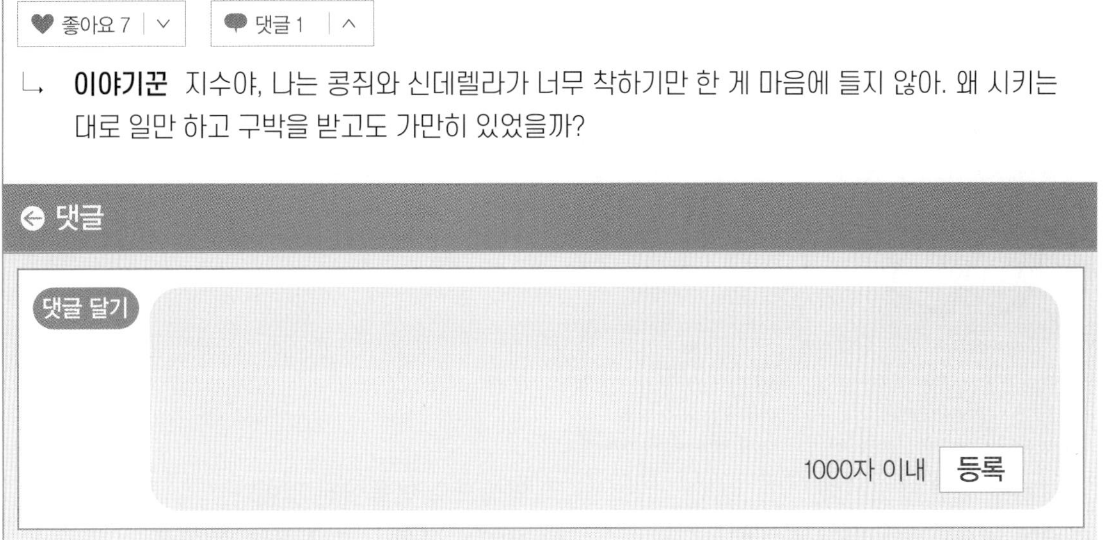

확인 문제

1 다음은 왼쪽과 같은 디지털 매체에 어떤 글을 쓸 때 주의할 점입니다. 빈칸에 알맞은 말을 쓰세요.

다음 뉴스입니다. ○○도 ○○시에서 10년 동안 계획한 지역을 대표할 건설 사업이었죠? 150층 초고층 빌딩 건설 재추진을 앞두고 있다고 합니다. 이 소식은 김준서 기자가 취재했습니다.

기자: 『이곳은 ○○도 ○○시에서 우리나라 초고층 빌딩이 위치할 자리로 선정한 곳입니다. 이곳에 건립하려다가 중단됐던 150층 규모의 ○○ 타워가 이곳 주민들의 강력한 요구를 반영하여 재추진될 것으로 알려지자, 환경 단체들이 안전 및 환경을 우려하며 반대하고 나섰습니다. 이에 주민들은 이 타워가 건설될 경우 이곳이 지역을 대표하는 유명 장소가 되어 지역 경제 활성화에 도움을 준다고 주장하고 있습니다.

지역 주민(인터뷰): ○○ 타워가 건설된다면 최고의 관광 자원이자, 우리 지역의 위상을 높여 줄 거예요.

기자: 하지만 환경 단체들은 안전성 및 기후 위기 등을 이유로 초고층인 ○○ 타워 건설을 중단해야 한

〈텔레비전 (   )을/를 쓸 때 주의할 점〉

- 기사가 공공의 이익을 위하는 것이어야 한다.
- 명예 훼손이나 개인 사생활을 침해해서는 안 된다.
- 의도와 취재 과정이 모두 정당해야 한다.

(   )

2 다음 블로그의 키워드로 알맞지 않은 것은 무엇인가요? (   )

감염병을 극복한 인류의 역사

척척박사

전 세계를 두려움에 떨게 한 감염병 코로나19. 하지만 이전에도 인류는 수많은 감염병을 겪고 극복해 왔습니다. 감염병 극복의 역사를 알아보겠습니다.

흑사병_쥐에 기생하는 벼룩에 의해 페스트균이 옮겨져 발생하는 병입니다. 14세기 약 100년 동안 유럽 인구의 1/3을 사망에 이르게 하였습니다. 흑사병의 폭발적인 증가 원인은 비위생적인 환경이었는데, 그 후 위생 관념이 생기면서 극복했습니다.

콜레라_1800년대 약 100년간 전 세계를 휩쓴 감염병입니다. 콜레라균에 오염된 물이 근본적인 원인입니다. 상하수도 시스템을 분리하고 공중위생 개선을 위해 노력한 결과 극복할 수 있었습니다.

천연두_1900년대 이후 전 세계에서 3억~5억 명 사망한 두창 바이러스에 의한 감염병입니다. 1798년 영국 의사 에드워드 제너가 종두법을 개발하여 시행한 덕분에 예방과 치료가 가능해졌습니다. 1980년 세계보건기구(WHO)에서 천연두 종식을 선언하였습니다.

스페인 독감_제1차 세계대전 이후 유행하기 시작한 인플루엔자 바이러스에 의한 감염병으로 미국에서 퍼졌습니다. 전쟁 당시 중립국이었던 스페인의 보도를 통해 알려져 스페인 독감으로 이름 지어졌습니다. 사회적 거리두기를 시행하여 극복할 수 있었습니다.

코로나19_현재 전 세계에서 유행 중이며 2021년 12월 기준 전 세계 사망자는 약 540만 명이나 됩니다. 개인위생 관리와 사회적 거리두기, 백신 개발 등으로 극복할 수 있을 것입니다.

▲ 코로나19 바이러스

① 콜레라
② 천연두
③ 흑사병
④ 코로나19
⑤ 백혈병

3 다음 매체에 대한 설명으로 알맞은 것을 두 가지 고르세요. (   )

① 신문에 실린 광고이다.
② 영상으로 만들어진 것이다.
③ 이런 매체를 카드 뉴스라고 한다.
④ 사진과 글의 내용이 다를 수 있다.
⑤ 줄글로만 된 뉴스에 비해 읽기가 쉽다.

확인 문제 »

정답과 해설 45쪽

4 **반려 동물을 키우고 싶어서 '아파트 수족관에서 키울 수 있는 거북'라는 키워드를 검색해 보았습니다. 알맞지 않은 것은 무엇인가요? (   )**

① 남생이　　② 레오파드 육지거북　　③ 늑대거북
④ 자라　　⑤ 바다 거북

5 **텔레비전 방송 프로그램에 대한 시청 소감을 쓰기에 알맞은 매체는 무엇인지 ○표를 하세요.**

온라인 대화방	인터넷 게시판	인터넷 백과사전

6 **인터넷 게시판 댓글의 특징이 아닌 것은 무엇인가요? (   )**

① 여러 사람이 글쓰기에 참여할 수 있다.
② 짧은 글을 통해 자신의 의견을 표현할 수 있다.
③ 다른 사람의 의견이나 생각을 확인해 볼 수 있다.
④ 목적에 따라 게시판 활용의 방법이 달라질 수 있다.
⑤ 주제와 상관 없이 자유롭게 글을 쓸 수 있다.

7 **한옥에 대한 다음 정보는 어느 디지털 매체에서 찾은 것인가요? (   )**

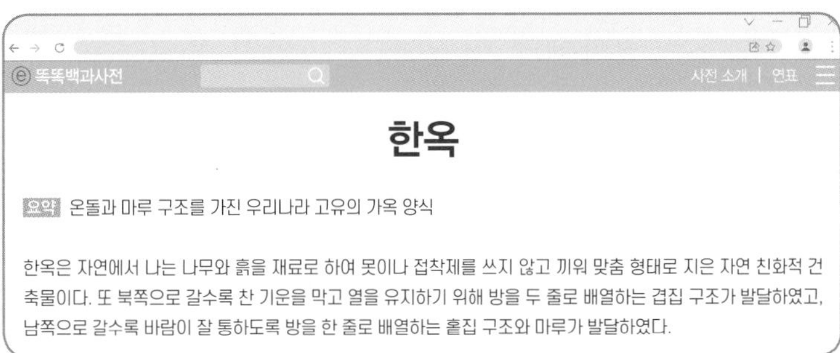

① 블로그　　② 인터넷 뉴스　　③ 온라인 대화방
④ 인터넷 게시판　　⑤ 인터넷 백과사전

공감 ③

도하의 마음이 보여요

도하가 친구들과 집에서 춤 연습을 하고 있는 날이었어요. 학원을 마치고 돌아온 오빠 도현이는 여느 날과 다름없이 큰소리로 웃으며 비꼬았어요.

"아이고, 댄짱! 이젠 친구 댄짱들까지 데려왔냐?"

"오빠, 그만해!"

화가 난 도하가 빽 소리를 질렀어요.

"댄짱한테 댄짱이라고 하는 게 뭐 잘못이냐? 너희는 방송 댄스를 할 게 아니라, 다이어트 댄스를 해야 하는 거 아니냐?"

도현이는 한술 더 떠 친구들까지 놀렸어요. 도하는 물론이고 친구들 모두 화가 났어요. 그러나 친구 오빠라서 아무 말도 못한 채 도하 친구들은 연습을 중단하고 집으로 돌아갔어요. 도하는 엄마에게 이 일을 말하면서 울고불고 야단이 났지요. 단단히 화가 나신 엄마가 도현이를 불렀어요.

"도현아, 엄마는 네 잘못을 조금도 모르는 네 태도에 정말 실망했다. 네가 이젠 네 잘못을 알 거라고 생각해서 그냥 넘어간 게 문제였나 보구나."

"엄마, 그게 무슨 말이에요? 저는 그냥 사실을 얘기한 것뿐이라고요."

"너는 정말 동생의 마음을 조금도 모르는구나. 그 마음을 알아줄 생각도 전혀 없고. 네 동생의 꿈은 댄서야. 네 동생은 댄서가 되기 위해서 정말 열심히 노력하고 있어. 이번에 방송 댄스반에 들어가서, 선생님한테 칭찬도 받고 친구들에게 인정도 받고 있어서 얼마나 좋아하는지 아니? 발표회를 잘하기 위해서 학교 끝나고 남은 시간엔 춤 연습만 해. 그런 동생을 응원해주지는 못할망정 만날 놀리면 되겠니?"

엄마의 말씀에 도현이는 고개를 푹 수그렸어요. 뭐라고 해야 할지 잘 모르겠다는 생각이 들었거든요.

그날 도현이는 인터넷 뉴스를 뒤적이다가 생활이 곤란한 아버지와 아들에게 치킨을 무료로 준 착한 치킨집 사장님에 대한 기사를 보게 되었어요. 생일을 맞은 어린 아들에게 치킨을 사주고 싶었지만 돈이 없었던 어느 아버지가 고민하다가 치킨집 게시판에 이런 사연을 썼어요. 돈이 들어오는 대로 꼭 갚겠다며 부탁하셨대요. 그 글을 본 치킨집 사장님이 흔쾌히 치킨을 가져다 드리며 다음에도 이런 일이 있으면 또 얘기하라고 한 거였죠.

어려운 사람들의 마음을 알아준 치킨집 사장님에 대한 기사가 나자, 사람들은 감동을 받았어요.

다른 사람의 처지와 마음을 알아주는 착한 치킨집 사장님에게 전국의 수많은 사람들이 칭찬과 격려의 댓글을 아끼지 않았지요. 사람들은 그 치킨집에 배달 주문을 해서 돈쭐을 내주기도 했어요.

도현이는 어딘가 마음 한구석이 따뜻해지는 걸 느꼈어요.

도현이는 자신의 행동을 돌아봤어요. 댄서가 되겠다고 늘 열심히 춤을 추는 동생에게 자기가 한 거라고는 놀리는 일밖에 없었다는 걸 깨달았지요. 도현이는 한숨을 내쉬었어요. 마음 한구석이 답답했지요.

그 주 토요일이었어요. 학원을 마친 도현이가 현관문을 여니 춤 연습을 하는 동생과 그 친구들의 모습이 보였어요. 도현이를 본 도하의 친구들이 음악을 끄고 연습을 딱 멈췄어요. 도현이는 머쓱했어요.

“왜? 나 신경 쓰지 말고 얼른 춤 연습해.”

도현이의 부드러운 말에 도하가 당황했어요. 자기 방으로 들어가는 도현이의 귀에 도하 친구들의 말이 따라왔어요.

“너희 오빠 맞냐? 뭐 잘못 먹었냐?”

재인이였어요. 늘 봐오던 도현이의 모습과는 달라서 어리둥절한 모양이었어요. 친구들은 다시 춤 연습을 시작했는지 음악 소리가 방 안까지 들어왔어요. 도현이는 슬그머니 방문을 열어 도하와 친구들의 춤 연습을 엿보았어요. 도하와 친구들은 비 오듯이 땀을 흘리면서도 춤 연습을 멈추지 않았고, 동작이 틀리거나 뭔가 마음에 들지 않으면 연습을 멈추고 굳은 표정으로 의견을 나눴어요. 도하의 진지한 모습은 지금까지 알던 자기 동생이라고는 믿기지 않을 지경이었지요. 도현이는 다시 문을 닫고 곰곰이 생각했어요. 그동안 동생의 꿈을 비웃고 동생을 놀리기만 한 자신의 모습이 부끄러웠지요.

“치킨 왔는데, 너도 나와서 먹으렴.”

엄마의 말에 거실로 나가니, 동생과 친구들이 삼삼오오 둘러앉아 치킨을 먹고 있었어요. 도현이는 닭다리를 하나 들고 동생에게 건넸어요.

“너 먹으라고 이 오빠가 크게 인심 썼다. 너희 그 댄스 대회는 언제냐?”

“으이그, 오빠나 먹어. 갑자기 웬 착한 척?”

도하가 인상을 썼어요. 갑자기 썰렁해진 분위기가 감돌았어요.

“7월 15일이에요. 그날 토요일인데, 보러 오세요!”

재인이가 명랑하게 대답했어요.

“야, 오빠가 오면 우린 망해. 심술마왕이 와 봤자지.”

도하가 먹던 치킨을 접시에 내려놓으며 짜증스럽게 말했어요. 그 뒤에도 도하와 친구들의 맹렬한 춤 연습은 밤늦도록 이어졌어요.

이어지는 내용은 134쪽에 >>>

"그래, 그렇게만 해. 이젠 착한 오빠가 좀 돼 보라고!"

"너도 착한 동생이 좀 되라, 응? 심술마왕이 뭐냐?"

차 안에 웃음이 터졌어요. 도하는 그제야 오빠에 대한 감정이 눈 녹듯 녹는 것을 느꼈어요.

– 가치 동화 〈심술마왕이 달라졌어요〉 중에서 –

4
주차

회		제목	학습 계획일	
1	생활	1 아빠와 나는 K-팝 사랑꾼	월	일
	역사	2 세계의 음식, 크루아상	월	일
2	사회	1 키오스크의 장점과 단점	월	일
	과학	2 수소가 도시를 바꾼다	월	일
3	문화	1 타지마할	월	일
	생활	2 어느 것을 고를까요?	월	일
4	생활	1 독서 동아리 회원을 모집해요	월	일
	생활	2 교사가 궁금해요	월	일
5	과학	1 지하철역에 나타난 슈퍼맨	월	일
	생활	2 밥버거 만들기	월	일
확인 문제				
가치 동화 [공감] 심술마왕이 달라졌어요 ④				

1회
생활

■1 온라인 대화방을 읽고 온라인 대화 하기

아빠와 나는 K-팝 사랑꾼

아빠와 지효는 좋아하는 가수에 대한 이야기를 하며 서로에 대해 공감하고 있어요. 아빠와 지효의 온라인 대화 내용을 통해 세대 간의 공감에 대해 생각해 보고, 대화 상대와 상황에 따라 공감하는 온라인 대화를 해 보세요.

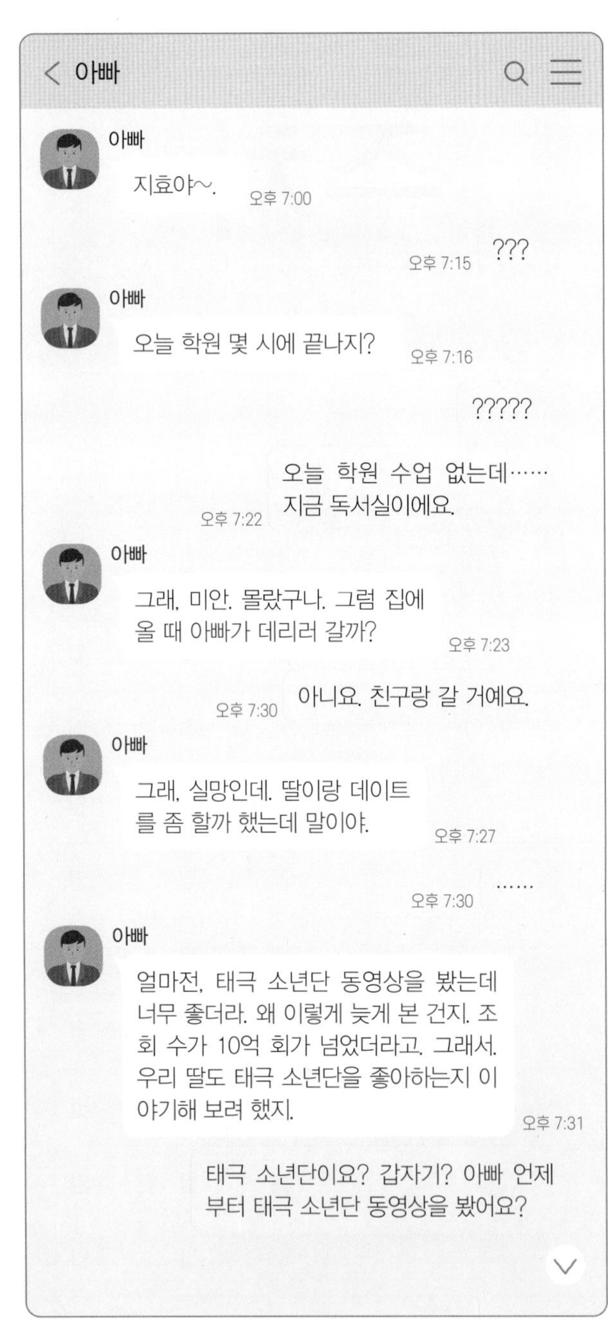

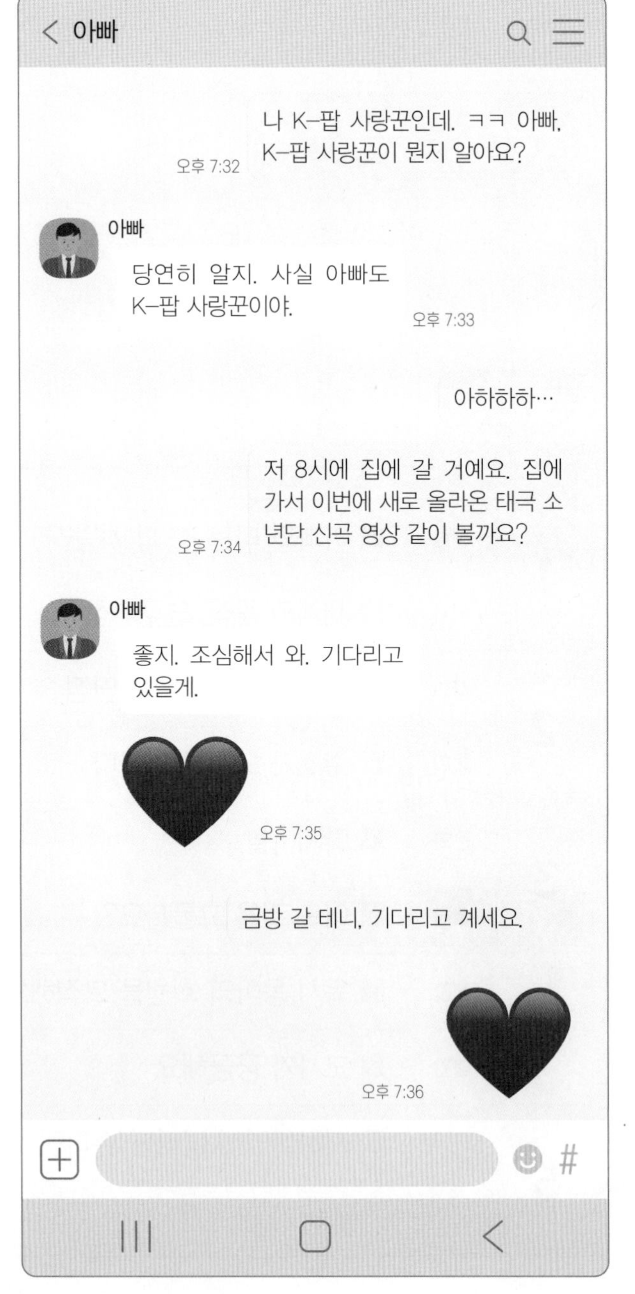

확인 이 내용이 담긴 디지털 매체는 [ㅇ][ㄹ][ㅇ] [ㄷ][ㅎ][ㅂ]이다.

▶ 온라인 대화방의 내용으로 알맞은 것에 ○표를 하세요.

(아빠와 지효 , 지효와 친구)가 공통의 관심사를 찾아 공감을 하게 되는 온라인 대화이다.

▶ 아빠와 처음 대화할 때 지효가 잘못한 점에 ○표를 하세요.

다른 사람의 사진을 함부로 보냈다.	
상대방을 고려하지 않고 비속어를 사용했다.	
아빠와 말에 맞장구를 치거나 적극적으로 호응하지 않았다.	

활동 아빠와 지효의 온라인 대화에서 공감하는 내용으로 대화를 바꾸어 써 보세요.

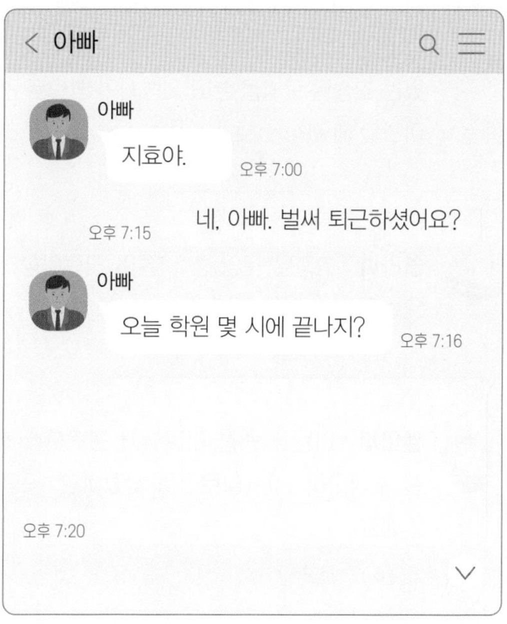

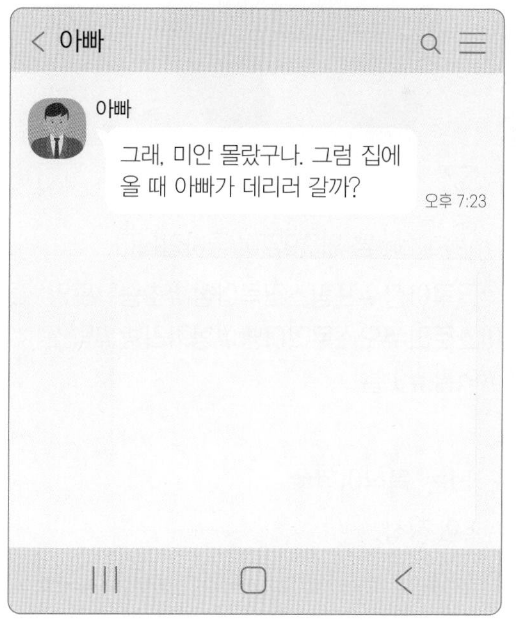

공감하며 대화하는 방법

- 맞장구를 치거나 상대방의 말에 호응하는 등 적극적으로 반응한다.
- 상대방의 감정과 생각을 인정하는 수용적인 표현을 한다.
- 상대를 비난하지 않고 자신의 생각과 느낌을 적극적으로 표현한다.

1회
역사

2 블로그를 읽고 마인드맵 정리하기

세계의 음식, 크루아상

세나는 너무나 맛있었던 크루아상 사진을 자신의 SNS에 올리고, 크루아상에 대한 정보를 찾아보았어요. 블로그를 통해 알게 된 크루아상에 대한 정보를 마인드맵으로 정리해 보세요.

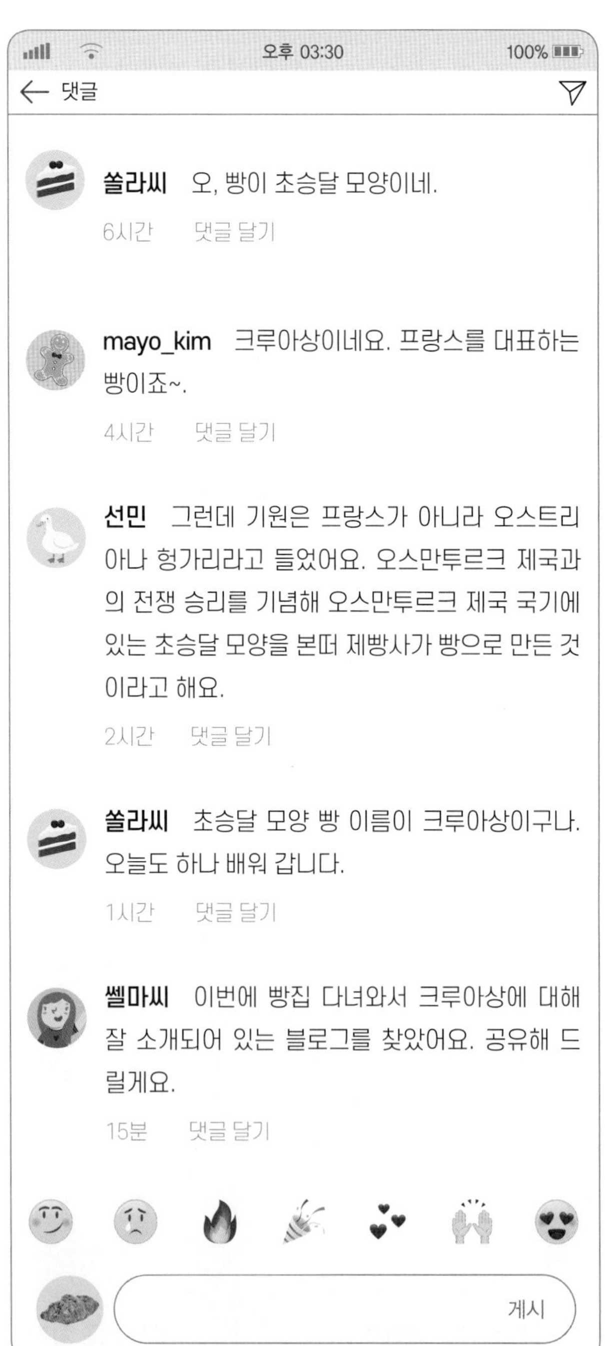

확인 이 내용이 담긴 디지털 매체는 SNS와 [ㅂ] [ㄹ] [ㄱ] 이다.

빵데렐라네 집 | 지도

내 블로그 | 이웃 블로그 | 블로그 홈 | 로그인

블로그

메모 | 안부

켜켜이 쌓인 부드러움, 크루아상

빵데렐라 20○○. 03. 11. 21:02 URL 복사

안녕하세요? 오늘 떠날 맛의 여행지는 프랑스입니다. 프랑스는 미식의 나라답게 디저트 천국인데요, 바게트와 함께 프랑스빵을 대표하는 크루아상에 대해 알아보겠습니다. 자, 맛으로 떠나는 세계 여행, 프랑스 크루아상을 향해 출발합니다.

겉은 바삭하고 속은 촉촉한 크루아상은 프랑스어로 '초승달'을 의미하기 때문에 프랑스의 빵으로 알려져 있지만, 본래는 프랑스가 아닌 오스트리아나 헝가리의 빵으로 추측되고 있습니다. 정확한 유래는 알려지지 않았으나, 1683년 오스트리아의 수도 빈이 오스만 제국의 군에 포위되었을 때, 우연히 제빵사가 오스만 제국의 군의 공격 계획을 알게 되어 그 사실을 오스트리아 군에게 알려 전쟁을 승리로 이끌게 되었습니다. 그 후 제빵사는 그 공로를 인정받아 오스만 제국의 국기에 그려진 초승달 모양으로 빵을 만들 수 있는 특권을 부여받아 크루아상이 탄생했다는 이야기가 있습니다. 또 다른 이야기로는 전쟁에서의 공로를 인정받은 제빵사가 이에 대한 답례와 군의 사기를 높이기 위해 오스만 제국의 국기에 그려진 초승달 모양의 빵을 구운 것에서 비롯되었다는 이야기도 있습니다. 그래서 일부 아랍 국가에서는 패전의 아픔을 기억하며 크루아상을 먹지 않도록 법으로 금지하고 있다니 어느 정도의 믿을만한 이야기입니다. 그리고 오스만 제국 국기의 초승달 모양은 현재 터키 국기에 그 흔적이 남아 있기도 합니다.

이후 마리 앙투아네트를 통해 프랑스로 건너갔다고 알려진 크루아상이 지금의 형태로 발전하기 시작한 것은 20세기 파리에서입니다. 밀가루 반죽에 버터를 듬뿍 넣은 후 밀대로 밀고 다시 접기를 반복하여 빵 반죽과 버터가 겹겹이 쌓여 켜켜이 층을 이루는 크루아상은 겉은 바삭하고 속은 부드러운 식감이 특징입니다. 밀가루와 버터, 우유, 달걀, 소금으로 만들어지는 크루아상은 유럽에서는 아침 식사로 많이 이용되고 있습니다. 오늘날에는 초콜릿으로 속을 채우거나 아몬드와 크림을 곁들이는 등 다양한 레시피의 변형이 시도되고 있습니다.

#미식의 나라 #초승달 #오스만제국 #제국국기 #프랑스 #크루아상

빵데렐라

맛으로 떠나는 세계 여행의 여행지기입니다.

+ 이웃 추가 | 채팅

목록

전체 보기(108)

아시아(28)
아프리카(13)
유럽(23)
오세아니아(11)
북아메리카(14)
남아메리카(19)

프랑스의 아침식사

프랑스어로 아침식사는 '프티 데줴네'라고 하는데, 이는 '작은 점심'이라는 뜻이다. 아침식사를 공복감을 없애는 정도로 점심 전에 먹는 간단한 식사로 여기는 것이다. 프랑스의 가정에서는 일반적으로 아침식사에는 커피 또는 핫초콜릿에 오렌지나 자몽주스 한 잔, 잼을 바른 바게트나 크루아상 하나 정도를 즐겨 먹는다.

▶ 세나가 SNS에서 소개한 음식은 무엇인지 ○표를 하세요.

타르트	크루아상	바게트

▶ 블로그를 읽고 알게 된 크루아상에 대한 내용으로 알맞지 않은 것에 ○표를 하세요.

크루아상은 프랑스어로 '초승달'을 의미한다.	
프랑스 제빵사가 초승달을 보고 영감을 얻어 초승달 모양의 빵을 만든 데서 유래하였다.	
프랑스의 빵으로 알려져 있지만, 크루아상의 유래는 프랑스가 아닌 오스트리아나 헝가리의 빵으로 추측되고 있다.	
밀가루 반죽에 버터를 듬뿍 넣은 후 밀대로 밀고 다시 접기를 반복해서 반죽하며 켜켜이 층을 내어 만든다.	

▶ 크루아상과 비슷한 모양의 국기를 찾아 ○표를 하고, 해당하는 국기가 현재 어느 나라의 국기인지 나라의 이름을 쓰세요.

활동 블로그를 읽고 알게 된 크루아상에 대한 내용을 마인드맵으로 정리해 보세요.

이름에 담긴 뜻

모양

초승달 모양

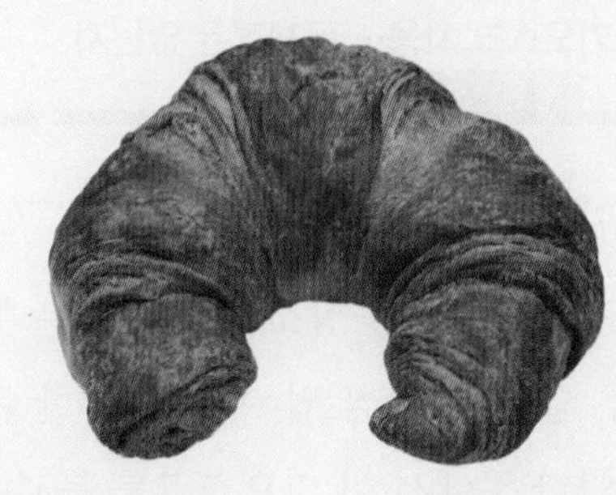

크루아상

밀가루 반죽과 버터가 겹겹이 쌓여 켜켜이 층을 이루는 초승달 모양의 빵이다.

식감

17세기 말 오스트리아 또는 헝가리에서 오스만 제국과의 전쟁 승리를 기념하여 오스만 제국 국기에 있는 초승달 모양을 본떠 만들었다는 이야기가 있음.

2회
사회

1 뉴스 방송 대본을 읽고 온라인 토론 하기

키오스크의 장점과 단점

우리 주변에 언제부터인가 무인 정보 단말기인 키오스크가 많아졌어요. 키오스크 사용의 장점과 단점에 대해 기획 보도한 텔레비전 뉴스를 보고 온라인 토론방에서 토론이 벌어졌어요. 온라인 토론방에서 자신의 생각이나 의견을 써 보세요.

은행, 주민센터, 공항, 백화점, 종합병원, 음식점, 영화관, 카페. 이곳들의 공통점은 무엇일까요? 모두 키오스크가 설치된 곳이죠. 이제 우리 생활 속에 깊숙이 들어와 있는 키오스크의 장점과 단점을 이순신 기자가 기획 보도합니다.

이순신 기자: 안녕하십니까? 이순신 기자입니다. 키오스크란 공공 장소에 설치하는 무인 정보 단말기입니다. 우리나라에 도입된 2000년대 초반에는 출금, 입금, 공과금 납부 등 간단한 은행 업무를 해결하는 정도로 사용되었습니다. 그런데 이제는 정말 다양한 곳에서 이 키오스크를 볼 수 있습니다.

아나운서: 코로나19 상황이 지속되면서 비대면 결재 시스템인 키오스크 설치가 늘고 있죠? 키오스크를 어디서 또 볼 수 있나요?

이순신 기자: 예, 많은 사람들이 이용하는 서점, 음식점, 편의점, 주차장, 체육관, 공연장, 대학 등 여러 곳에서 키오스크를 흔히 볼 수가 있습니다.

진행자: 예, 그렇군요. 키오스크가 늘어나면서 좋은 점도 있지만 불편한 점도 있겠죠?

아나운서: 예, 동전의 양면처럼 모든 일에는 양면성이 있으니까요. 키오스크는 주로 중고등학생들이나 20대와 30대처럼 스마트 기기에 익숙한 젊은 사람들은 편리하게 사용하고 있으나, 고령층이나 장애인들이 사용하기는 쉽지 않은 게 현실입니다. 그리고 빠르고 편리하다는 장점이 있는 반면에 일자리 감소에 영향을 미친다는 단점이 있습니다. 하지만 키오스크만 설치되어 있는 무인 매장은 점점 더 늘어나고 있습니다. 과연 이게 좋은 것인지는 다시 한번 생각해 보면 좋겠습니다.

확인 이 내용이 담긴 디지털 매체는 텔레비전 [ㄴ][ㅅ]이다.

정답과 해설 52쪽

▶ 텔레비전 뉴스에서 보도하고 있는 주제는 무엇인지 ○표를 하세요.

키오스크의 양면성	동전의 양면성	키오스크의 사용 방법

▶ 키오스크의 장점과 단점을 알맞게 선으로 이으세요.

장점 •		• 빠르고 편리하다.
단점 •		• 일자리 감소에 영향을 미친다.

활동 텔레비전 뉴스를 보고 키오스크 확대에 대하여 온라인 토론방에 의견을 써 보세요.

온라인 토론방

키오스크 확대에 대한 의견을 올려 주세요

진우 전 키오스크 설치 확대에 찬성합니다. 점원이 친절하지 않은 경우엔 기분이 나쁘기도 하거든요. 그런데 키오스크는 그런 경우가 없어서 좋은 거 같아요. 2:05

서희 전 키오스크 설치 확대에 반대합니다. 물론 키오스크가 편리하고 빠르고, 직접 점원을 대면하지 않는 장점이 있긴 합니다. 하지만 뉴스 보도 내용처럼 일자리가 점점 감소된다는 것은 큰 사회문제이기 때문입니다. 2:15

키오스크 더 알아보기

- '신문이나 담배, 음료 등을 파는 매점.'이란 뜻의 영어이다.
- 현금 자동 입출금기(ATM) 단말기, 발권이나 구매 등을 할 수 있는 단말기, 광고나 정보 등을 제공하는 정보 검색용 단말기 등 다양하게 쓰이고 있다

2회

과학

2 인터넷 뉴스를 읽고 소개하는 글 쓰기

수소가 도시를 바꾼다

지구 온난화의 대안이자 새로운 경제 시스템으로 수소 경제가 등장하였습니다. 수소 경제에 대해 자세하게 소개한 다음 인터넷 뉴스를 읽고 친구에게 수소 경제에 대해 소개하는 글을 써 보세요.

○○뉴스 최신기사 정치 **환경** 경제 산업 사회 전국 세계 문화 라이프

뉴스 홈 > 환경

[미래 에너지] 수소가 도시를 바꾼다

ETS뉴스 입력 20○○.04.12. 14:22 업데이트 20○○.04.13 00:33

[ETS뉴스=이영재 기자]

수소는 고갈되어 가는 지구의 자원과 온실가스로 급격히 뜨거워지는 지구를 구원할 새로운 에너지원이다.

세계 각국이 탄소 중립을 선언하며 지구 온난화를 멈추기 위해 노력하고 있는 지금 수소 경제는 지구 온난화의 대안이자 새로운 경제 체제로 전기 생산의 에너지인 수소를 안정적으로 생산하고 저장하고 운송하는 산업 및 시장을 창출하는 경제 체제를 말한다. 2009년 일본에서 세계 최초로 가정용 수소 연료 전지 보급을 시작하였고, 우리나라도 울산을 중심으로 수소 경제 기반 시설을 구축하고 있다.

석유, 석탄과 같은 화석 연료를 대체할 에너지원인 수소는 우주 질량의 75%를 차지하지만 공기 중에는 순수한 수소가 거의 없기 때문에 수소를 추출하는 작업이 필요하다. 그래서 먼저 천연자원으로 전기를 생산하고 재생에너지로 생산한 전기로 물에 들어 있는 수소를 분리하는 물 분해 방식으로 수소 연료를 생산할 수 있지만 생산 과정에서 이산화 탄소가 배출되는 문제가 있다. 때문에 가장 이상적인 방법은 그린 수소를 생산하는 것이다. 생산 과정에서 이산화 탄소 배출이 전혀 없는 수소를 그린 수소라고 하는데, 그린 수소는 천연자원에서 추출하는 수소보다 5배 정도가 비싸다. 하지만 2030년이면 수소 생산 비용이 지금의 절반 수준으로 떨어질 전망이다. 이제 수소 연료 전지를 충전하여 움직이는 수소차를 타게 날도 머지않았다.

한편, 2019년 수소 경제 활성화 로드맵 발표한 우리 정부는 수소 경제를 통해 자동차·선박 등 수송 분야와 전기·열 생산 등 에너지 분야까지 다양한 새로운 시장과 산업 창출이 가능하고, 수소 생산, 운송·저장, 충전소 등 기반 시설 구축은 연관 산업 효과가 크고 중소·중견 기업의 투자와 고용 창출이 가능한 미래 성장 산업으로 인식하는 한편, 온실가스 감축, 미세 먼지 저감, 재생에너지 이용 확대 등 친환경 에너지 확산과 에너지원 다각화, 해외 에너지 의존도 감소 등 에너지 자립에도 기여할 것으로 기대하고 있다.

확인 이 내용이 담긴 디지털 매체는 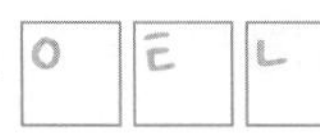 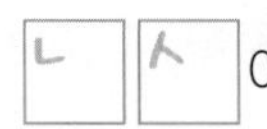 이다.

▶ 인터넷 뉴스를 읽고 알게 된 내용으로 알맞은 것에 ○표 하세요.

공기 중에는 순수한 수소가 많다.	
수소는 우주 질량의 15%를 차지한다.	
수소 경제는 지구 온난화의 대안이자 새로운 경제 시스템이다.	

▶ 다음에서 설명하는 수소는 무엇인지 쓰세요.

생산 과정에서 이산화 탄소 배출이 전혀 없는 수소를 말한다.

활동 인터넷 뉴스를 보고 알게 된 내용을 바탕으로 하여 승희처럼 수소 경제에 대해 소개하는 글을 써 보세요.

승희

수소를 에너지로 개발하여 관련 산업을 발전시키고 시장을 창출하는 것이 바로 수소 경제의 핵심이야. 수소 경제는 고갈되어 가는 지구 자원과 지구 온난화의 대안으로 등장했어.

나

수소 에너지의 장점

- 날씨나 지역의 영향을 받지 않는다.
- 장기간 대용량 저장이 가능하다.
- 환경오염 물질 배출이 없다.

3회 문화

1 블로그를 보고 카드 뉴스 만들기

타지마할

세계에는 다양한 건축물이 있어요. 그중에서도 세계적으로 아름답기로 소문난 건축물 중 하나가 세계 문화 유산인 인도 타지마할이에요. 인도 타지마할에 대한 자료를 쓴 블로그를 정리하여 카드 뉴스를 만들어 보세요.

세계로 가자 × | 지도 × | +

내 블로그 | 이웃 블로그 | 블로그 홈 | 로그인

블로그 |

메모 | 안부

여행지기
#여행 #재미 #새로움

+이웃 추가 | 채팅

목록
전체 보기(834)
가족(54)
ㄴ부모님, 형제들(16)
글(122)
ㄴ내 책(6)
ㄴ책 이야기(27)
여행하고 싶은 곳 (5)

인도_타지마할

여행지기 20○○. 6. 5 13:05 URL 복사

타지마할은 무굴 제국 시대의 5대 황제 샤 자한이 사랑하는 왕비 뭄타즈 마할을 위하여 만든 묘궁으로 무슬림 건축 중 최고로 불리며 1983년 세계문화유산에 등재됨.

인천공항에서 인도 뉴델리 공항까지는 직항으로 8시간 정도 갑니다. 뉴델리에서 아그라까지는 기차나 택시를 이용하여 타지마할까지 갈 수 있다고 합니다. 타지마할 입구에서 매표소까지는 약 5분 정도를 걸어가는데, 세계적으로 유명한 대표 관광지인 만큼 입장료는 비싼 편입니다.

인도 최고의 관광 명소, 타지마할

17세기무굴 제국의 황제 샤자한(Shah Jahan)이 사랑하는 아내를 추모하기 위해 아그라(Agra)에 흰색 대리석으로 지은 웅장한 궁전인 타지마할은 이슬람 예술 작품 가운데 최고의 작품으로 누구나 인정할 수밖에 없는 세계 문화 유산입니다. 원래 이름은 왕비의 이름에서 유래된 뭄타즈 마할이었는데 언제부터인가 바뀌어 타지마할로 불리게 되었습니다. 타지마할의 색깔 자체가 순백색이다 보니 일출, 일몰 때 보이는 빛깔이 달라 신비로운 아름다움을 보여줍니다.

확인 이 내용이 담긴 디지털 매체는 [ㅂ][ㄹ][ㄱ]이다.

타지마할 건축

건물과 입구의 수로 및 정원의 완벽한 좌우 대칭은 깔끔한 균형미를 느끼게 합니다. 대칭을 이루는 서쪽 건물은 이슬람 사원이고 동쪽 건물은 균형을 맞추기 위해 세운 건물이라고 합니다. 이슬람의 화려한 돔 양식으로 무굴 제국 건축의 묘미를 보여 주는 타지마할은 건축을 시작한 지 22년 만에 완성되었다고 합니다.

공사 당시 이탈리아, 이란, 프랑스를 비롯한 외국의 건축가들과 매일 2만여 명의 사람을 동원하여 22년간 공사를 벌인 끝에 1653년 완공했다고 합니다. 궁전 형식의 묘지로 구성되었으며, 궁전을 꾸민 보석들은 터키와 미얀마, 이집트, 중국 등에서 가져온 것입니다. 360여 년이 지났지만 순백의 대리석은 눈부시고 신의 손으로 어루만지듯 정교하게 새겨진 꽃과 다양한 문양의 조각은 이루 말할 수 없을 정도로 아름답습니다.

타지마할 내부

타지마할 내부는 바닥까지 대리석으로 빛나고 있습니다. 내부에는 뭄타즈 마할과 결혼 생활을 하며 나눈 샤자한의 절절한 사랑이 새겨져 있습니다. 타지마할 건축에 온 국가 재정을 모두 써 버린 결과 샤자한은 막내아들에 의해 폐위됩니다. 이후 샤자한은 야무나 강을 사이에 두고 아그라 성에 갇혀 뭄타즈 마할만 그리워하다 생을 마감했다고 합니다. 건물 완공 당시에는 뭄타즈 마할의 묘만 있었지만 현재는 샤자한과 뭄타즈 마할이 함께 잠들어 있다고 합니다. 현재 타지마할 건물 내부 1층에는 대리석으로 만든 왕과 왕비의 관이 있지만 빈 관이며 샤자한과 뭄타즈 마할의 유골은 지하묘에 안장되어 있다고 합니다.

#인도 #아그라 #샤자한 #타지마할 #뭄타즈 #묘당 #왕비 #아그라성 #이슬람

타지마할에 대한 소문

- 묘지 하나를 짓는 데 오랜 기간이 걸려 일꾼들이 사는 도시가 새롭게 생겨났다고 한다.
- 샤 자한이 타지마할과 마주 보는 곳에 자신의 묘로 흑색 타지마할을 짓고자 했다는 이야기도 있지만 문헌상으로 증명된 내용은 아니다.

▶ 블로그를 읽고 알 수 있는 건축물에 ○표를 하세요.

만리장성	타지마할	자유의 여신상

▶ 블로그의 내용으로 알 수 있는 내용에 모두 ○표를 하세요.

인천 공항에서 뉴델리 공항까지 가는데 걸리는 시간	
타지마할이 차지하고 있는 땅 넓이	
타지마할을 지은 건축 기간	

▶ 블로그의 내용을 바탕으로 타지마할에 대한 키워드를 뽑으려고 합니다. 알맞은 것에 모두 ○표를 하세요.

묘지	뭄타지 마할	샤자한
성곽	기독교	세계 유산

활동 사진 자료에 알맞게 타지마할에 대한 카드 뉴스를 만들려고 합니다. 빈곳에 알맞은 내용을 넣어 카드 뉴스를 완성해 보세요.

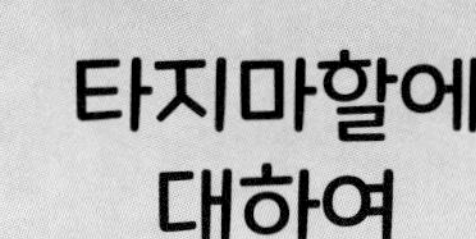

샤자한이 사랑했던 왕비 뭄타즈 마할을 추모하여 만든 왕궁 형식의 묘지, 타지마할입니다.

건물 완공 당시에는 뭄타즈 마할의 묘만 있었지만 현재는 샤자한과 뭄타즈 마할이 함께 잠들어 있다고 합니다.

3회
생활

2 두 매체의 광고를 읽고 온라인 대화 하기

어느 것을 고를까요?

진호와 민호는 게임을 하기 위해 인쇄 광고와 모바일 광고에서 게임 광고를 보았어요. 두 광고를 비교해 보고 진호와 민호는 어느 광고의 게임을 왜 선택할 것인지 생각해 보세요.

● 인쇄 광고

● 모바일 광고

확인 이 내용이 담긴 디지털 매체는 인쇄 광고와 모바일 ㄱ ㄱ 이다.

▶ 두 매체에서 광고하는 것은 무엇인지 ○표를 하세요.

게임기	게임 도서	모바일 게임

▶ 다음은 인쇄 광고와 모바일 광고 중 어느 것의 특징인지 쓰세요.

원하는 것을 찾았을 때 빠르게 구입할 수 있다.

활동 민호와 진호는 모바일 광고의 게임을 선택하였습니다. 온라인 대화 내용을 보고 진호의 입장이 되어 모바일 광고의 게임을 선택한 이유를 써 보세요.

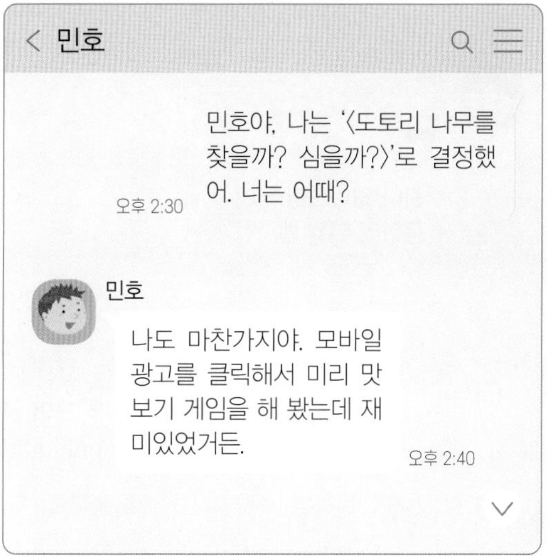

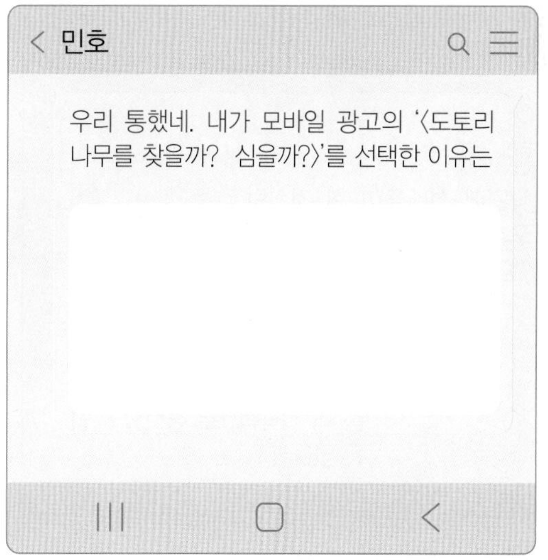

모바일 광고

- 스마트폰 등의 스마트 기기를 통해 광고하는 것을 말한다.
- 스마트 기기만 있으면 언제 어디서든지 볼 수 있어서 접근성이 쉽다.
- 광고 대상을 다른 모바일 광고끼리 쉽게 비교할 수 있다.

4회
생활

■1 온라인 대화를 읽고 SNS에 글 쓰기

독서 동아리 회원을 모집해요

교내 자율 동아리 모집 기간이 되었어요. 준서와 동아리 친구들은 독서 동아리 홍보를 위해 어떻게 하면 좋을지 온라인 대화방에서 의논하고 있어요. 온라인 대화를 읽고 SNS에 올릴 독서 동아리를 홍보하는 글을 써 보세요.

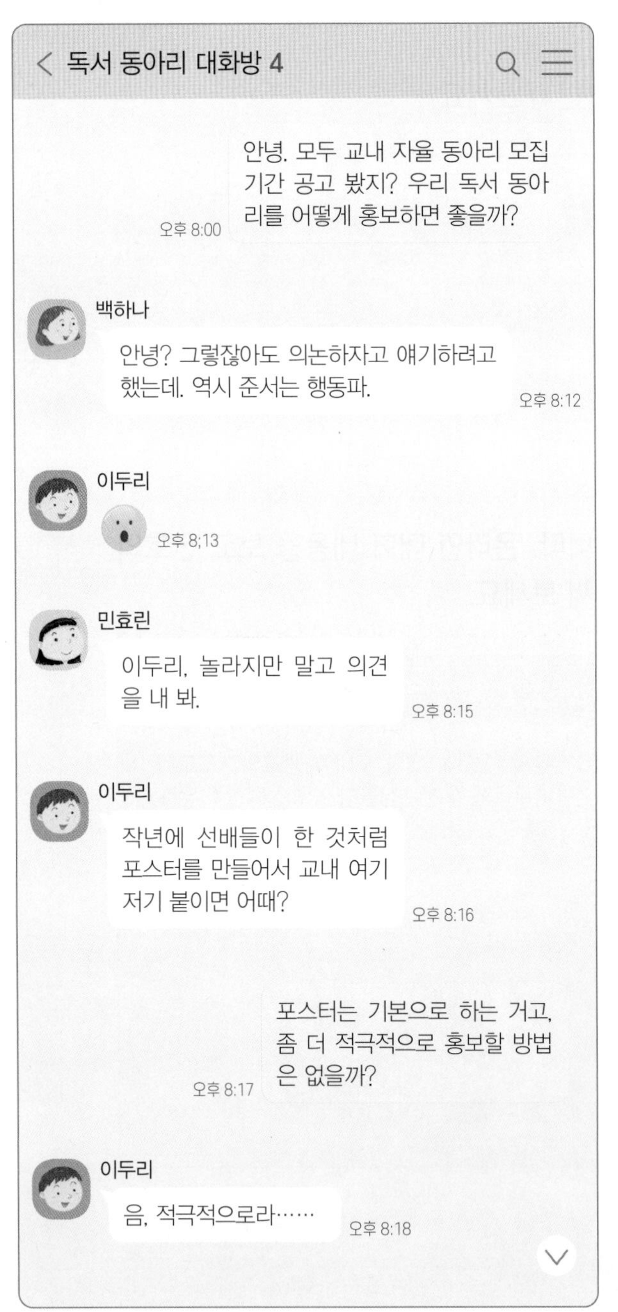

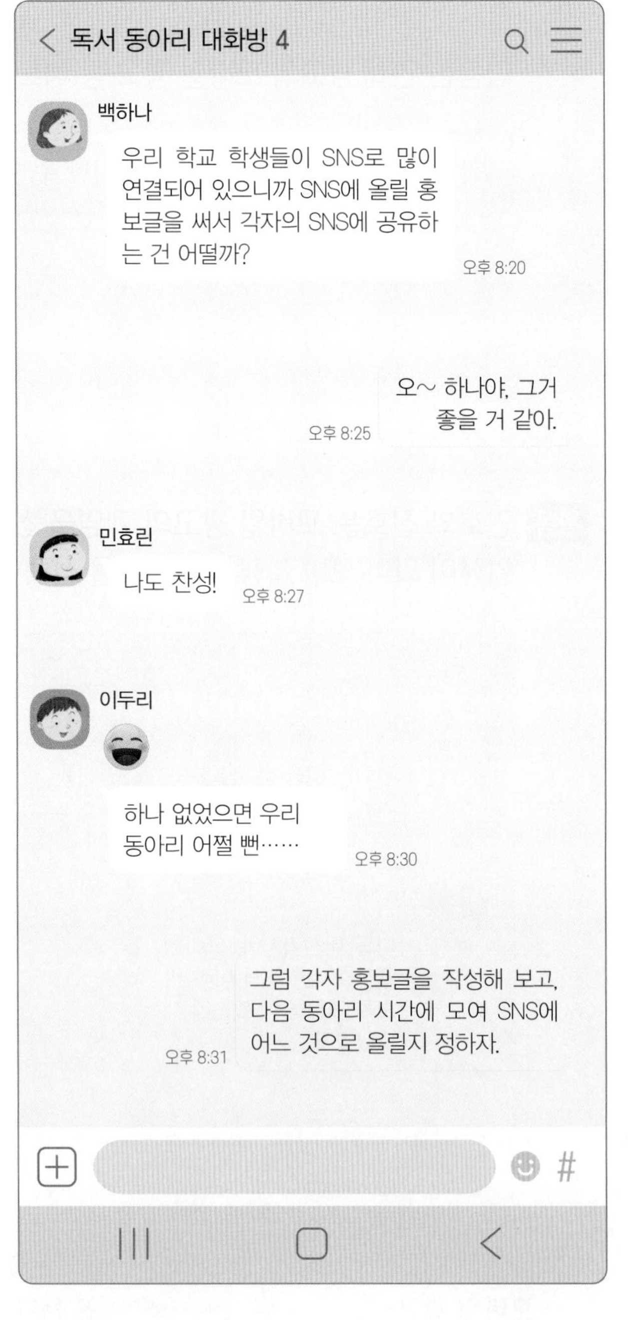

확인 이 내용이 담긴 디지털 매체는 ㅇ ㄹ ㅇ ㄷ ㅎ ㅂ 이야.

▶ 온라인 대화 내용으로 알맞은 것에 ○표를 하세요.

(학교 캠페인 , 독서 동아리) 홍보를 위해서 나눈 온라인 대화이다.

▶ 온라인 대화에서 정한 홍보 방법을 모두 골라 ○표를 하세요.

홍보 포스터 붙이기	
홍보글 SNS에 올리기	
전단지 만들기	

활동 왼쪽 예시와 같이 SNS에 올릴 독서 동아리를 홍보하는 글을 써 보세요.

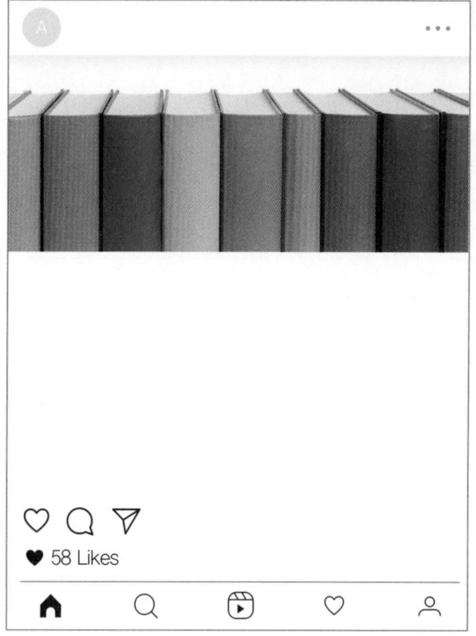

온라인 대화의 예절, 넷티켓

- 마주 보고 이야기하는 마음가짐으로, 유언비어 및 속어와 욕설은 삼가고, 상호 비방의 내용이나 타인의 명예를 훼손시킬 우려가 있는 내용은 쓰지 않는다.
- 만나고 헤어질 때는 인사를 하고, 대화방에 들어가면 지금까지 진행된 대화의 내용과 분위기를 어느 정도 경청하며, 글을 쓰기 전에 한번 더 생각한다.

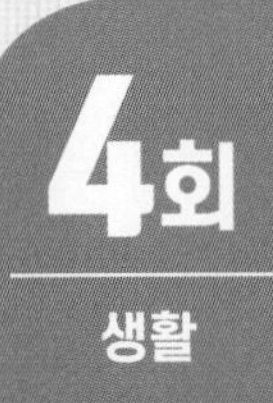

■2 인터넷 게시판을 읽고 댓글 쓰기

교사가 궁금해요

현서는 학교 Q&A 게시판에 '선생님께 질문'이라는 글을 썼어요. 현서의 질문과 선생님의 답글을 읽고 교사라는 직업에 대한 나의 생각을 정리해 보세요.

똑똑in　　물어보기

Q 선생님께 질문!

작성자: 장현서 작성일 20○○.09.09. 10:40　　댓글 12 조회수 79　　1:1

직업 체험 수업을 하고 보니 자기 적성에 맞는 직업을 찾는다는 것이 보통 어려운 일이 아니라는 것을 알게 되었어요. 교사라는 직업에 대한 조언을 들어 보고 싶어요. 그래서 가장 먼저 늘 우리 곁에 계시는 선생님께 질문 드립니다. 교사가 되고 싶은 여러분의 적극적인 참여 부탁드립니다.

Q+ 질문자님의 추가 질문

선생님이 되신 것을 후회하신 적이 있나요?

A+ 답변자님의 추가 답변

선생님도 사람인지라 가끔은 후회하지만 보람을 더 느끼기에 저는 평생 직업으로 삼을 거예요.

Q+ 질문자님의 추가 질문

직업병 같은 것이 있을까요?

A+ 답변자님의 추가 답변

일단 목을 많이 사용하다 보니 성대에 문제가 생기는 분이 많아요. 학생들의 본보기가 되어야 하기 때문에 법을 어기지 않는 것은 기본이고 도덕적으로도 지탄 받을 행동을 하면 안 되기 때문에 항상 그 부분을 신경 써야 하는 심리적인 직업병이 있어요.

확인 이 내용이 담긴 디지털 매체는 인터넷 [ㄱ][ㅅ][ㅍ]이다.

답변자님의 추가 답변

이것은 개인적인 것인데 우리 집 아이들은 항상 제가 누군가를 가르치려고 한대요. 직업병이라고 놀려요.

Q 질문자님의 추가 질문

교사 맞춤 성격이라는 것이 있을까요?

답변자님의 추가 답변

제 생각을 말씀드리면 외향적 성격이나 사회성이 있으면 좋을 것 같아요. 가르치는 직업이다 보니 말을 많이 해야 해서 외향적이면 좋을 것 같고, 여러 아이들을 가르쳐야 하니 어울려 생활할 수 있는 사회성이 필요해 보여요. 그렇다고 이러한 성격이 아니라고 교사가 될 수 없는 것은 아니에요. 그저 이러한 성격이 교사로 생활하는데 도움이 될 수 있다는 것을 말하는 것 뿐이에요.

Q 질문자님의 추가 질문

교사가 되길 잘했다고 느낄 때가 있었나요?

답변자님의 추가 답변

많죠. 그중에서도 반 친구 모두가 서로 배려하며 사이 좋게 지내는 모습을 보았을 때 그런 생각을 가장 많이 하죠.

Q 질문자님의 추가 질문

교사가 되려면 갖춰야 하는 자질, 자격, 이런 것이 있나요?

답변자님의 추가 답변

교사는 되고자 노력하면 누구나 될 수 있지만, 교사라면 학생을 사랑하는 마음이 있어야 겠죠. 그리고 지식을 가르쳐야 하니 가르칠 내용에 대한 전문적인 지식을 갖춰야 해요.

직업

- 생계를 유지하기 위하여 자신의 적성과 능력에 따라 일정한 기간 동안 계속하여 종사하는 일을 말한다.
- 사람들은 일을 하며 돈을 벌 수 있기 때문에 직업은 개인 및 가족이 경제적으로 안정된 삶을 유지하는데 중요한 수단이 된다.

▶ 인터넷 게시판에서 현서의 질문에 답글을 쓴 사람은 누구인지 ○표를 하세요.

학부모님　　우리 학교 선배님　　학교 선생님

▶ 현서와 친구들이 궁금해하는 점을 어떠한 방식으로 해결하고 있는지 알맞은 것에 ○표를 하세요.

인터넷 댓글과 답변　　온라인 대화방　　전자 우편

▶ 인터넷 게시판에서 알려주고 있는 교사가 되기 위해 갖춰야 할 자질에 해당하는 것을 모두 고르세요.

㉮ 학생을 사랑하는 마음이 있어야 한다.
㉯ 전문적인 지식을 갖추고 있어야 한다.
㉰ 교사는 정해진 사람만 될 수 있다.

정답과 해설 59쪽

활동 1 교사와의 온라인 대화 내용을 정리해 보세요.

교사라는 직업의 어려움	교사로 보람을 느낄 때
	반 친구들이 서로 사이 좋게 지내는 모습을 볼 때

활동 2 내가 현서네 학교 학생이라고 할 때, 선생님께 하고 싶은 질문을 써 보세요.

Q 질문자님의 추가 질문

선생님이 되신 특별한 이유 또는 동기가 있나요?

Q 질문자님의 추가 질문

활동 3 다양한 매체를 이용하여 **활동 2**의 질문에 대한 답글을 써 보세요.

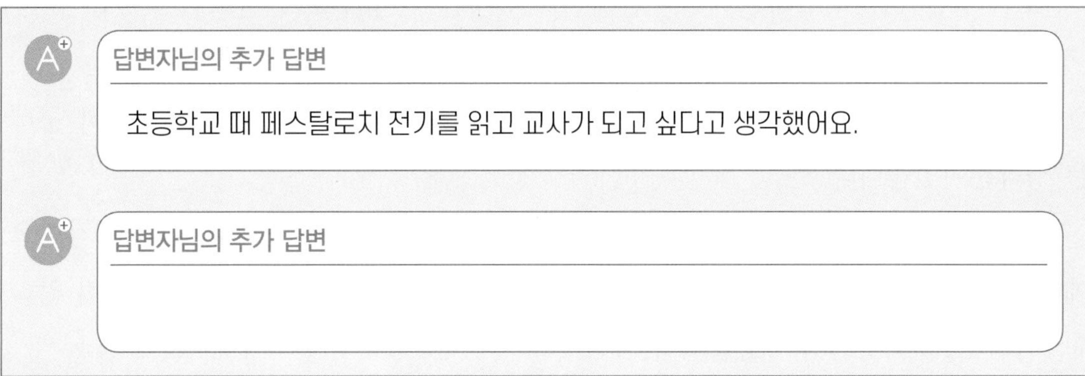
A 답변자님의 추가 답변

초등학교 때 페스탈로치 전기를 읽고 교사가 되고 싶다고 생각했어요.

A 답변자님의 추가 답변

5회
과학

1 뉴스 방송 대본을 읽고 온라인 대화 하기

지하철역에 나타난 슈퍼맨

지하철 선로 추락사고 현장에 슈퍼맨처럼 나타나 추락한 사람을 구한 시민이 있었어요. 텔레비전 뉴스를 통해 공동선에 대해 생각해 보고, 온라인 대화방에서 친구들과 대화를 해 보세요.

기자: 지난 18일 저녁 10시 40분경, 귀가하기 위해 지하철을 기다리던 대학생 정○○ 씨(20세)가 갑자기 나타난 취객 김○○ 씨(62세)에 떠밀려 지하철 선로로 추락하는 사고가 발생했습니다. 이 모습을 지켜 본 사람들은 놀라 소리를 지르고 몰려들었습니다. 이때 지하철을 기다리던 또 다른 승객 손○○ 씨(34세)가 선로로 뛰어들어 잠시 의식을 잃고 쓰러진 정○○ 씨를 업어서 구한 후 위로 올려 보냈고, 주변에 있던 사람들이 합심하여 두 사람을 끌어올렸습니다. 이 모든 일은 단 1분 만에 일어난 일입니다.

시민 인터뷰 (남): 갑자기 쿵 하고 사람이 떨어지더라고요. 너무 놀랐죠. 바로 119에 신고했어요.

시민 인터뷰 (여): 갑자기 한 남자가 선로로 뛰어들어 떨어진 남자를 구하더라고요. 슈퍼맨이 따로 없었다니까요.

기자: 신고를 받은 119 구조대원이 5분 만에 도착했지만 이미 구조가 완료된 후였습니다. 추락한 정○○ 씨는 가벼운 찰과상만 입었습니다.

손○○ 씨 인터뷰: 사람이 떨어졌고 지하철이 들어오면 죽을 수도 있잖아요. 당연히 구해야 한다는 생각뿐이었습니다.

기자: 지하철이 언제 들어올지 모르는 아찔한 순간, 사람 목숨을 구해야 한다는 생각만으로 선로에 뛰어들어 시민을 구한 손○○ 씨, 지하철에 나타난 슈퍼맨이라는 말이 과하지 않습니다. 지금까지 ETS 이정신 기자였습니다.

확인 이 내용이 담긴 디지털 매체는 텔레비전 [ㄴ][ㅅ]이다.

▶ 다음은 텔레비전 뉴스에서 누가 한 말인지 선으로 이으세요.

기자 •	• 지하철 선로에 추락한 취객을 구조 한 시민이 화제가 되고 있습니다. 이 소식 이정신 기자가 전합니다.
시민 •	• 신고를 받은 119 구조대원이 5분 만에 도착했지만 이미 구조가 완료된 후였습니다. 추락한 정○○ 씨는 가벼운 찰과상만 있었습니다.
아나운서 •	• 갑자기 쿵 하고 사람이 떨어지더라고요. 너무 놀랐죠. 바로 119에 신고했어요.

▶ 텔레비전 뉴스의 내용으로 알맞은 것에 ○표를 하세요.

지하철에서 술에 취한 취객이 선로로 떨어졌다.	☐
지하철 선로에 추락한 사람을 구한 사람은 일반 시민이다.	☐

활동 이 텔레비전 뉴스의 내용에 대한 나의 의견을 온라인 대화방에 쓰세요.

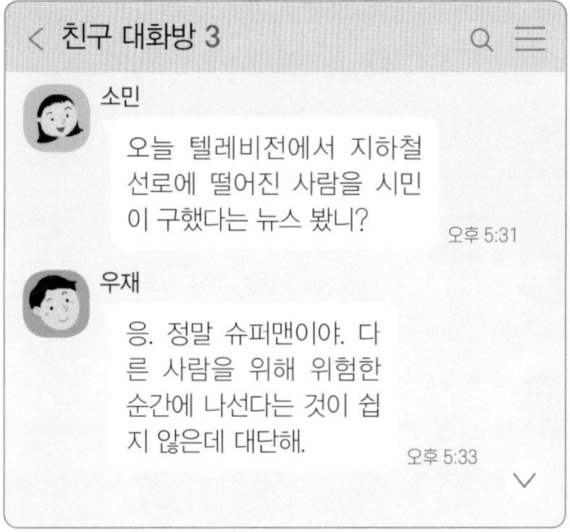

공동선(共同善)

- 개인을 위한 것이 아닌 국가나 사회, 온 인류를 위한 선이다.
- 공동의 이익이나 공동체를 위한 가치를 추구한다.
- 공동체의 가치가 개인의 행동에 영향을 미친다.

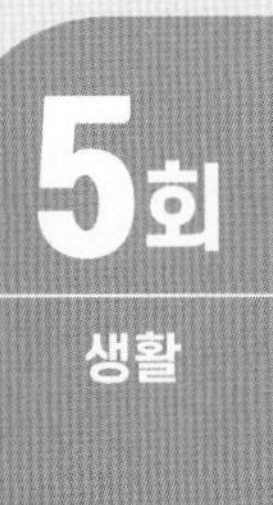

2 SNS와 온라인 대화를 읽고 SNS에 글 쓰기

밥버거 만들기

요리사가 꿈인 지우는 지난 봄부터 요리 학원에 다니고 있어요. 3개월에 한 번씩 창작 요리 주제가 나오는데, 미리 재료와 조리법을 생각해야 해요. SNS와 온라인 대화방의 내용을 읽고 밥버거 레시피를 써 보세요.

확인 이 내용이 담긴 디지털 매체는 SNS와 [ㅇ][ㄹ][ㅇ] [ㄷ][ㅎ][ㅂ]이다.

▶ 지우와 함께 요리 수업을 듣는 사람들이 만들려고 하는 요리에 알맞게 선으로 이으세요.

활동 SNS에 올라온 컵밥 레시피를 참고하여 주어진 재료로 SNS에 올릴 밥버거 레시피를 정리해 써 보세요.

레시피 정리하는 방법

- 레시피는 음식을 만드는 기술이나 방법, 과정 등을 말한다.
- 분량이나 조리 과정이 잘 드러나게 정리한다.
- 복잡한 요리일수록 요리의 이름, 조리 시간, 준비 재료, 제품 사진 등을 활용하여 보는 사람이 이해하기 쉽게 정리한다.

확인 문제 »

1 지후와 아빠의 온라인 대화를 보고 지후의 "……"을 대신하는 공감하는 태도의 말로 알맞은 말의 기호를 쓰세요.

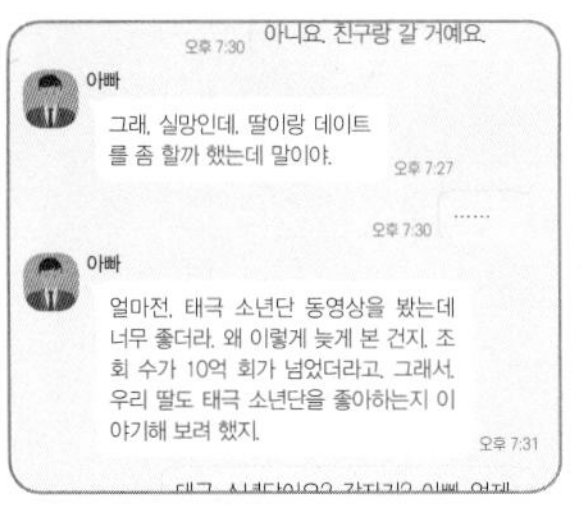

㉮ 어쩔. 나 약속.
㉯ 아쉬워요. 저도 그러고 싶은데 친구랑 약속이 있어요.
㉰ 어색해서 싫어요.

( )

2 다음과 같은 매체에 대한 설명으로 알맞지 않은 것의 기호를 쓰세요.

㉮ 글보다는 사진을 많이 보여준다.
㉯ 다른 사람과 실시간으로 대화할 수 있다.
㉰ 주고받은 사진은 허락없이 사용할 수 있다.
㉱ 직접 만나지 않고 대화를 하더라도 예의를 지켜 말한다.

( )

3 다음과 같은 매체의 특징으로 알맞지 않은 것의 기호를 쓰세요.

○○뉴스 최신기사 정치 환경 경제 산업 사회 전국 세계 문화 라이프

뉴스 홈 > 환경

[미래 에너지] 수소가 도시를 바꾼다

ETS뉴스

[ETS뉴스=이영재 기자]

수소는 고갈되어 가는 지구의 자원과 온실가스로 급격히 뜨거워지는 지구를 구원할 새로운 에너지원이다.

세계 각국이 탄소 중립을 선언하며 지구 온난화를 멈추기 위해 노력하고 있는 지금 수소 경제는 지구 온난화의 대안이자 새로운 경제 체제로 전기 생산의 에너지인 수소를 안정적으로 생산하고 저장하고 운송하는 산업 및 시장을 창출하는 경제 체제를 말한다. 2009년 일본에서 세계 최초로 가정용 수소 연료 전지 보급을 시작하였고, 우리나라도 울산을 중심으로 수소 경제 기반 시설을 구축하고 있다.

㉮ 글을 쓴 사람의 이름을 알 수 있다.
㉯ 글쓴이는 언제라도 내용을 고칠 수 있다.
㉰ 글을 전송한 시각을 알 수 있다.
㉱ 진행자와 말을 주고받으며 내용을 전달할 수 있다.

( )

4 다음에서 설명하는 것은 무엇인지 쓰세요.

• '신문이나 담배, 음료 등을 파는 매점.'이란 뜻의 영어이다.
• 현금 입출금 단말기, 발권이나 구매 등을 할 수 있는 단말기 등에 쓰이고 있다.

( )

5 **다음 매체에 대한 설명은 무엇인가요? (   )**

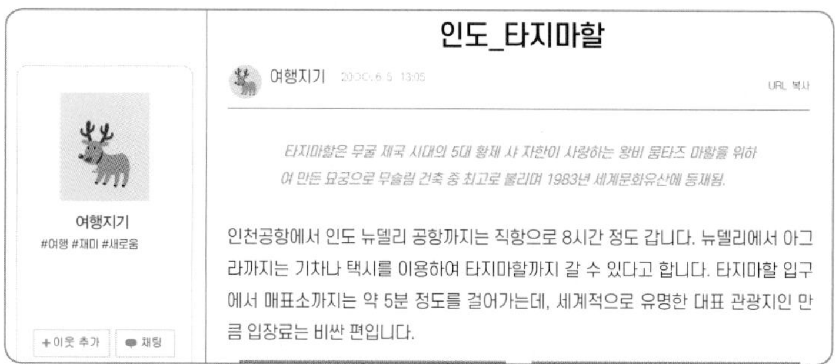

① 다른 사람과 실시간 대화를 할 수 있다.
② 글이나 사진, 영상 등을 실시간으로 주고받을 수 있다.
③ 줄임말이나 유행어를 사용하여 대화를 주고받을 수 있다.
④ 전문적인 지식으로 검증된 내용으로만 구성해야 한다.
⑤ 글쓴이의 생각이나 정보 중심으로 하루하루 날짜별로 구성할 수 있다.

6 **모바일 광고에 대한 설명이 아닌 것의 기호를 쓰세요.**

㉮ 스마트폰 등의 스마트 기기를 통해 광고하는 것을 말한다.
㉯ 스마트 기기만 있으면 언제 어디서든지 볼 수 있다.
㉰ 한 번 만든 광고는 수정이 어렵다.

(   )

7 **다음과 관련된 매체는 무엇인지 알맞은 것에 ○표를 하세요.**

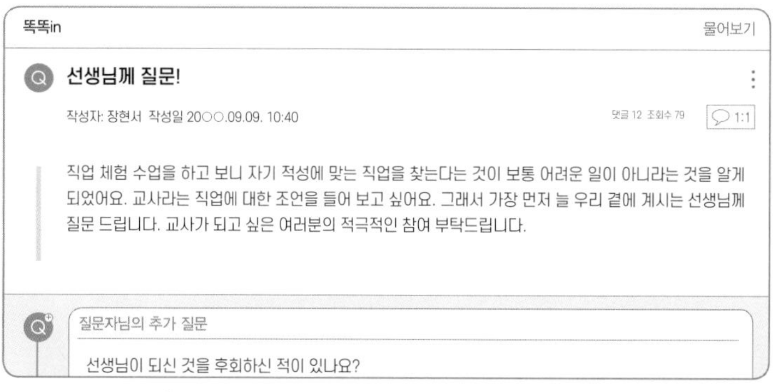

온라인 대화방

인터넷 Q&A 게시판

SNS

공감 ④

착한 오빠로 거듭났어요

다음 날이면 동생 도하의 댄스 발표회에요.

도현이가 동생의 발표회에 같이 가겠다고 해서 엄마가 놀랐어요.

"도현아, 정말이니? 정말 도하 댄스 발표회에 같이 갈 거야?"

"네, 꼭 가고 싶어요. 엄마 말씀대로 제가 그동안 도하를 놀리기만 한 나쁜 오빠였잖아요. 심술마왕이 이제는 착한 오빠가 돼보려고요."

엄마가 찬찬히 도현이의 얼굴을 살폈지요. 수상쩍은 기운이 없는지 보려는 듯했어요.

"엄마, 정말이에요. 처음 엄마한테 혼이 났을 때는 억울한 마음이 들었어요. 저는 그냥 장난으로 한 것뿐인데, 너무 하신다는 생각도 들었고요. 그런데 곰곰이 생각해 보니 제가 정말 잘못했더라고요."

도현이는 돈쭐 난 치킨집 사장님 이야기와 도하와 친구들이 정말 진지하게 춤을 연습하는 걸 보면서 많은 생각을 했다는 이야기를 털어놓았어요. 오빠가 돼서 동생을 응원해 주지는 못할망정 만날 놀렸던 게 부끄러워졌다고 얘기했어요.

“비행기 전문가가 되는 게 제 꿈이잖아요, 엄마. 제 꿈에 대해 도하가 절 비꼬거나 놀렸다면 제가 어땠을까 생각해 봤어요. 정말 화나고 속상하고 도하가 미웠을 것 같아요. 제가 너무 부끄럽고 못난 오빠였어요. 가서 꼭 진심으로 응원해 주고 싶어요.”

엄마가 천천히 고개를 끄덕이셨어요.

“지금이라도 네 잘못을 깨달았다니 정말 다행이구나. ‘칭찬은 고래도 춤추게 한다.’는 말이 있잖니? 세상에 단둘뿐인 남매가 서로 격려해 주고 응원해 주고 아플 땐 위로하면서 지냈으면 해.”

엄마가 흐뭇한 미소를 지었어요. 그날 저녁, 집으로 돌아온 도하에게 도현이가 무언가를 건넸어요.

“심술마왕! 이게 뭐야?”

“하하, 이젠 착한 오빠가 돼보려고. 이거 행운 부적이래. 너, 내일 발표회라며? 내일 잘하라고 이 오빠가 특별히 사 온 거야.”

“치, 심술마왕이 갑자기 착한 오빠가 되겠어? 저리 치워.”

도하는 오빠가 건네준 행운 부적을 식탁 위에 던졌어요. 도현이는 기분이 나빴지만 꾹 참았어요. 그날 밤, 도현이는 슬그머니 도하의 방에 들어가 행운 부적을 도하의 가방에 달아놓곤 혼자 흐뭇해했지요.

드디어 동생 도하의 발표회 날이 되었어요.

도하는 발표회에 가기 위해 허겁지겁 옷을 갈아입고 가방을 둘러메려다가 어제 자기가 내동댕이친 행운 부적이 가방에 달려 있는 것을 보고 깜짝 놀랐어요. 그걸 그대로 떼려다가 무슨 마음이 들었는지 그냥 놔두었지요.

'치, 심술마왕이 왜 안 하던 짓을 하지? 진짜 착한 오빠가 되려나? 쳇, 그럴 리가!'

도하는 고개를 절레절레 흔들고는 집을 나섰어요.

무대 뒤의 아이들은 강당 안이 선생님들, 친구들과 가족들로 꽉 찬 것을 보고 심장이 두근대고 다리가 후들거리는 걸 느꼈지요. 무대로 올라간 아이들은 처음엔 다리가 후들거렸지만 음악이 나오자 자신들의 끼를 모두 발산했어요. 도하는 떨렸던 마음이 안정되면서 흠뻑 무대를 즐기는 자신을 발견했지요. 수백 번, 아니 수천 번 추었던 춤이었기 때문이에요. 그곳에 모인 관중들은 손뼉을 치면서 호응했어요. 마지막으로 도하네 팀이 한껏 손을 치켜들고 피날레를 장식했지요. 우레와 같은 박수 소리가 터졌어요. 도현이는 동생이 동작 하나라도 틀릴까 봐 조마조마했어요. 그렇지만 도하는 단 한 동작도 실수를 하지 않았고, 아주 열심히 춤을 췄답니다. 도하네 팀의 순서가 끝나자 도현이는 누구보다도 힘껏 박수를 쳤지요. 무대 위의 도하는 정말 멋있었어요. 도현이는 동생이 정말 자랑스러웠지요. 그래서 자기도 모르게 크게 소리쳤어요.

"김도하, 최고다! 잘했다, 김도하! 쟤가 제 동생이에요!"

도하가 놀라 소리가 나는 쪽을 쳐다봤어요. 앗, 심술마왕 오빠였어요! 그동안 댄짱이라고 놀리고 비꼬기만 하던 오빠가 자리에서 일어나 소리치고 있는 게 아니겠어요? 도하는 순간 부끄럽기도 하고, 오빠의 응원이 가슴 벅차기도 했어요. 사람들의 웃음소리가 터졌지요.

"오빠, 아까 왜 그랬어?"

집으로 가는 차 안에서 도하가 물었어요.

"왜 그러긴? 내 동생이 너무 자랑스러워서 그랬다. 그러면 안 되냐?"

그렇게 말하면서 도현이는 얼굴부터 귀까지 빨개졌고 엄마는 흐뭇한 미소를 지으셨어요.

"그래, 그렇게만 해. 오빠, 알았지? 이젠 착한 오빠가 좀 돼 보라고!"

도하의 말에 도현이가 머리를 긁적이며 말했어요.

"너도 착한 동생이 좀 되라, 응? 심술마왕이 뭐냐?"

차 안에 웃음이 터졌어요. 도하는 그제야 오빠에 대한 감정이 눈 녹듯 녹는 것을 느꼈어요.

사랑해, 우리말

웹툰 내용

파니와 비니는 코로나 팬데믹에 생긴 여러 가지 상황에 대해 이야기하고 있어요.

외국어를 우리말로 바꾸어요

- 팬데믹 → 전염병 세계적 유행
- 위드 코로나 → 단계적 일상 회복
- 코로나 블루 → 코로나 우울
- 언택트 → 비대면

디지털 매체 활용 정보

외국어를 우리말로 바꾸어 사용하고 싶을 때는 인터넷 국어사전을 활용하여 정확한 의미와 예시, 알맞은 우리말을 찾을 수 있다.

개인 정보 내 손으로 지켜요

이민주 님이 새로운 사진 1장을 추가했습니다.
오전 11:20

오늘 정현이와 장미 축제 옴. 너무 예쁘다. 하니한테도 오자고 해야지~

좋아요 11개 댓글 2개

댓글 2개

하니

민주, 너 장미 축제 갔구나 장미 예쁘다.
나도 가고 싶었는데, 언제 와? 오늘 같이 놀자.

민주

응, 나 3시쯤 집에 도착. 우리 집으로 와.
행운 아파트 1동 303호야.
내가 전화 못 받을 수도 있으니까,
02-1234-56○○로 전화하면 엄마가 자세히 알려주실 거야.

웹툰 내용

민주가 여러 사람이 함께 보는 SNS에 자신의 개인 정보를 올렸어요.

SNS와 개인 정보

많은 사람들에게 공개되어 있는 SNS에 개인 정보를 공개하는 것은 위험해요.

디지털 매체 활용 정보

SNS에 개인 정보를 올리는 일에 대한 전문적인 정보를 찾고 싶을 때는 인터넷 백과사전을 활용하고, 경험을 바탕으로 한 정보를 찾고 싶을 때는 인터넷 게시판, 온라인 대화방이나 SNS를 활용할 수 있다.

보령 머드 축제

웹툰 내용

선우는 머드 축제에서 찍은 사진을 SNS에 올리고 친구와 머드 축제에 대해 이야기하고 있어요.

보령 머드 축제

머드는 물기가 있어 질척한 흙이에요. 보령 머드 축제에서는 피부를 좋게 해 주는 머드를 온몸에 바르기도 하면서 즐겨요.

디지털 매체 활용 정보

지역 축제에 대한 전문적인 정보를 찾고 싶을 때는 인터넷 백과사전를 활용하고, 경험을 바탕으로 한 정보를 찾고 싶을 때는 인터넷 게시판, 온라인 대화방이나 SNS를 활용할 수 있다.

학습 계획하기

웹툰 내용

어릴 때부터 엄마가 하라는 대로 하던 지수는 모든 것을 엄마의 결정에 따라 하게 된다는 내용이에요.

엄마 주도 학습

아이가 스스로 하지 않고 계속 엄마가 하라는 대로만 하면 커서도 스스로 결정을 내리지 못할 수도 있어요.

디지털 매체 활용 정보

자기 주도 학습에 대한 전문적인 정보를 찾고 싶을 때는 인터넷 백과사전를 활용하고, 경험을 바탕으로 한 정보를 찾고 싶을 때는 인터넷 게시판, 온라인 대화방을 활용할 수 있다.

거북을 키워요

웹툰 내용

민수는 친구들과 반려 거북에 대해 이야기했어요. 친구들은 자신들이 키우는 반려 거북에 대해 설명해 주고 있어요.

반려 거북을 고를 때 주의점

늑대 거북은 주기적으로 수조 청소를 해 주어야 하고, 남생이는 수조에서 올라와 쉴 곳을 만들어 주어야 해요. 육지 거북은 수조 청소를 안 해도 되지만 다 자라고 나면 너무 커요.

디지털 매체 활용 정보

반려 거북을 기르는 데 필요한 전문적인 정보를 찾고 싶을 때는 인터넷 백과사전를 활용하고, 경험을 바탕으로 한 정보를 찾고 싶을 때는 인터넷 게시판, 온라인 대화방이나 SNS를 활용할 수 있다.

새로운 경제 모델, 공유 경제

자동차 공유 서비스

'운행되는 시간보다 주차되어 있는 시간이 훨씬 많은 차량을 여럿이 함께 사용하면 어떨까?' 하는 아이디어에서 나온 서비스입니다. 자동차 소유주와 승객을 연결해 차량을 공유하여 이용하는 서비스입니다.

주방 공유

배달 음식의 인기가 높아지면서 여러 음식점이 주방을 함께 쓰는 공유 주방의 인기가 점점 높아지고 있습니다. 음식점의 초기 창업 비용을 낮추어 비용 부담을 줄일 수 있습니다.

카드 뉴스 내용

사진이나 그림과 함께 간단한 글로 공유 경제 사례를 알리는 카드 뉴스예요.

공유 경제 사례

- 자동차 공유 서비스: 자동차 소유주와 승객을 연결하여 차량 이용을 공유하는 서비스예요.
- 주방 공유: 여러 음식점이 주방을 함께 쓰는 형태의 주방. 주로 배달 음식 전문 음식점에서 활용해요.

디지털 매체 활용 정보

카드 뉴스를 만드는 데 필요한 전문적인 정보를 찾고 싶을 때는 인터넷 백과사전이나 인터넷 누리집을 활용하고 경험을 바탕으로 한 정보를 찾고 싶을 때는 인터넷 게시판, 블로그를 활용할 수 있다.

7단계에서 배운 내용 다시 보기

1 주차

1회
1 사이좋게 지내자
2 매미가 살아남는 법

2회
1 사랑해, 우리말
2 학교 내 휴대 전화 사용 금지

3회
1 내가 만드는 맛집 지도
2 비둘기에게 먹이를 주지 마세요

4회
1 오늘도 비, 내일도 비
2 아동을 위해, 아동과 함께

5회
1 개인 정보 내 손으로 지켜요
2 진짜와 가짜를 구분하는 능력

2 주차

1회
1 우리 학교를 소개합니다
2 보령 머드 축제

2회
1 알약의 여러 종류
2 나폴레옹 되짚어보기

3회
1 학습 계획하기
2 동지

4회
1 귀뚜라미와 반딧불이
2 어린이를 보호해요

5회
1 바코드의 비밀
2 청소년의 스마트폰 과의존 위험

3 주차

1회
1 거주 지역의 관광지화
2 감염병 극복의 역사

2회
1 새로운 경제 모델, 공유 경제
2 거북을 키워요

3회
1 내 마음속의 양심
2 시청 소감을 남겨요

4회
1 감정까지 읽는 인공 지능 스피커
2 한옥의 과학적 난방

5회
1 건강하게 먹어요
2 콩쥐와 신데렐라의 비슷한 점과 다른 점

4 주차

1회
1 아빠와 나는 K-팝 사랑꾼
2 세계의 음식, 크루아상

2회
1 키오스크의 장점과 단점
2 수소가 도시를 바꾼다

3회
1 타지마할
2 어느 것을 고를까요?

4회
1 독서 동아리 회원을 모집해요
2 교사가 궁금해요

5회
1 지하철역에 나타난 슈퍼맨
2 밥버거 만들기

[인용 사진 출처]

* 어휘 풀이는 국립국어원 표준국어대사전을 바탕으로 정리하였습니다.

1
주차

디지털독해가 문해력이다 | 7단계

정답과 해설

1 주차

1회
1 사이좋게 지내자
2 매미가 살아남는 법

2회
1 사랑해, 우리말
2 학교 내 휴대 전화 사용 금지

3회
1 내가 만드는 맛집 지도
2 비둘기에게 먹이를 주지 마세요

4회
1 오늘도 비, 내일도 비
2 아동을 위해, 아동과 함께

5회
1 개인 정보 내 손으로 지켜요
2 진짜와 가짜를 구분하는 능력

2 주차

1회
1 우리 학교를 소개합니다
2 보령 머드 축제

2회
1 알약의 여러 종류
2 나폴레옹 되짚어보기

3회
1 학습 계획하기
2 동지

4회
1 귀뚜라미와 반딧불이
2 어린이를 보호해요

5회
1 바코드의 비밀
2 청소년의 스마트폰 과의존 위험

3 주차

1회
1 거주 지역의 관광지화
2 감염병 극복의 역사

2회
1 새로운 경제 모델, 공유 경제
2 거북을 키워요

3회
1 내 마음속의 양심
2 시청 소감을 남겨요

4회
1 감정까지 읽는 인공 지능 스피커
2 한옥의 과학적 난방

5회
1 건강하게 먹어요
2 콩쥐와 신데렐라의 비슷한 점과 다른 점

4 주차

1회
1 아빠와 나는 K-팝 사랑꾼
2 세계의 음식, 크루아상

2회
1 키오스크의 장점과 단점
2 수소가 도시를 바꾼다

3회
1 타지마할
2 어느 것을 고를까요?

4회
1 독서 동아리 회원을 모집해요
2 교사가 궁금해요

5회
1 지하철역에 나타난 슈퍼맨
2 밥버거 만들기

1회 생활

■ 온라인 대화를 읽고 사과하는 말 쓰기

사이좋게 지내자

재현이는 친구들과 온라인 대화를 했어요. 오늘 하루 동안 있었던 여러 가지 일을 이야기했어요. 친구들과의 온라인 대화를 보고 재현이가 잘못한 점을 어떻게 사과할지 써 보세요.

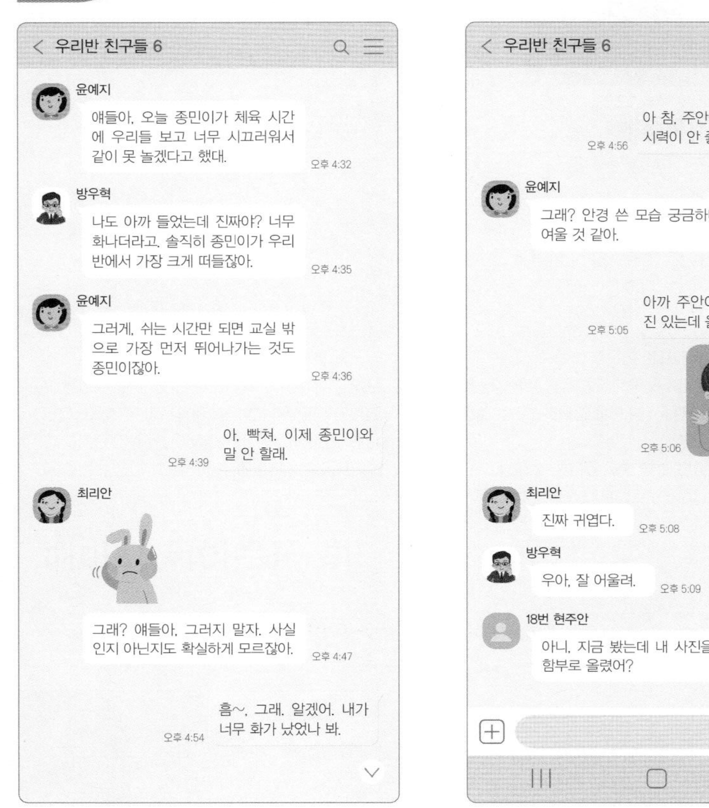

확인 이 내용이 담긴 디지털 매체는 [온][라][인] [대][화][방]이다.

▶ 온라인 대화를 하면서 친구들이 잘못한 점을 모두 골라 ○표를 하세요.

비속어를 사용했다.	○
주제와 관련된 내용을 말했다.	
다른 사람에 대해 나쁜 말을 말했다.	○

해설 온라인 대화에서 재현이와 친구들은 종민이를 흉보는 말을 하고 비속어를 말했습니다.

▶ 재현이가 말한 비속어를 알맞게 고쳐 써 보세요.

빡쳐 ➡ 예 화가 나

해설 '빡치다'는 '화가 많이 난다'을 속되게 표현한 말입니다.

활동 재현이의 입장이 되어 주안이의 말에 어떻게 답할지 사과하는 말을 써 보세요.

우리반 친구들방 6	우리반 친구들방 6
18번 현주안 아니, 지금 봤는데 내 사진을 왜 함부로 올렸어? 오후 7:07	예 미안해, 삭제할게. 너에게 먼저 물어봤어야 했는데 정말 미안해.

해설 온라인 대화를 할 때에는 다른 사람의 사진이나 영상을 허락 없이 올리면 안 됩니다. 재현이의 입장이 되어 주안이에게 미안한 마음을 담아서 글을 써 봅니다.

친구들과의 온라인 대화에서 주의할 점

- 주제와 관련된 내용을 말한다.
- 상대방이 불쾌할 수도 있으므로 비속어를 사용하지 않는다.
- 다른 사람에 대한 나쁜 말이나 헛소문을 함부로 말하지 않는다.
- 다른 사람의 개인 정보나 사진, 영상을 허락 없이 올리지 않는다.

1회 과학

2 인터넷 백과사전을 읽고 인터넷 게시판에 답글 쓰기

매미가 살아남는 법

매미는 굼벵이로 땅속에 여러 해를 있다가 땅 위로 나와 어른 매미가 되어 잠깐 살다 가는 곤충이에요. 이런 매미들의 생애 주기에 숨은 비밀은 무엇인지 인터넷 백과사전으로 알아보고 인터넷 게시판에 답해 보세요.

똑똑백과사전 | 사전 소개 | 연표

매미가 살아남는 법

여름이면 시끄럽게 울어대는 매미는 짧게는 5년, 길게는 17년 이상 땅 속에서 애벌레로 있다가 땅 위로 올라와 어른 매미가 된다. 하지만 어른매미의 수명은 고작 15일 정도이다. 새, 파충류, 다른 곤충 등 매미를 잡아먹는 천적들과 최대한 마주치지 않게 태어나려면 어떻게 해야 할까?

그림처럼 2년마다 태어나는 새와 5년마다 태어나는 매미 즉, 생애 주기가 2년인 새와 5년인 매미는 10년마다 만나게 되고, 생애 주기가 2년인 새와 6년인 매미는 6년마다 만나게 된다. 따라서 6년보다는 5년마다 태어나는 게 천적에게 덜 잡아먹힌다는 계산이 성립된다. 이것은 소수와 공배수에 대한 계산법이 자연의 이치에도 통하는 것을 보여 준다. 그래서 보통 매미들의 생애 주기는 5, 7, 13, 17년……인데 이 수들의 공통점은 소수이다. 매미의 생애 주기가 합성수일 때보다 소수일 때 천적을 만날 확률이 작아지는 것이다.

2년마다 태어나는 새: 2 4 6 8 10 12 14 16 18 20 22 24 25 28 30 ……
5년마다 태어나는 매미: 5 10 15 20 25 30 ……
생애 주기가 5년인 매미

2년마다 태어나는 새: 2 4 6 8 10 12 14 16 18 20 22 24 25 28 30 ……
6년마다 태어나는 매미: 6 12 18 24 30 ……
생애 주기가 6년인 매미

또 13년에 한 번 태어나는 매미와 17년에 한 번 태어나는 매미가 동시에 태어나려면 무려 221년이 걸리게 된다. 바로 이것이 천적도 피하고 같은 매미들끼리의 먹이 경쟁도 피하기 위한, 똑똑한 매미의 생존 방법이다. 다른 개체나 천적과 만나는 확률이 작아지도록 생애 주기를 '소수'로 조절하는 것이 매미의 숨은 수학적 비밀이다.

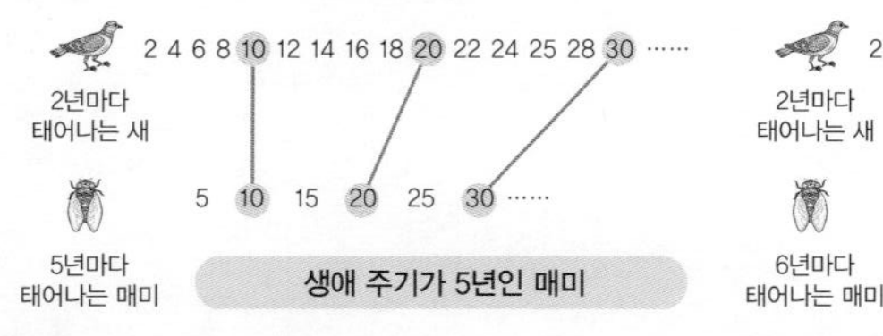
▲ 매미의 날개돋이

확인 이 내용이 담긴 디지털 매체는 인터넷 백 과 사 전 이다.

정답과 해설 4쪽

▶ 인터넷 백과사전을 통해 알게 된 내용으로 알맞은 것을 골라 ○표를 하세요.

매미의 생애 주기	○
매미의 암수 구별 방법	
매미가 땅속에서 주로 먹는 먹이	

해설 인터넷 백과사전을 통해 매미의 생애 주기에 대해 알 수 있습니다.

▶ 매미의 생애 주기가 소수인 이유로 알맞은 것을 모두 골라 기호를 쓰세요. 답 ㉮, ㉰

㉮ 천적에게 덜 잡아먹히기 위해서
㉯ 매미들의 개체 수를 줄이기 위해서
㉰ 매미들끼리의 먹이 경쟁을 피하기 위해서

해설 매미들의 생애 주기는 5, 7, 13, 17년……으로 소수이기 때문에 다른 수와의 최소공배수가 커집니다. 이는 천적도 피하고 같은 매미들끼리의 먹이 경쟁도 피하기 위해서입니다.

활동 인터넷 백과사전에서 알게 된 내용을 바탕으로 하여 인터넷 게시판에 올라온 매미에 대한 질문에 알맞은 답글을 써 보세요.

Q&A 게시판 >>> 궁금해요

Q **매미의 생애 주기가 소수라는데 그 이유가 뭔가요?**
매미의 생애 주기가 5, 7, 13, 17, ……과 같은 소수라는데 사실인가요?
사실이라면 그 이유를 알고 싶어요.

A 예 매미의 생애 주기는 보통 5, 7, 13, 17년, ……으로 소수인데 그 이유는 다른 수와 공배수를 가장 적게 가져서 천적들도 피하고 다른 매미들과 먹이 경쟁도 피하기 위해서입니다.

해설 인터넷 백과사전의 내용을 정리하여 질문에 대한 답글을 써 봅니다.

매미가 소리를 내는 방법

사람은 성대가 있어서 소리를 내지만 성대가 없는 매미는 발음근으로 소리를 낸다. 매미의 배에 있는 발음막, 발음근, 공기주머니는 매미가 소리를 내는 것을 도와 준다. 수컷 매미의 배딱지 안쪽에 브이(V)자 모양의 발음근이 있지만 암컷 매미에게는 발음근이 없어서 소리를 낼 수 없다.

2회 문화

1 웹툰을 읽고 외국어를 우리말로 바꾸기

사랑해, 우리말

웹툰 〈사랑해, 우리말〉에 등장한 비니와 파니가 코로나19에 대해 이야기하고 있어요. 그런데 웹툰 속에 외국어가 많네요. 웹툰을 다시 읽고 외국어를 우리말로 바꾸어 보세요.

사랑해, 우리말 <코로나19>

OO뉴스
코로나19 팬데믹이 길어지고 있습니다. 이제 위드 코로나를 준비해야 합니다.
난 코로나 블루인 듯. 요즘 계속 우울해.
OO뉴스
비니
파니
맞아. 요즘 거의 모든 게 언택트로 변해서 더 그런것 같아.

웹툰에 어떤 외국어가 나오는지 살펴볼까요?

팬데믹
- 뜻: 전염병이 전 세계적으로 크게 유행하는 현상.
- 우리말: 감염병 세계적 유행

위드 코로나
- 뜻: 코로나19 감염을 예방하며 일상생활을 해야 하는 시기.
- 우리말: 단계적 일상 회복

코로나 블루
- 뜻: 코로나19로 일상에 큰 변화가 닥치면서 사람들이 느끼는 불안, 우울, 무기력감.
- 우리말: 코로나 우울

언택트
- 뜻: 사람을 직접 만나지 않고 물품을 구매하거나 서비스 따위를 받는 일.
- 우리말:

확인 이 내용이 담긴 디지털 매체는 웹 툰 이다.

▶ 웹툰에서 비니와 파니가 말하고 있는 주제로 알맞은 것에 ○표를 하세요.

| 시험 | (코로나19) | 우울한 일상 |

해설 웹툰에서 비니와 파니는 뉴스를 보고 코로나19에 대해 말하고 있습니다.

▶ 외국어를 우리말로 알맞게 바꾼 것을 찾아 선으로 이으세요.

외국어	우리말
팬데믹	코로나 우울
위드 코로나	단계적 일상 회복
코로나 블루	감염병 세계적 유행

해설 '팬데믹'은 '감염병 세계적 유행'으로, '위드 코로나'는 '단계적 일상 회복'으로, '코로나 블루'는 '코로나 우울'로 바꿀 수 있습니다.

활동 파니가 한 말 중 외국어 '언택트'를 우리말로 바꾸어 보세요.

바꾸기 전

맞아. 요즘 거의 모든 게 언택트로 변해서 더 그런 것 같아.

바꾼 후

예 맞아. 요즘 거의 모든 게 비대면(으)로 변해서 더 그런 것 같아.

해설 외국어 '언택트'는 우리말 '비대면'으로 바꿀 수 있습니다.

코로나 관련 외국어 더 알아보기

- 드라이브 스루: 자동차에 탄 채로 쇼핑을 하거나 진료를 받는 방식을 말하는 것으로 우리말 '승차 구매', '승차 진료'로 바꿀 수 있다.
- 워킹 스루: 건물 밖이나 공터 등 별도로 마련된 곳으로 걸어가서 진료를 받는 방식을 말하는 것으로 우리말 '도보형 진료'로 바꿀 수 있다.

2 온라인 대화를 읽고 내 의견 쓰기

학교 내 휴대 전화 사용 금지

수업 시간에 휴대 전화 벨이 울려서 지후의 휴대 전화를 선생님께서 가져가는 일이 생겼어요. 친구들이 온라인 대화방에서 다시 그 일에 대해 이야기를 나누고 있어요. 대화방에 참여하여 내 의견을 써 보세요.

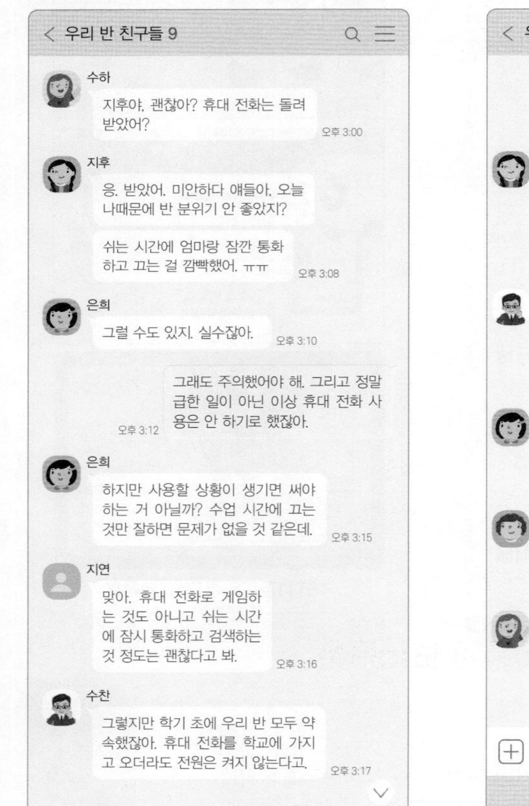

우리 반 친구들 9

맞아. 약속을 어기고 이런 일이 반복되면 학교에 휴대 전화 자체를 가지고 오지 못할 수도 있어. 오후 3:18

지후
그런데 솔직히 학기 초에 정한 규칙은 너무 힘들어. 다들 쉬는 시간엔 잠깐씩 휴대 전화 사용하잖아? 어차피 이럴 거 수업 시간을 제외한 시간에는 휴대 전화 사용을 했으면 좋겠어. 오후 3:20

수찬
절대 안 돼. 쉬는 시간에만 사용한다는 보장도 없고, 우리가 정한 규칙을 너무 쉽게 뒤집는 거라서 나는 반대야. 오후 3:23

은희
다들 의견이 다른데…… 이번 기회에 특별 활동 수업에서 휴대 전화 사용에 대해 토론 수업을 해 보는 것은 어때? 오후 3:25

조현
좋은 생각이야. 우리 말고도 다른 아이들 의견도 들어봐야 하니까 그게 좋겠어. 선생님 의견도 여쭤보아야 하고. 오후 3:30

수하
맞아. 다양한 의견을 듣고 토론하다 보면 가장 적절하고 효과적인 방법을 찾아낼 수 있을 거야. 오후 3:32

확인 이 내용이 담긴 디지털 매체는 온 라 인 대 화 방 이다.

▶ 온라인 대화방의 주제로 알맞은 것에 ○표를 하세요.

학교에서 휴대 전화 사용이 금지되어야 하는가?	○
선생님께서 휴대 전화를 가져간 것은 정당한가?	

해설 친구들은 학교에서의 휴대 전화 사용에 찬성과 반대 의견으로 나뉘어 이야기를 하고 있습니다.

▶ 온라인 대화를 읽고 친구들의 대화 방식으로 알맞은 말에 ○표를 하세요.

한 가지 주제에 대해 찬성하는 사람과 반대하는 사람이 ((자기주장), 공통 의견)을 서로 이야기하고 있다.

해설 한 가지 문제에 대해 여러 사람이 각각 찬성과 반대를 말하며 토론하고 있습니다.

활동 친구들의 대화 내용을 보고, 내 의견을 써 보세요.

지연
너희들은 학교에서 휴대 전화를 사용하는 것에 대해 어떻게 생각하니? 오후 3:57

혜린
나는 반대야. 학교에서 휴대 전화를 사용하는 것을 허용하면 쉬는 시간에 휴대 전화 본다고 다들 친구들과 말도 안 할 것 같아. 오후 4:07

우리 반 친구들 9

예 학교에서의 휴대 전화 사용을 아예 막는 것은 힘들 거라고 생각해. 그래서 수업 시간을 제외한 시간에 휴대 전화 사용을 허용하고 우리가 꼭 필요할 때만 사용하는 모습을 보이면 좋을 것 같아.

해설 학교 내 휴대 전화 사용 금지에 대한 찬성 또는 반대 의견을 정하여 나의 생각을 써 봅니다.

토론의 특징
- 토론은 근거를 내세우며 자기주장을 펼쳐야 한다.
- 다른 의견을 낼 때는 상대의 말을 끝까지 듣고 다른 의견을 내야 한다.

3회 문화

1주차

1 인터넷 게시판, SNS, 인터넷 뉴스를 보고 맛집 지도 만들기

내가 만드는 맛집 지도

정원이는 동네 맛집 지도를 만들려고 해요. 인터넷 게시판이나 SNS, 인터넷 뉴스에서 동네 맛집에 대한 자료를 찾아보았어요. 정원이처럼 여러 자료를 찾아 정리하여 우리 동네 맛집 지도를 만들어 보세요.

정원이의 맛집 자료

떡볶이

○○동 모여라!

작성자: 송정원 | 등록일: 20○○.10.13 | 조회: 151

맛집 추천 ▸

우리 동네의 떡볶이 맛집 추천해 주세요.

맛살맛죽

저는 먹는 것은 다 좋아하지만 그중에서 떡볶이를 정말 좋아해요. 우리 동네에서 맛있게 드셨던 떡볶이 가게를 추천해 주세요.
꼭 먹어보고 싶습니다.

공감 5 | 댓글 4

ㄴ **빵순이**
진 떡볶이요!

ㄴ **세상 모든 밥**
코끼리 분식의 떡볶이 맛있어요. 새로 생겼어요.

ㄴ **내일도 빵**
코끼리 분식 추천해요. 적당히 매우면서도 자꾸 먹고 싶어요.

ㄴ **달달한 소금**
며칠 전에 코끼리 분식에서 떡볶이 먹었는데 맛있더라고요. 어릴 때 먹었던 떡볶이 맛이에요.

greee_ok_m

♥ 258 Likes
greee_ok_m #맛집 #코끼리분식
코끼리 분식
최고!최고!최고! 떡이 정말 쫄깃쫄깃해. 우리 동네에서 제일 맛있다고.

a.Maybee

♥ 187 Likes
a.Maybee #떡볶이맛집 #진떡볶이
진 떡볶이
내가 먹어 본 최고 떡볶이. 매콤한데 맛있음. 꼭 튀김이랑 같이 먹어야 함.

확인 이 내용이 담긴 디지털 매체는 인터넷 게시판, SNS, 인 터 넷 뉴 스 이다.

빵

＋ 뉴스 검색차트 MY뉴스

생활

빵 축제, 빵 드시러 오세요!

성시원 기자 입력 20○○.11.22.

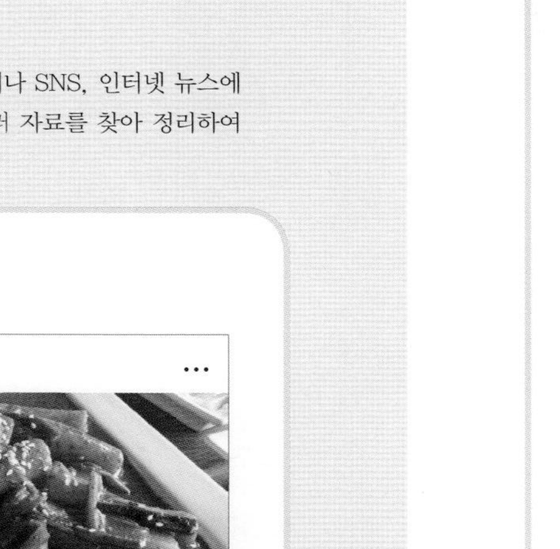

지난 17일에 열린 빵 축제가 성공적으로 막을 내렸다. 빵을 주제로는 처음으로 열린 지역 축제여서 많은 사람들의 관심을 끌었다.
○○시의 대표 빵집인 맛나맛나 제빵소는 물론, 수 샌드위치, 달콤당, 태극제과점 등 많은 빵집들이 참가하여 축제를 보러 본 사람들의 관심을 받았다.
빵 축제에 참여한 빵집들은 저마다 대표 빵을 내세웠는데 맛나맛나 제빵소는 크루아상, 달콤당은 단팥빵, 수 샌드위치는 햄 샌드위치, 태극제과점은 크림빵이 가장 관람객들에게 인기가 많았다.
빵 축제에 참여한 한 시민은 "다른 지역에서 왔지만 빵집을 찾아다니며 맛있는 빵을 맛보는 것이 정말 재미있다. 매년 빵 축제가 열렸으면 좋겠다."고 전했다.
태극제과점 관계자는 빵 축제는 올해 처음 시작되었는데 빵을 좋아하는 사람들의 관심도 높고, 빵집을 알릴 수도 있어서 앞으로도 매년 참여할 계획이라고 말했다.

rain_rrrr

♥ 301 Likes
rain_rrrr #맛집 #신선한샌드위치
수 샌드위치
재료가 정말 신선해. 건강해지는 느낌!

pree_100

♥ 486 Likes
pree_100 #빵집 #맛나맛나맛있는빵
맛나맛나 제빵소
여러 가지 빵들이 다 맛있지만 그중에 최고는 크루아상! 버터향이 정말 좋아.

지도

- 지도는 찾아갈 장소를 정확하게 알기 위해서 만들어졌다.
- 버스나 지하철 역 주변에 있는 주변 지역 안내도를 보면 지금 자신이 있는 위치가 어디인지, 찾아갈 장소와 어느 정도 거리인지 알 수 있다.
- 영화관 안에서도 불이 날 때를 대비해서 비상 대피 안내도가 있고, 새로운 곳에 여행을 가면 가 볼 만한 곳을 표시한 관광 지도도 있다.

▶ 정원이가 맛집 지도의 자료를 찾기 위해 활용한 매체를 모두 골라 ○표를 하세요.

(인터넷 게시판) 온라인 단체 대화방 학급 게시판

(SNS) 인터넷 백과사전 (인터넷 뉴스)

해설 정원이는 맛집 지도를 만들기 위해서 여러 가지 매체에서 정보를 찾아보았습니다.

▶ 정원이가 조사한 맛집 자료의 내용으로 알맞은 것에 모두 ○표를 하세요.

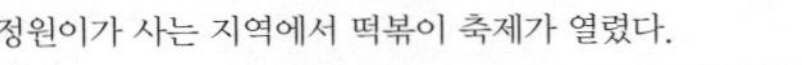

정원이가 사는 지역에서 떡볶이 축제가 열렸다.	
재료가 신선해서 수 샌드위치를 좋아하는 사람이 있다.	○
정원이 동네의 떡볶이 맛집에는 코끼리 분식과 진 떡볶이가 있다.	○
빵 축제에 나온 태극제과점에서는 크루아상이 가장 인기가 많았다.	

해설 정원이가 사는 지역에서 빵 축제가 열렸고, 빵 축제에서 태극제과점은 크림빵이 가장 인기가 많았습니다.

▶ 정원이가 정리한 내용을 참고하여 내가 만드는 맛집 지도에 무엇무엇을 표시할지 정하여 써 보세요.

맛나맛나 제빵소
★★★★★
크루아상이 유명함.
씹을 때 느껴지는
버터향이 최고임.
가게 이름
별점
특징

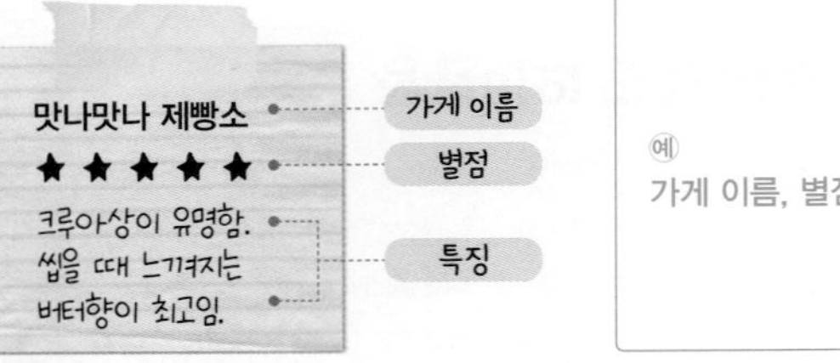

예 가게 이름, 별점, 특징, 위치, 연락처

해설 맛집 지도에 표시할 내용을 여러 가지 매체에서 찾아 조사해 봅니다.

활동 정원이가 만든 맛집 지도를 보고 내가 조사한 내용으로 우리 동네 맛집 지도를 만들어 보세요.

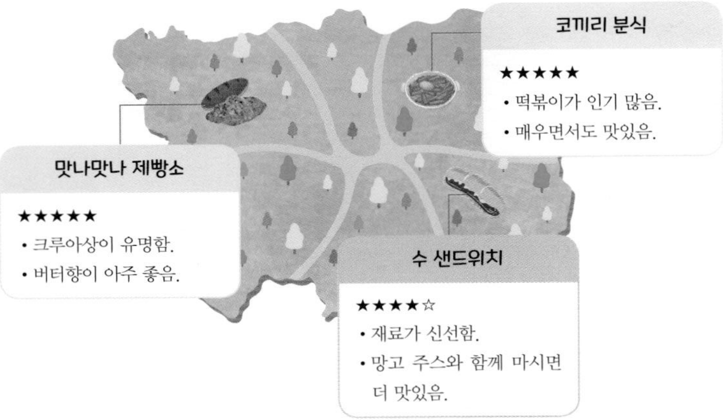

코끼리 분식
★★★★★
• 떡볶이가 인기 많음.
• 매우면서도 맛있음.
맛나맛나 제빵소
★★★★★
• 크루아상이 유명함.
• 버터향이 아주 좋음.
수 샌드위치
★★★★☆
• 재료가 신선함.
• 망고 주스와 함께 마시면 더 맛있음.

내가 만드는 우리 동네 맛집 지도

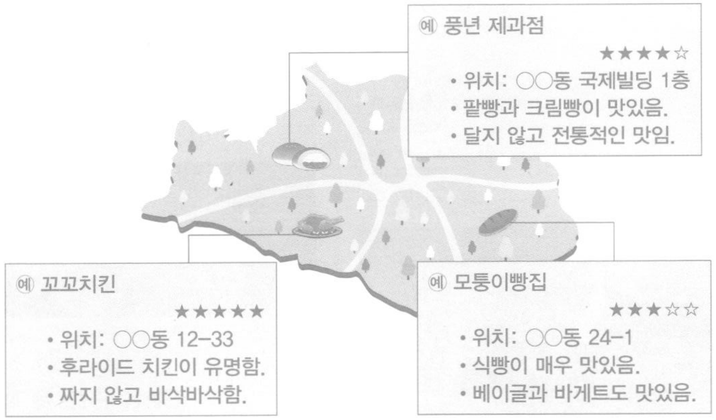

예 풍년 제과점
★★★★☆
• 위치: ○○동 국제빌딩 1층
• 팥빵과 크림빵이 맛있음.
• 달지 않고 전통적인 맛임.
예 꼬꼬치킨
★★★★★
• 위치: ○○동 12-33
• 후라이드 치킨이 유명함.
• 짜지 않고 바삭바삭함.
예 모퉁이빵집
★★★☆☆
• 위치: ○○동 24-1
• 식빵이 매우 맛있음.
• 베이글과 바게트도 맛있음.

해설 내가 가 보고 싶은 맛집을 정하고 그 맛집에 대한 정보를 조사하여 맛집 지도를 만들어 봅니다.

3회 생활

2 인터넷 게시판을 읽고 댓글 쓰기

비둘기에게 먹이를 주지 마세요

동네에 갑자기 비둘기가 많아졌어요. 구청 누리집 자유 게시판에는 비둘기에게 먹이를 주는 것에 반대하는 글도 실렸지요. 인터넷 게시판의 글을 읽고 내 생각을 댓글로 써 보세요.

자유 게시판

참여 소통 > 열린 게시판 > 자유 게시판 인쇄

제발 비둘기에게 먹이를 주지 마세요

작성자: 박효민 | 등록일: 20○○.11.20 | 조회: 317

안녕하세요.
저는 ○○시 △△구 주민입니다.
제가 살고 있는 한가람 아파트 주변의 비둘기 떼 때문에 이 글을 올립니다.
작년까지만 해도 이 동네의 비둘기 수는 눈으로 셀 수 있을 정도였어요.
그런데 어느 날부터 눈에 띄게 많아지더니, 이제는 비둘기 때문에 생활이 불편할 정도예요.
비둘기들이 아파트 베란다에 집을 짓고, 알까지 낳습니다. 비둘기 똥은 말할 것도 없고, 가끔 죽어 있는 비둘기 때문에 섬뜩할 때도 많습니다. 종종 비둘기들이 달려들 듯 날아올 때는 공포를 느낍니다. 특히 어린아이를 데리고 외출을 해야 하는 날에는 더욱 걱정이 크지요.
여기에 더 큰 문제는 비둘기에게 먹이를 주는 것이에요. 어떤 분이 배낭 가득 새 모이를 담아와 아파트와 공원에서 비둘기를 기다렸다가 모이를 주고 가십니다. 그러고 나면 비둘기는 더 많이 모여 들지요.
자료를 찾아보니 비둘기는 2009년에 환경부가 지정한 유해 야생 동물이더라고요. 비둘기 자체가 위험한 동물은 아니지만 사람들에게 많은 피해를 끼치고 있기 때문에요.
정말 비둘기 때문에 받는 고통이 이만저만이 아닙니다. 제발 비둘기에게 먹이를 주지 마세요.
구청 환경과에서도 단속과 관리를 부탁드립니다.

공감 8 | 댓글 15

└ **오명훈(28)** 20○○.11.22 15:09
저도 먹이가 없어 두리번거리는 비둘기를 보면 불쌍해서 자꾸 먹이를 주게 돼요.

└ **BigPicture** 20○○.11.27 15:11
저도 작성자님 의견에 동의합니다. 비둘기들이 어깨를 스치듯 날아간 적이 있는데 정말 공포스럽더군요. 비둘기들이 사람이 주는 먹이에 익숙해져서 점점 야생성을 잃고 있다고 하네요.

확인 이 내용이 담긴 디지털 매체는 [인][터][넷] [게][시][판]이다.

1 주차

▶ 인터넷 게시판에서 글쓴이가 주장하는 것은 무엇인지 ○표를 하세요.

배고픈 비둘기에게 먹이를 주세요.	
유해 야생 동물인 비둘기에게 먹이를 주지 마세요.	○

해설 글쓴이는 비둘기 때문에 받는 고통을 나열하고, 비둘기에게 먹이를 주지 말아 달라고 했습니다. 또 구청 환경과에도 단속과 관리를 부탁했습니다.

▶ 글쓴이의 의견에 찬성과 반대 의견을 알맞게 선으로 이으세요.

찬성 — 관공서에서도 비둘기에게 먹이를 주지 말라는 현수막을 붙이고 관리합니다. 사람이 주는 먹이에 익숙해지면 야생성을 잃고 더 많이 모여들게 됩니다.

반대 — 요즘 도시에서 야생 동물이 스스로 먹이를 구하는 건 쉽지 않습니다. 비둘기들은 이미 도시에 터전을 잡아 인간과 함께 사는 관계인데 굶어 죽게 내버려 둘 수는 없지 않을까요?

해설 글쓴이는 유해 야생 동물인 비둘기에게 먹이를 주지 말자고 했습니다.

활동 인터넷 게시판의 의견에 대한 내 생각을 댓글로 써 보세요.

댓글

댓글 달기

예) 비둘기는 유해 야생 동물로 지정될 만큼 사람들에게 피해를 끼치는 동물입니다. 비둘기에게 자꾸 먹이를 주게 되면 야생성을 잃을 뿐만 아니라 지금보다 비둘기 수가 더 늘어나게 되어 사람들이 입는 피해가 더욱 커질 수 있습니다. 그러니 제발 비둘기에게 먹이를 주지 맙시다.

1000자 이내 등록

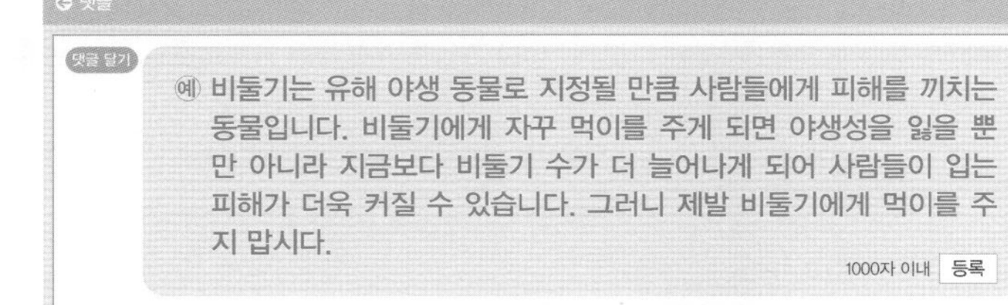

해설 글쓴이의 의견에 찬성인지 반대인지 근거를 들어 자신의 의견을 써 봅니다.

유해 야생 동물로 지정하는 경우는?

- 장기간 동안 무리 지어 살면서 농작물 또는 과일에 피해를 주는 경우
- 일부 지역에서 서식 밀도가 매우 높아서 농업·임업·어업에 피해를 주는 경우
- 비행장 주변에 출현해 항공기 등에 피해를 주거나 군 작전에 지장을 주는 경우
- 주택 주변에 나타나 사람과 동물에게 위험이나 피해를 입힐 가능성이 높은 경우
- 무덤을 훼손하는 경우
- 전선이나 통신선 등 전력 시설에 피해를 주는 경우
- 일부 지역에 서식 밀도가 매우 높아 똥, 털 날림 등으로 문화재와 건물을 훼손하는 경우

– 환경부가 정한 유해야생동물(제4조 관련) 지정 현황에서 발췌

4회 과학

■ 두 매체의 일기예보를 보고 온라인 대화 하기

오늘도 비, 내일도 비

장마전선의 영향으로 전국에 비가 내리고 있어요. 많은 양의 비가 계속 내려서 호우 경보까지 내려졌어요. 두 매체의 일기예보를 보고 온라인 대화방에 알맞은 내용을 써 보세요.

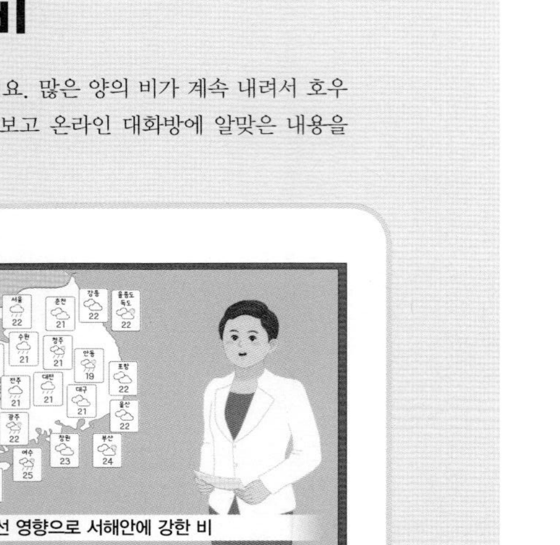

오늘 29일은 장마전선의 영향으로 수도권과 서해안을 중심으로 전국에 많은 비가 내리겠습니다.
29일 오전 9시 30분 현재 장마전선의 영향으로 서울과 경기도를 중심으로 호우경보가 내려져 있습니다. 특히 서해안 지역을 중심으로 시간당 50mm 이상의 강한 비가 오는 곳이 많습니다.
호우경보는 3시간 누적강우량이 90mm 이상 또는 12시간 누적강우량이 180mm 이상으로 예상될 때 내려집니다.
오늘 아침 최저기온은 서울 20도, 강릉 20도, 대구 21도, 광주 22도이고, 낮 최고기온은 서울 27도, 강릉 27도, 대구 26도, 광주 25도입니다.

확인 이 내용이 담긴 디지털 매체는 인터넷 뉴스와 텔 레 비 전 뉴스이다.

1 주차

▶ 두 매체의 일기예보를 보고 알 수 있는 내용에 ○표를 하세요.

오늘은 장마전선의 영향으로 전국에 많은 (눈 , (비))(이)가 내릴 예정이다.

해설 두 매체의 일기예보에서는 장마전선으로 오늘 비가 많이 올 예정이라는 것을 알 수 있습니다.

▶ 인터넷 일기예보의 특징을 모두 골라 ○표를 하세요.

정해진 텔레비전 뉴스 방송 시간에만 볼 수 있다.	
인터넷이 사용 가능한 곳에서는 언제든지 볼 수 있다.	○
각 지역의 일기예보를 텔레비전 뉴스 일기예보에서보다 더 자세하게 알 수 있다.	○

해설 정해진 텔레비전 뉴스 방송 시간에만 볼 수 있는 것은 텔레비전 일기 예보입니다.

활동 두 매체의 일기예보 내용을 바탕으로 하여 온라인 대화방 친구에게 오늘 날씨에 대해 알맞은 내용을 써 보세요.

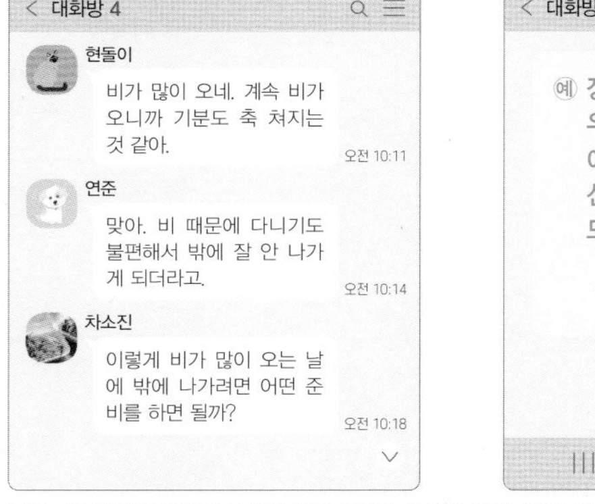

해설 일기예보의 내용으로 보아 오늘은 비가 많이 올 예정이므로 비에 젖는 것을 줄일 수 있는 내용을 씁니다.

호우 경보와 호우 주의보 일정 시간동안 일정량 이상의 비가 올 때 기상청에서는 호우경보나 호우주의보를 발표한다. 호우주의보는 3시간 누적강우량이 60 mm 이상 또는 12시간 누적 강우량이 110 mm 이상으로 예상될 때, 호우경보는 3시간 누적 강우량이 90 mm 이상 또는 12시간 누적 강우량이 180 mm 이상으로 예상될 때 발표한다.

4회 인물

2 인터넷 백과사전을 읽고 인터넷 게시판에 소개하는 글 쓰기

아동을 위해, 아동과 함께

인터넷 백과사전에서 100년의 역사를 가진 세이브더칠드런의 창시자인 에글렌타인 젭을 검색해 보았어요. 종교, 인종, 국적, 정치적 이념을 초월해 '아동 권리'를 주장한 에글렌타인 젭에 대한 정보를 정리하여 소개하는 글을 써 보세요.

ⓔ 똑똑백과사전　　사전 소개 | 연표

에글렌타인 젭 Eglantyne Jebb

1918년 제1차 세계대전이 끝난 후 영국을 비롯한 승전국은 패전국에 봉쇄 정책을 폈다. 그러나 이 봉쇄 정책의 최대 피해자는 아이들이었다. 에글렌타인 젭은 이러한 패전국의 아이들을 위해 'Save the Children(아이들을 구하라)'을 외치며 불법 전단을 배포한 혐의로 재판에 넘겨졌다. 그녀의 전단 속에는 영양실조에 걸린 패전국 오스트리아의 3살 아이의 모습이 담겨 있었다. 그녀는 심각한 기아에 시달리는 패전국의 아이들을 도와야 한다는 주장을 펼치며 무거운 실형이나 벌금이 부과될 중죄임에도 변호사 없이 자신을 변호하였다. 그러나 법에 따라 유죄를 선고할 수밖에 없었던 판사는 단 5파운드의 벌금을 선고하였고, 이어 담당 검사는 피고인 에글렌타인 젭과 뜻을 함께하는 의미로 5파운드의 벌금을 기부하였다. 이 벌금 5파운드는 세계 최초 아동을 위한 비정부기구(NGO)의 첫 기부금이 되었고, 에글렌타인 젭은 세계 최초 아동을 위한 비정부기구 설립자가 되었다. 그리고 설립 이듬해 세상을 깜짝 놀라게 한 광고가 있었다.

1파운드면 굶주리는 한 어린이를 먹이고 입힐 수 있습니다.
100파운드면 일주일 동안 천 명의 아이를 먹일 수 있습니다.
당신이 망설이는 그 순간 또 다른 무고한 생명을 잃게 됩니다.

직접적인 메시지와 통계 수치로 감성에 호소하는 파격적 광고에 '천박하다, 역겹다'는 비난이 쏟아졌으나 에글렌타인 젭은 꿋꿋하게 활동을 이어갔다. 그녀는 아이들을 구하는 일이 가장 중요했고, 세상 모든 아이들을 사랑했기 때문이다. 그녀는 사랑스럽지 않아도, 내 아이가 아니어도, 아이를 좋아하지 않아도 아이의 권리를 지키고 보호하는 것은 어른의 당연한 의무라고 생각했다. 이는 모성애에서 우러나온 것이 아닌 인류애를 기반으로 한 사회정의의 실현이었다. 1923년 에글렌타인이 만든 세계 최초의 아동 권리 선언문은 1989년 '유엔아동권리협약'으로 발전하며 전 세계 아동의 삶을 바꾼 선언문이 되었다. 아이들에게 가장 중요한 일을 이루어낸 아이를 좋아하지 않은 독신 여성, 그녀가 세상의 모든 아이를 구하는 데 평생을 바친 것은 다음과 같은 이유에서다.

"세상의 미래는 어린이에게 있다."

-에글렌타인 젭

확인 이 내용이 담긴 디지털 매체는 인터넷 [백][과][사][전]이다.

▶ 인터넷 백과사전을 통해 찾을 수 있는 정보로 알맞은 것에 모두 ○표를 하세요.

제1차 세계대전이 끝난 후 승전국의 패전국 봉쇄 정책의 최대 피해자는 전쟁에 참전했던 군인들이었다.	
에글렌타인 젭이 패전국의 아이들을 위해 외쳤던 구호는 'Save the Children(아이들을 구하라)'이다.	○
1923년 에글렌타인 젭이 만든 세계 최초 아동 권리 선언문은 1989년 '유엔아동권리협약'으로 발전하였다.	○

해설 제1차 세계대전이 끝난 후 승전국의 패전국 봉쇄 정책의 최대 피해자는 아이들이었습니다.

▶ 다음은 에글렌타인 젭의 가치관이 잘 드러나는 말입니다. 알맞은 것에 ○표를 하세요.

세상의 미래는 (과학자 , 정치인 , (어린이))에게 있다.

해설 에글렌타인 젭은 세상의 미래는 어린이에게 있다고 하며, 세상의 모든 아이를 구하는 데 평생을 바쳤습니다.

활동 인터넷 백과사전을 통해 알게 된 내용을 바탕으로 인터넷 게시판에 에글렌타인 젭을 소개하는 글을 써 보세요.

자유 게시판

예 전 세계 아동의 삶을 바꾼 에글렌타인 젭을 소개합니다.　인쇄

등록일: 20○○.10.17 | 조회: 0

예 에글렌타인 젭은 전쟁으로 인해 기아에 시달리는 패전국의 아이들을 구하기 위해 애썼고, 기아에 시달리는 아이들을 구하기 위한 비정부기구를 설립했습니다. 세상의 미래는 아이들에게 있다는 확신을 바탕으로, 아동의 권리를 지키고 보호하는 일에 헌신했습니다.

공감 0 | 댓글 0

해설 인터넷 백과사전을 통해 알게 된 내용을 정리하여 소개합니다.

'비정부기구(NGO)'란?

정부기관이나 정부와 관련된 단체가 아니라 순수한 민간조직을 통틀어 일컫는 말이다. 공공의 이익을 위해 조직된 단체로, 정치, 인권, 환경, 보건, 성차별 철폐 등 다양한 목적을 위해 활동한다. 국제 비정부 기구 가운데 대표적인 것으로는 세이브더칠드런, 그린피스, 국경없는 의사회 등이 있다.

5회 사회

1 웹툰으로 만든 공익 광고를 읽고 내용 정리하기

개인 정보 내 손으로 지켜요

민주가 친구 정현이와 축제에 가서 찍은 사진을 SNS에 올리면서 개인 정보를 노출시켰네요. 웹툰으로 만든 공익 광고를 보고 개인 정보를 보호하기 위해 실천할 내용을 정리해 보세요.

확인 이 내용이 담긴 디지털 매체는 [웹][툰]으로 만든 공익 광고이다.

1 주차

▶ 알맞은 내용에 ○표를 하세요.

이 광고는 스마트폰 사용을 줄이자는 내용이 담긴 포스터 형식의 공익 광고이다.	
이 광고는 SNS 사용 시 나의 개인 정보를 보호하자는 내용이 담긴 웹툰 형식의 공익 광고이다.	○

해설 이 광고는 SNS 사용 시 개인 정보를 보호하자는 내용이 담긴 웹툰 형식의 공익 광고입니다.

▶ 민주가 SNS에 올린 내용 중 개인 정보인 것에 모두 ○표를 하세요.

장미 축제 / (행운 아파트 1동 303호) / (02-1234-56○○)

해설 집 주소, 집 전화번호 등은 개인 정보입니다.

활동 웹툰으로 만든 공익 광고를 읽고 알게 된 개인 정보를 보호하기 위해 실천해야 할 내용을 정리해 보세요.

SNS에 올린 내 손의 실수가 돌이킬 수 없는 일이 될 수도 있습니다.

- 인터넷에 글을 쓸 때 개인 정보가 있는지 확인을 해야 해요.
- 인터넷에 나, 친구, 부모님의 전화번호를 함부로 올리지 않아야 해요.
- 예 비밀 번호는 생일, 전화번호, 주민 번호로 설정하지 않아야 하며, 수시로 바꿔야 해요.

해설 개인 정보를 보호하기 위해 비밀 번호는 생일, 전화번호, 주민 번호로 설정하지 않아야 하며, 수시로 바꿔야 합니다.

웹툰 형식의 공익 광고의 특징

- 그림을 다양하게 표현하여 시각적인 효과를 줄 수 있다.
- 인물의 말과 표정으로 내용이나 분위기를 담을 수 있다.
- 광고에 재미있는 내용을 덧붙여서 읽는 사람에게 부드럽게 내용을 전달할 수 있다.

5회
문화

2 뉴스 방송 대본을 읽고 내용 정리하기

진짜와 가짜를 구분하는 능력

요즘 '미디어 리터러시'라는 단어가 신문이나 뉴스, 그리고 여러 방송에서 쓰이는 것을 볼 수 있어요. '미디어 리터러시'에 대해 다룬 뉴스 방송 대본을 읽어보고, 가짜 뉴스를 어떻게 구별하면 좋을지 써 보세요.

최근 가짜 뉴스가 심각한 사회 문제로 떠오르면서 올바른 정보를 걸러내는 능력인 '미디어 리터러시'가 주목을 받고 있습니다. 이지아 기자가 알려 드립니다.

이지아 기자: 보호자들 가운데 열에 아홉은 "아이가 인터넷 동영상을 너무 많이 봐요."라고 말합니다. '미디어 리터러시'라는 말은 생소하지만, 이미 부모들은 우리 아이에게 '미디어 리터러시' 교육이 시급히 필요하다는 것을 인지하고 있습니다.
미국 한 대학에서 미국 청소년 7,804명을 대상으로 2015년 1월부터 1년 6개월에 걸쳐 시행한 '미디어 리터러시' 조사에 따르면, 80%의 청소년이 뉴스성 광고를 진짜 뉴스라고 착각한다는 결과가 나왔습니다. 이 결과를 통해 뉴미디어에 익숙하지 않은 고령층만이 아니라 뉴미디어에 친숙한 어린 세대들도 넘쳐 나는 정보의 홍수 속에서 올바른 정보를 걸러내는 능력이 부족하다는 것을 알 수 있습니다. 학교에서 이루어지는 미디어 교육에 문제점은 없는지 되돌아 볼 시점입니다.
가짜 뉴스는 첨부된 사진이나 동영상 등의 출처가 불확실하며, 기사 발행 날짜가 불분명한 경우가 많은데요. 사이트 주소를 자세히 살펴보고 문법적으로 어색한 것은 없는지 잘 살펴야 합니다.
1970년부터 학교에서 미디어 교육을 해 온 핀란드에서는 학교 수업시간에 가짜 콘텐츠를 직접 제작해 보고, 실제로 가짜 뉴스를 보며 무엇이 잘못되었는지 토론하는 시간이 있습니다. 이 과정에서 학생들은 가짜 콘텐츠를 분별하는 방법과 비판적인 사고능력을 기르게 됩니다.
'미디어 리터러시' 교육은 미디어 내용의 편향 등 전반적인 문제를 파악하고, 숨은 이해 관계와 의도를 비판적으로 독해하고 능동적으로 활용하는 교육을 말합니다. 다시 말해, 사실을 말하는 미디어에도 한쪽으로 치우치는 편향이 담겨 있다는 것을 이해하는 교육입니다.
유네스코에서는 '미디어 리터러시'를 21세기의 삶을 영위하기 위한 기본 역량이라고 규정하고 있는데요. 인터넷 시대에 미디어에 대한 비판적 이해를 기를 수 있도록 적절한 교육을 고민해야 하지 않을까요?

확인 이 내용이 담긴 디지털 매체는 [텔][레][비][전] [뉴][스]이다.

▶ 뉴스 방송 대본을 읽고 빈칸에 들어갈 말은 무엇인지 쓰세요. 답 미디어 리터러시

(　　　　　　　　)은/는 정보의 홍수 속에서 올바른 정보를 걸러내는 능력이다.

해설 정보의 홍수 속에서 자기에게 필요한 정보, 올바른 정보를 걸러내는 능력이 '미디어 리터러시'입니다.

▶ 뉴스 방송 대본을 통해 알게 된 내용에 ○표를 하세요.

- 유네스코에서는 '미디어 리터러시'가 21세기의 삶을 영위하기 위한 기본 역량이라고 규정하였다. [○]
- 미국 한 대학의 실험을 통해 뉴미디어에 친숙한 어린 세대들은 '미디어 리터러시'가 뛰어나다는 것이 입증되었다. [ ]

해설 미국 청소년을 대상으로 한 조사에서 80%의 청소년이 뉴스성 광고를 진짜 뉴스라고 착각한다는 결과가 나왔습니다.

활동 뉴스 방송 대본을 통해 알게 된 가짜 뉴스 구별 방법을 정리하여 써 보세요.

첨부된 동영상이나 사진의 출처를 확인합니다.

사이트 주소를 자세히 살펴봅니다.

예 기사 발행 날짜를 확인합니다. 인터넷 기사에서 문법적으로 이상한 것은 없는지 살펴봅니다.

해설 뉴스 방송 대본을 바탕으로 가짜 뉴스 구별법을 정리하여 써 봅니다.

'미디어 리터러시'란?

- 미디어(media)와 리터러시(literacy)를 합성한 용어로, '미디어'는 정보를 전달하는 모든 매체를 가리키고, '리터러시'란 글을 읽고 쓸 줄 아는 능력을 뜻한다.
- 다양한 매체를 이해할 수 있는 능력, 다양한 형태의 정보를 분석하고 평가하여 올바른 정보를 걸러낼 수 있는 능력이다.

확인 문제 »

1 온라인 대화를 바르게 하지 못한 친구는 누구인지 쓰세요.

재현 : 아, 빡쳐. 이제 종민이와 말 안 할래.
리안 : 그래? 얘들아, 그러지 말자. 사실인지 아닌지도 확실하게 모르잖아.
재현 : 흠~, 그래. 알겠어. 내가 너무 화가 났었나 봐.

(재현)

해설 온라인 대화에서는 줄임말이나 비속어 등을 쓰지 않고 바른 우리말을 사용해야 합니다.

2 다음과 같이 매미에 대한 전문적인 정보를 얻을 수 있는 매체는 무엇인가요? (⑤)

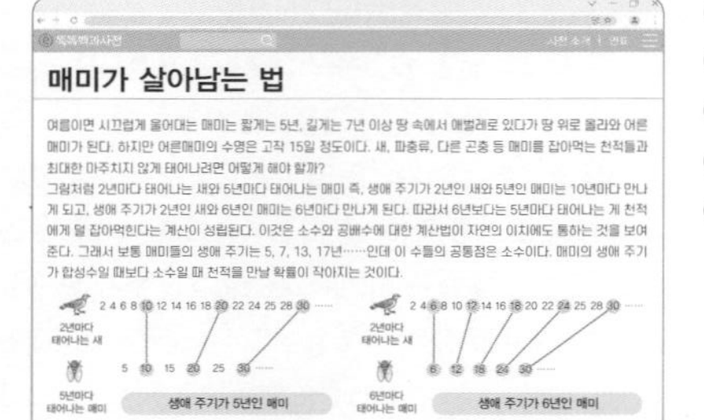

① SNS
② 블로그
③ 인터넷 뉴스
④ 인터넷 게시판
⑤ 인터넷 백과사전

해설 대상과 관련된 글과 함께 사진과 영상 등의 전문적인 정보를 얻을 수 있는 매체는 인터넷 백과사전입니다.

3 다음 밑줄 그은 외국어를 순화시킨 우리말을 쓰세요.

코로나19 팬데믹이 길어지고 있습니다.

(감염병 세계적 유행)

해설 팬데믹은 전염병이 전 세계적으로 크게 유행하는 현상을 말합니다.

4 개인 정보를 지키기 위해서 SNS에 함부로 올리면 안되는 것을 모두 고르세요. (④, ⑤)

① 좋아하는 가수가 속한 소속사 ② 알고 있는 수학 공식
③ 우리동네 떡볶이 맛집 ④ 할머니댁 주소
⑤ 인터넷 게시판 비밀번호

해설 할머니댁 주소와 인터넷 게시판 비밀번호는 소중히 지켜야 하는 개인정보입니다.

확인 문제 »

5 지후와 친구들이 학교에서 휴대폰 사용에 대해 이야기하고 있습니다. 친구들이 사용한 매체는 무엇인지 알맞은 것에 ○표를 하세요.

< 우리 반 친구들 9
맞아. 약속을 어기고 이런 일이 반복되면 학교에 휴대 전화 자체를 가지고 오지 못할 수도 있어. 오후 3:18
지후: 그런데 솔직히 학기 초에 정한 규칙은 너무 힘들어. 다들 쉬는 시간엔 잠깐씩 휴대 전화 사용하잖아? 어차피 이럴 거 수업 시간을 제외한 시간에는 휴대 전화 사용을 했으면 좋겠어. 오후 3:20
수찬: 절대 안 돼. 쉬는 시간에만 사용한다는 보장도 없고, 우리가 정한 규칙을 너무 쉽게 뒤집는 거라서 나는 반대야. 오후 3:23

인터넷 게시판 / (온라인 대화방) / 휴대폰 문자

해설 여럿이 단체로 대화를 나눌 수 있는 온라인 대화방에서 의견을 나누고 있습니다.

6 다음과 같은 특징이 있는 일기예보로 알맞은 것에 ○표를 하세요.

• 인터넷이 사용 가능한 곳에서는 언제든지 일기예보를 볼 수 있다.
• 각 지역의 일기예보를 자세하게 알 수 있다.

텔레비전 뉴스 일기예보 / 종이 신문 일기예보 / (인터넷 일기예보)

해설 인터넷 일기예보는 인터넷이 사용 가능한 곳이면 시간과 장소에 상관없이 각 지역의 자세한 날씨를 확인할 수 있습니다.

7 텔레비전 뉴스에서 설명하는 내용은 무엇인가요? (③)

최근 가짜 뉴스가 심각한 사회 문제로 떠오르면서 올바른 정보를 걸러내는 능력인 '미디어 리터러시'가 주목을 받고 있습니다. 이지아 기자가 알려 드립니다.

① 소셜네트워크 서비스 ② 매스미디어 ③ 미디어 리터러시
④ 가짜 뉴스 ⑤ 정보의 홍수

해설 정보의 홍수 속에서 자기에게 필요한 정보, 올바른 정보를 걸러내는 능력을 '미디어 리터러시'라고 합니다.

2
주차

디지털독해가 문해력이다 | 7단계

정답과 해설

2 주차

1회 1 우리 학교를 소개합니다
2 보령 머드 축제

2회 1 알약의 여러 종류
2 나폴레옹 되짚어보기

3회 1 학습 계획하기
2 동지

4회 1 귀뚜라미와 반딧불이
2 어린이를 보호해요

5회 1 바코드의 비밀
2 청소년의 스마트폰 과의존 위험

1 주차

1회 1 사이좋게 지내자
2 매미가 살아남는 법

2회 1 사랑해, 우리말
2 학교 내 휴대 전화 사용 금지

3회 1 내가 만드는 맛집 지도
2 비둘기에게 먹이를 주지 마세요

4회 1 오늘도 비, 내일도 비
2 아동을 위해, 아동과 함께

5회 1 개인 정보 내 손으로 지켜요
2 진짜와 가짜를 구분하는 능력

3 주차

1회 1 거주 지역의 관광지화
2 감염병 극복의 역사

2회 1 새로운 경제 모델, 공유 경제
2 거북을 키워요

3회 1 내 마음속의 양심
2 시청 소감을 남겨요

4회 1 감정까지 읽는 인공 지능 스피커
2 한옥의 과학적 난방

5회 1 건강하게 먹어요
2 콩쥐와 신데렐라의 비슷한 점과 다른 점

4 주차

1회 1 아빠와 나는 K-팝 사랑꾼
2 세계의 음식, 크루아상

2회 1 키오스크의 장점과 단점
2 수소가 도시를 바꾼다

3회 1 타지마할
2 어느 것을 고를까요?

4회 1 독서 동아리 회원을 모집해요
2 교사가 궁금해요

5회 1 지하철역에 나타난 슈퍼맨
2 밥버거 만들기

1회 생활

1 온라인 대화를 읽고 소개하는 글 쓰기

우리 학교를 소개합니다

수행평가 모둠별 과제로 학교를 소개하는 자료를 만들어 발표해야 해요. 민서는 같은 모둠 친구들과 누리 소통망에서 온라인 대화로 우리 학교를 어떻게 소개하면 좋을지 의논하기로 했어요. 대화 내용을 보고, 학교를 소개하는 글을 써 SNS에 올려 보세요.

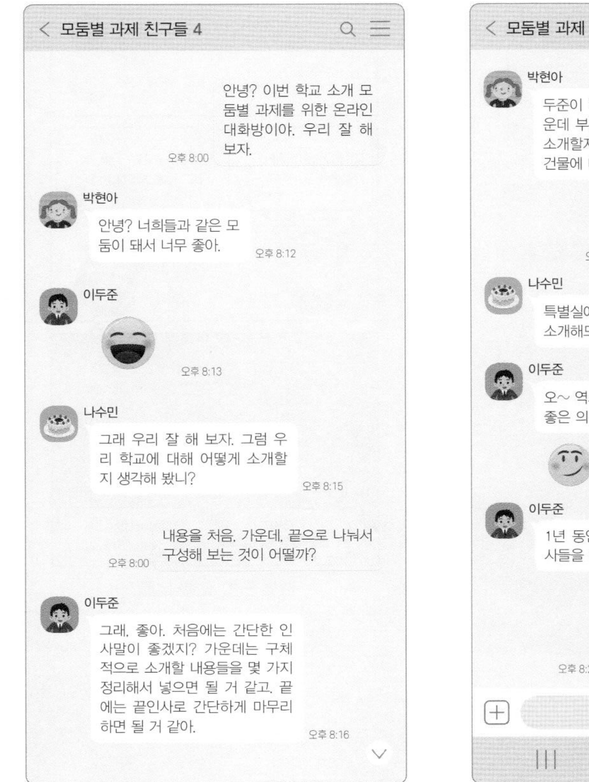

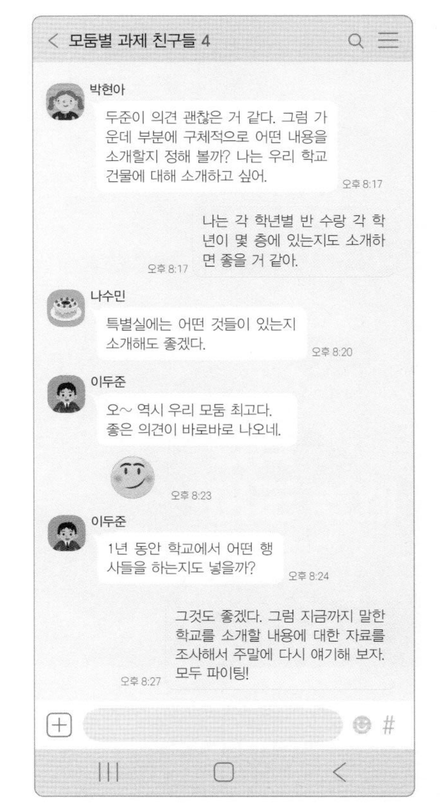

확인 이 내용이 담긴 디지털 매체는 [온] [라] [인] 대화방이다.

▶ 온라인 대화 내용으로 알맞은 것에 ○표를 하세요.

((우리 학교 소개하기) , 우리 마을 소개하기) 모둠별 과제를 준비하면서 나눈 온라인 대화이다.

해설 우리 학교 소개하기 모둠별 과제를 준비하면서 나눈 온라인 대화입니다.

▶ 학교를 소개하는 발표 자료를 만들기 위해 수민이가 조사하자고 한 내용에 ○표를 하세요.

학교의 특별실	○
1년 동안 학교에서 하는 행사	
학년별 반 수와 각 학년 교실의 위치	

해설 수민이는 학교의 특별실에는 어떤 것들이 있는지 소개하면 좋겠다고 하였습니다.

활동 온라인 대화에서 나온 소개할 내용 중 한 가지를 정하여 왼쪽의 SNS의 내용처럼 나의 학교를 SNS에 소개하는 글을 써 보세요.

오후 02:30 100%

G greee_ok_m

우리 학교를 소개합니다.

우리 학교에서는 수학 경시 대회, 가을 연극제, 가을 체육회, 합창 대회 등 여러가지 행사가 1년 동안 개최됩니다.

오후 02:30 100%

pree_100

예 우리 학교에는 체육관, 음악실, 미술실, 수학실, 과학실, 보건실, 영어 전용 교실, 영어 북카페, 컴퓨터실, 미술실 총 10개의 특별실이 있습니다.

해설 온라인 대화에서 나온 소개할 내용 중 한 가지를 정해서 우리 학교를 소개하는 글을 씁니다.

온라인 대화의 특징

- 여럿이 동시에 문자 언어로 대화하므로 소리나는 대로 글을 적거나 줄임말을 사용하는 경우가 있다.
- 이모티콘과 같은 시각적인 기호를 사용하여 표정이나 동작을 표현한다.

1회 사회

2 웹툰과 포스터, 블로그를 읽고 광고 만들기

보령 머드 축제

선우는 머드 축제를 홍보하는 웹툰과 보령 머드 축제 포스터를 보고 가족과 함께 보령 머드 축제에 다녀왔어요. 더 많은 사람들이 참가할 수 있도록 보령 머드 축제를 홍보하는 SNS 광고를 만들어 보세요.

확인 이 내용이 담긴 디지털 매체는 [웹][툰]과 포스터, 블로그이다.

보령 시민 기자 | 내 블로그 | 이웃 블로그 | 블로그 홈 | 로그인

블로그

보령 시민 기자
보령 시민 기자로 활동 중입니다.
+ 이웃 추가

목록
전체 보기(67)
머드 효능(12)
보령 머드 축제 (12)
보령 맛집(22)
공지 사항(21)

메모 | 안부

피부에 좋은 보령 머드 만나러 오세요

보령 시민 기자 20○○ 08. 01. 19:25 URL 복사 + 이웃 추가

충청남도 서남부에 위치한 보령은 서해안에 접해 있어 대천 해수욕장, 무창포 해수욕장과 같은 큰 해수욕장이 많습니다. 대천 해수욕장 주변에는 질척한 흙, 즉 머드가 많아서 1998년부터 보령 머드 축제가 열리고 있습니다.

"보령 머드에는 어떤 효능이 있을까?"

보령 머드는 원적외선과 게르마늄, 천연 미네랄인 마그네슘, 알루미늄, 칼슘, 철 등 인체에 유익한 성분을 다량 포함하고 있습니다. 이 성분들은 세포 활동을 활성화시키고 노폐물의 배출을 돕습니다. 또 피부의 수분 균형과 해독 작용을 도와 피부 미용에 효과가 뛰어납니다.
보령시는 그동안 수입에 의존하던 머드 원료를 국내 최초로 국산화하여 생산했습니다. 또 머드 화장품도 생산하고 있습니다. 그런 의미에서 보령 머드 축제는 머드의 효능을 온몸으로 체험할 수 있는 행사라고 할 수 있습니다.
머드 원액이 분사되는 머드 샤워 부스, 천연 머드 팩을 체험할 수 있는 머드 비치 케어, 대형 머드 탕과 머드 슬라이드, 갯벌에서 벌이는 마라톤 등 행사장 곳곳에서 보령의 천연 머드를 경험할 수 있습니다. 아이처럼 신나게 놀 수 있는 다양한 행사가 해마다 수백만 관광객의 발길을 끌고 있습니다.
이처럼 보령 머드 축제는 지역화 전략의 성공한 사례로 세계적으로 인정받고 있습니다.

#보령 #축제 #머드효능 #머드팩

지역화 전략과 세계 여러 나라 축제

- 지역화 전략은 한 지역이 사회·경제·문화적으로 세계적인 가치를 가지게 되는 과정이나 현상을 말한다.
- 지역화 전략 중 하나는 지역의 자연환경이나 역사, 특산물 등을 테마로 한 지역 축제이다.
- 세계 여러 나라의 축제에는 일본 삿포로 눈 축제, 독일 뮌헨 맥주 축제, 에스파냐 부뇰 토마토 축제 등이 있다.

2주차

▶ 웹툰에서 홍보하고 있는 축제를 찾아 ○표를 하세요.

숲 서바이벌 축제 | (보령 머드 축제) | 서해안 조개 잡이 축제

해설 웹툰에서는 보령 머드 축제에 대해 홍보하고 있습니다.

▶ 블로그 내용으로 알맞지 않은 것의 기호를 쓰세요. 답 ㉯

㉮ 보령의 대천 해수욕장 주변에는 품질 좋은 머드가 많다.
㉯ 보령시는 동해의 청정 바다를 소재로 보령 머드 축제를 개최하고 있다.
㉰ 보령시는 우리나라 최초로 머드 원료를 국산화하여 머드 화장품을 생산하였다.

해설 보령시는 서해안의 진흙, 즉 머드를 소재로 보령 머드 축제를 해마다 개최하고 있습니다.

▶ 빈칸에 들어갈 말을 쓰세요. 답 머드

(　　　)는 물기가 있어 질척한 흙을 말하는데 인체에 유익한 성분이 많고 피부 미용에 뛰어난 효능이 있어 인기가 많다.

해설 웹툰과 블로그의 내용에서 머드에 대한 설명을 찾아봅니다.

2 주차

활동 1 보령 머드 축제 광고를 만들기 위한 스토리보드를 작성하려고 합니다. 블로그 내용을 바탕으로 다음 장면을 보고, 적당한 문구를 써 보세요.

장면 번호	장면 그림	머드와 관련된 문구
1		머드의 효능 피부 미용 천연 미네랄 세포 활동의 활성화
2		예 온몸으로 체험하는 머드 머드 샤워 색다른 체험 천진난만한 어린 시절처럼

해설 보령 머드 축제의 장면에 어울리는 키워드를 떠올려 알맞은 문구를 만들어 써 봅니다.

활동 2 활동 1에서 정리한 내용을 바탕으로 왼쪽의 SNS 광고처럼 광고 문구를 만들어 보령 머드 축제 광고를 완성해 보세요.

tta.s.tty
좋아요 258개
보령 머드 축제
여름 자외선에
피부가 푸석푸석한가요?
천연 미네랄과 인체에 유익한 성분이
가득한 보령 머드 축제에 와서
추억도 쌓고 피부에 영양도 주세요.

kkk.y.cc
좋아요 0개
보령 머드 축제
예 특별한 여름을 보내고 싶은 사람들이여, 보령으로 오세요.
온몸에 머드를 바르고 천진난만한
어린 시절로 돌아가 보세요.
색다른 체험을 할 수 있는 보령 머드 축제!

해설 머드의 효능, 색다른 축제 등 보령 머드의 특징을 살려 광고 문구를 만들어 봅니다.

2회 과학

■ 인터넷 뉴스를 읽고 카드 광고 만들기

알약의 여러 종류

알약은 용도와 목적에 따라 형태와 기능이 진화되어 왔어요.
알약의 여러 가지 형태와 기능에 대한 인터넷 뉴스를 읽고, 알약의 특징을 알리는 광고를 만들어 보세요.

○○뉴스

뉴스홈 | 최신 기사

알약도 형태와 기능이 달라요

채윤아 기자 2000-12-04 15:47:12 | 조회 68

몸이 아플 때 먹는 알약, 알약의 종류에는 여러 가지가 있습니다.

일반적으로 많이 먹는 알약의 형태는 태블릿과 캡슐입니다. 여러 가지 약 성분을 한 알로 단단하게 압축해서 만든 태블릿은 보관하기 쉽다는 장점이 있지만 단단해서 알약을 삼킬 때 목에서 불편함을 느낄 수 있습니다. 말랑말랑한 성분으로 만든 캡슐은 민감한 약 성분을 담아 보호할 수 있지만 이물질이 들어갈 위험이 있습니다.

그래서 태블릿과 캡슐의 단점을 보완해서 만들어진 알약이 캐플릿입니다. 캐플릿은 태블릿의 장점을 살려 약 성분을 한 알로 압축하고, 삼키기 쉽게 캡슐 모양으로 만든 알약입니다.

이밖에도 태블릿 형태의 알약에는 위산에도 견딜 수 있도록 특수 코팅이 되어 장까지 약 성분이 살아서 갈 수 있는 장용정도 있고, 알약이 몸 안에 들어갔을 때 절반은 바로 녹아 효과가 빠르게 나타나고 나머지 절반은 서서히 녹아서 시간이 지난 다음에 효과가 나타나는 서방정도 있습니다. 변비약처럼 장까지 약효가 살아 있어야 하는 경우에는 장용정 형태로, 진통제처럼 약효가 오래 지속되어야 하는 경우에는 서방정 형태로 약을 만듭니다.

캡슐에는 액체 상태의 약 성분을 담는 부드러운 연질 캡슐이 있습니다. 연질 캡슐은 바로 흡수되기 때문에 효과가 빨라 해열제나 건강 기능 식품에서 많이 사용합니다.

또 사탕처럼 빨아먹는 형태의 트로키정도 있습니다. 트로키정은 입 안이나 목에 직접적인 효과가 있기 때문에 약을 삼키거나 씹어 먹으면 효과가 없어질 수도 있습니다.

이렇게 알약은 용도와 목적에 따라 계속 달라지고 있습니다.

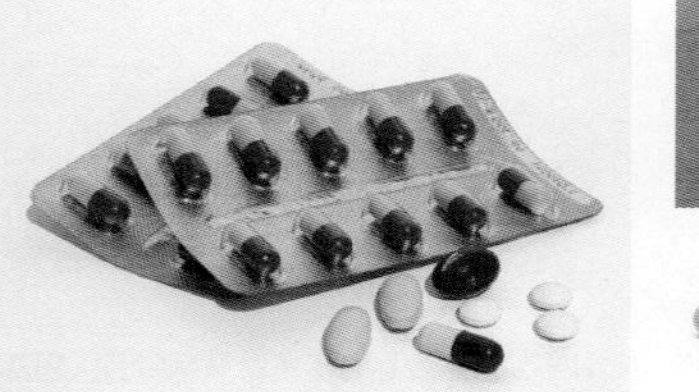

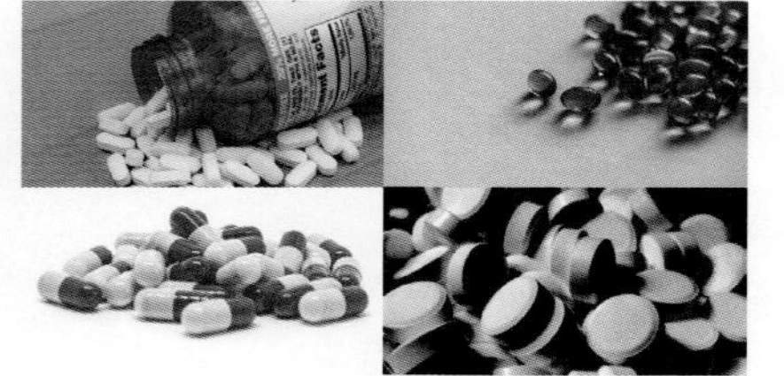

확인 이 내용이 담긴 디지털 매체는 인터넷 뉴 스 이다.

▶ 다음은 알약의 종류 중에서 무엇을 설명한 것인지 쓰세요. 답 캐플릿

( )은/는 약 성분을 한 알로 압축하고 삼키기 쉽게 캡슐 모양으로 만든 알약이다.

해설 캐플릿은 캡슐과 태블릿의 단점을 보완해 만든 알약입니다.

▶ 알약의 종류가 아닌 것의 기호를 쓰세요. 답 ㉮

㉮ 시럽 ㉯ 캡슐 ㉰ 장용정 ㉱ 서방정

해설 시럽은 당류를 넣어 마실 수 있도록 만든 약품입니다.

활동 트로키정에 대한 자료를 보고, 트로키정의 특징을 살려 감기약의 광고 문구를 만들어 보세요.

트로키정	감기약 아나파
• 사탕처럼 빨아먹는 의약품이다. • 맛과 향이 있어 먹기가 쉽다. • 깨물어 먹지 말고, 끝까지 침으로 녹여 먹어야 약 성분이 입안에 오랫동안 머물면서 통증 완화에 도움을 준다.	예 • 목에 걸리지 않아요. • 빨아먹는 감기약! • 물 없이 먹을 수 있는 아나파 감기약

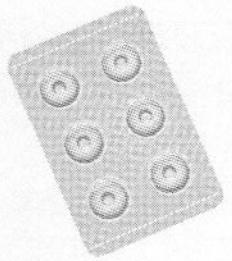

해설 트로키정의 빨아먹는 특징을 살려 감기약의 광고 문구를 만들어 봅니다.

알약이 변질되어 먹을 수 없는 경우

- 유통 기한이 지난 경우
- 부서지거나 금이 가 있는 경우
- 코팅이 녹아 얼룩이 생기거나 변색된 경우
- 서로 달라붙어 덩어리를 이루고 있는 경우

2 주차

2회 인물

2 블로그를 읽고 댓글 쓰기

나폴레옹 되짚어보기

역사 속 나폴레옹은 두 가지 상반된 모습으로 평가되고 있어요. 혁명가 나폴레옹과 독재자 나폴레옹. 역사 속 나폴레옹에 대한 기록을 정리한 블로그를 찾아 보았어요. 나폴레옹에 대한 상반된 평가에 대해 나의 의견은 어떠한지 댓글로 써 보세요.

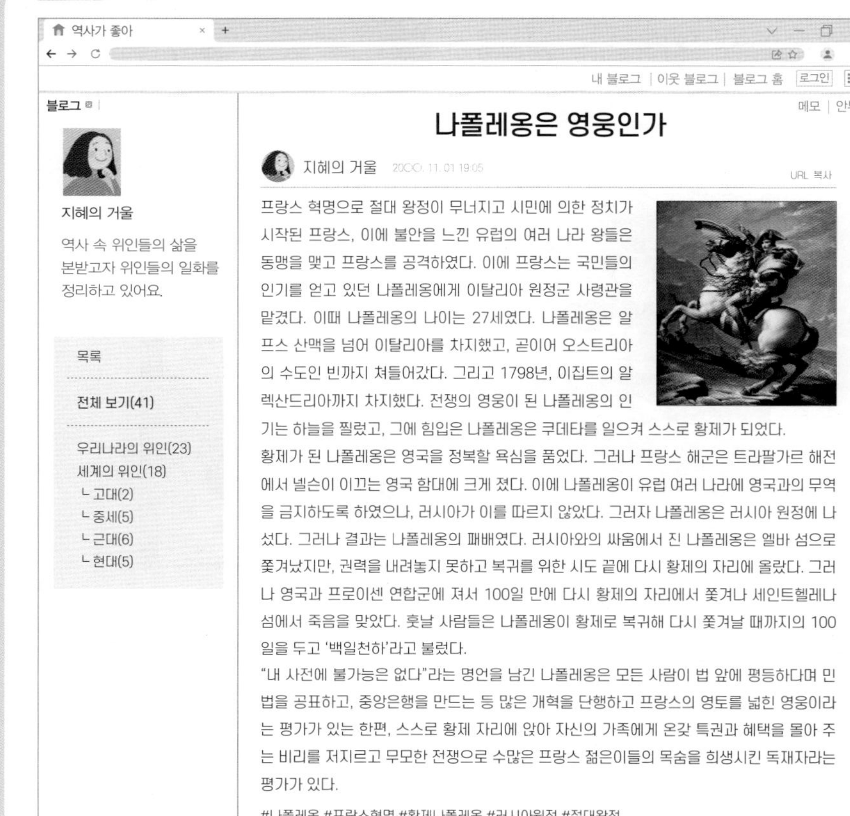

역사가 좋아

내 블로그 | 이웃 블로그 | 블로그 홈 로그인

블로그

지혜의 거울

역사 속 위인들의 삶을 본받고자 위인들의 일화를 정리하고 있어요.

목록

전체 보기(41)

우리나라의 위인(23)
세계의 위인(18)
ㄴ고대(2)
ㄴ중세(5)
ㄴ근대(6)
ㄴ현대(5)

메모 | 안부

나폴레옹은 영웅인가

지혜의 거울 20○○. 11. 01 19:05 URL 복사

프랑스 혁명으로 절대 왕정이 무너지고 시민에 의한 정치가 시작된 프랑스, 이에 불안을 느낀 유럽의 여러 나라 왕들은 동맹을 맺고 프랑스를 공격하였다. 이에 프랑스는 국민들의 인기를 얻고 있던 나폴레옹에게 이탈리아 원정군 사령관을 맡겼다. 이때 나폴레옹의 나이는 27세였다. 나폴레옹은 알프스 산맥을 넘어 이탈리아를 차지했고, 곧이어 오스트리아의 수도인 빈까지 쳐들어갔다. 그리고 1798년, 이집트의 알렉산드리아까지 차지했다. 전쟁의 영웅이 된 나폴레옹의 인기는 하늘을 찔렀고, 그에 힘입은 나폴레옹은 쿠데타를 일으켜 스스로 황제가 되었다.

황제가 된 나폴레옹은 영국을 정복할 욕심을 품었다. 그러나 프랑스 해군은 트라팔가르 해전에서 넬슨이 이끄는 영국 함대에 크게 졌다. 이에 나폴레옹이 유럽 여러 나라에 영국과의 무역을 금지하도록 하였으나, 러시아가 이를 따르지 않았다. 그러자 나폴레옹은 러시아 원정에 나섰다. 그러나 결과는 나폴레옹의 패배였다. 러시아와의 싸움에서 진 나폴레옹은 엘바 섬으로 쫓겨났지만, 권력을 내려놓지 못하고 복귀를 위한 시도 끝에 다시 황제의 자리에 올랐다. 그러나 영국과 프로이센 연합군에 져서 100일 만에 다시 황제의 자리에서 쫓겨나 세인트헬레나 섬에서 죽음을 맞았다. 훗날 사람들은 나폴레옹이 황제로 복귀해 다시 쫓겨날 때까지의 100일을 두고 '백일천하'라고 불렀다.

"내 사전에 불가능은 없다"라는 명언을 남긴 나폴레옹은 모든 사람이 법 앞에 평등하다며 민법을 공표하고, 중앙은행을 만드는 등 많은 개혁을 단행하고 프랑스의 영토를 넓힌 영웅이라는 평가가 있는 한편, 스스로 황제 자리에 앉아 자신의 가족에게 온갖 특권과 혜택을 몰아 주는 비리를 저지르고 무모한 전쟁으로 수많은 프랑스 젊은이들의 목숨을 희생시킨 독재자라는 평가가 있다.

#나폴레옹 #프랑스혁명 #황제나폴레옹 #러시아원정 #절대왕정

확인 이 내용이 담긴 디지털 매체는 블 로 그 이다.

2 주차

▶ 블로그를 읽고 나폴레옹이 최후를 맞이한 곳에 ○표를 하세요.

엘바 섬 | 알프스 산맥 | (세인트헬레나 섬)

해설 나폴레옹은 세인트헬레나 섬에서 죽음을 맞았습니다.

▶ 블로그를 읽고 알게 된 내용으로 옳은 것을 찾아 모두 ○표를 하세요.

나폴레옹은 27세의 나이에 이탈리아 원정군 사령관이 되었다.	○
나폴레옹이 황제로 복귀해 다시 쫓겨날 때까지의 3일을 두고 '삼일천하'라고 한다.	
넬슨이 이끄는 영국 함대에 크게 진 나폴레옹은 유럽 여러 나라에게 영국과의 무역을 금지시켰다.	○

해설 나폴레옹이 황제로 복귀해 다시 쫓겨날 때까지의 100일을 두고 '백일천하'라고 합니다.

활동 블로그를 읽고 나폴레옹에 대한 상반된 평가에 대해 나의 의견을 댓글에 써 보세요.

댓글

댓글 달기

예 혼란한 시기에 여러 주변 국가로부터 프랑스를 지킨 점에서는 영웅이라고 할 수 있지만, 주변의 여러 국가를 침략하는 과정에서 많은 생명이 희생된 점과 스스로 황제에 올라 권력을 내려놓지 않으려고 한 점에서는 독재자라고 할 수 있습니다.

1000자 이내 등록

해설 역사 속 상반된 평가에 대한 자신의 생각을 정리해서 써 봅니다.

프랑스 혁명 1789년부터 1794년에 걸쳐 일어난 프랑스의 시민혁명으로, 왕을 몰아내고 여러 사람의 합의를 통해 나라를 이끌어 가는 공화정을 이룩한 혁명이다. 부당한 세금 징수와 평민을 차별하는 신분 제도 때문에 고통받던 프랑스 시민들이 들고일어나 감옥을 습격하고 왕을 몰아내면서 시작되지만 시민들의 바람대로 혁명 후 곧바로 민주주의와 같은 새로운 정치 체계가 도입되지는 않았다.

3회 생활

■ 웹툰이 실린 인터넷 게시판을 읽고 자기 주도 학습 계획서 만들기

학습 계획하기

동재는 인터넷 학급 게시판에서 선생님께서 올린 웹툰 〈엄마 주도 학습〉을 보고 자기 주도 학습을 해야겠다고 생각했어요. 자기 주도 학습을 하기 위해 자기 주도 학습 계획서를 간단히 만들어 보세요.

○○ 중학교 학급 게시판

엄마 주도 학습

학교 끝나면 바로 집으로 와. 친구들하고 편의점 같은데 가지 말고. 오늘은 수학, 영어 학원 특강 들으러 가야 해.
네~

여러분은 이 웹툰을 보고 어떤 생각을 했나요? 여러분도 자기 자신이 아닌 남의 주도로 학습을 하고 있나요? 공부는 스스로 하는 것이 가장 중요합니다. 미래의 나를 위해 나의 공부는 스스로 생각하고 판단하여 내가 주도적으로 이끌어 나가 봅시다.

확인 이 내용이 담긴 디지털 매체는 웹툰이 실린 인터넷 [게][시][판]이다.

2 주차

▶ 웹툰에서 지수의 학습을 결정하는 사람은 누구인지 쓰세요. 답 엄마

해설 웹툰에서 엄마는 지수가 스스로 할 수 있는 일도 엄마가 모두 결정하고 있습니다.

▶ 선생님이 이 웹툰을 게시판에 올린 까닭에 ○표를 하세요.

자기 주도 학습을 하는 것이 중요하다는 것을 알리기 위해	○
부모님 말씀을 잘 들어야 한다는 것을 알려주기 위해	

해설 선생님은 스스로 생각하고 판단하는 자기 주도 학습을 하자고 말하고 있습니다.

활동 동재가 만든 자기 주도 학습 계획서를 보고 나만의 자기 주도 학습 계획서를 만들어 보세요.

동재의 자기 주도 학습계획서	나만의 자기 주도 학습계획서
• 무엇을 공부할 것인가? 수학 공부	• 무엇을 공부할 것인가? 예 국어
• 왜 공부하는가? 계산력이 부족해서	• 왜 공부하는가? 예 독해력을 키우려고
• 언제부터 할 것인가? 오늘부터 바로	• 언제부터 할 것인가? 예 지금
• 어떻게 공부할 것인가? 매일 10문항씩 계산력 문제를 푼다.	• 어떻게 공부할 것인가? 예 독해 문제를 20개씩 푼다.
• 달성 목표는? 30분에 계산력 문제 10문항 풀기	• 달성 목표는? 예 1달 동안 독해 문제집 1권 풀기

해설 나의 학습 계획을 스스로 생각하여 써 봅니다.

자기 주도 학습 | 자신의 공부를 스스로 판단하여 실행하는 것을 말한다. 하다 보면 시행착오가 생길 수 있지만 그것을 극복하는 것도 자기 주도 학습이라고 할 수 있다. 점차 스스로 할 수 있는 일을 늘려 나가면 공부에 대한 성취감과 자립심이 길러진다.

3회 문화

2 블로그를 읽고 마인드맵으로 정리하기

동지

해마다 음력 11월이 되면 일 년 중 밤이 가장 긴 날인 '동지'가 와요. '동지'는 한 해의 또 다른 시작으로 여러 가지 풍습이 전해집니다. 블로그 내용을 바탕으로 하여 '동지'에 대한 내용을 마인드맵으로 정리해 보세요.

도토리 공장 | 책, 책을 읽자

내 블로그 | 이웃 블로그 | 블로그 홈 | 로그인

블로그 | 메모 | 안부

책 읽는 도토리
#책 #재미 #기본_상식

+ 이웃 추가 | 채팅

목록
전체 보기(21)
궁금한 정보(14)
ㄴ생활(9)
ㄴ교과(2)
ㄴ상식(3)
재미있는 이야기(7)

우리나라의 세시 풍속_동지

책 읽는 도토리 20○○. 10. 09 17:33 | URL 복사 | + 이웃 추가

음력 11월, 이십사절기의 하나. 대설과 소한 사이이며, 일 년 중 낮이 가장 짧고 밤이 가장 길다.

한 해의 또 다른 시작이라는 뜻으로 흔히 동지를 '작은설'이라고 했어요. 또, 동지는 해가 다시 길어지기 시작하는 날이기 때문에 다음 해가 시작되는 날이라고 생각해 설날만큼 중요한 명절로 지켜 왔어요. 동짓날 서로 달력을 주고받는 풍습이 생긴 것도 이런 생각에서 온 것이에요. 이 생각은 오늘날에도 여전해서 "동지를 지나야 한 살 더 먹는다." 또는 "동지 팥죽을 먹어야 진짜 나이를 한 살 더 먹는다."라는 말이 남아 있어요.

동지에는 동지 팥죽을 먹는 풍습이 있어요. 팥을 고아 죽을 만들고 여기에 찹쌀로 단자를 만들어 넣어 끓이는데, 단자는 새알만 한 크기로 하기 때문에 새알심이라 불러요. 실제로 동지 팥죽에 찹쌀 새알심을 나이 수대로 넣어 먹었어요. 팥죽을 다 만들면 먼저 조상들께 올리고, 각 방과 마루, 장독, 헛간 같은 집안의 여러 곳에 놓아두었다가 식은 다음에 식구들이 모여서 먹었답니다. 집안 곳곳에 팥죽을 놓는 것은 집안에 있는 악귀를 모조리 쫓아낸다고 믿었기 때문이에요. 옛날 사람들은 붉은 팥에 질병과 못된 귀신을 쫓아내는 힘이 있다고 생각했어요. 이것은 팥의 붉은색이 악귀를 쫓는 데 효과가 있다고 생각해서랍니다. 그리고 동지 부적이라고 하여 못된 귀신을 쫓거나 복을 불러들이기 위해 종이에 글씨를 쓰거나 그림을 그려 넣은 부적을 벽이나 기둥에 붙이기도 했어요.

▲ 팥죽

#동지 #작은설 #팥죽 #풍습 #동지부적 #붉은색 #달력

확인 이 내용이 담긴 디지털 매체는 [블][로][그]이다.

2 주차

▶ 무엇에 대한 설명이 나타난 글인지 골라 ○표를 하세요.

우리나라의 세시 풍속인 동지에 대한 설명이 나타난 글	○
옛날 사람들이 붉은 팥을 심고 키우는 방법이 나타난 글	

해설 우리나라의 세시 풍속인 동지의 뜻과 유래, 하는 일 등이 나타난 글입니다.

▶ 이와 같은 매체를 활용하는 글을 쓸 때 주의할 점을 알맞게 말한 사람은 누구 누구인지 모두 써 보세요. 답 해인, 서준

선호: 내가 쓴 글은 나만 읽는다는 생각으로 써야 해.
민아: 인터넷 언어인 은어를 사용해서 친근하게 쓰면 돼.
해인: 사진이나 그림을 이용해서 써도 돼.
서준: 문장은 짧고 간결하게 쓰면 좋아.

해설 블로그에 글을 쓸 때에는 누구든지 보는 글이므로 올바른 언어를 사용하여 쓰는 게 좋습니다.

활동 우리나라의 세시 풍속인 동지를 마인드맵으로 정리하여 써 보세요.

동지
- 뜻: 한 해의 또다른 시작이라는 뜻으로, '작은설'이라고 부름.
- 특징: 예 • 한 해 중 낮이 가장 짧고 밤이 긴 날임. • 해가 다시 길어지기 시작하는 날로 여김.
- '붉은 팥'에 담긴 뜻: 예 • 질병을 쫓아냄. • 악귀를 쫓아냄.
- 풍습: • 팥죽 먹기 • 달력 주고받기 • 부적 붙이기

해설 글의 내용을 뜻, 특징, 풍습 등의 모습으로 나누어 핵심 내용을 간단하게 정리해 봅니다.

블로그에 글쓰기를 할 때 알아둘 것
- 문장은 짧고 간결하게 쓰는 것이 좋다.
- 인터넷 언어인 은어를 사용하지 않는다.
- 사진이나 그림을 이용하면서 쓸 수 있다.
- 내가 쓴 글을 누구든지 읽을 수 있다는 생각으로 올바른 언어를 쓰는 것이 좋다.

4회 과학

1 블로그를 읽고 전자 우편 쓰기

귀뚜라미와 반딧불이

가을의 전령사 귀뚜라미와 개똥벌레라고 알려져 있는 반딧불이는 모두 곤충이에요. 이 두 곤충은 각각 어떤 특징이 있는지 자세히 설명하고 있는 블로그 자료를 살펴보고 반딧불이를 소개하는 카드 내용과 전자 우편을 써 보세요.

나무와 숲

내 블로그 | 이웃 블로그 | 블로그 홈 | 로그인

블로그 | 메모 | 안부

귀뚜라미와 반딧불이

커다란 개미 2021. OO. OO 16:45 URL 복사

귀뚜라미

메뚜기목 귀뚜라미과의 곤충으로, 몸길이는 17~21mm임. _ 똑똑백과사전

▲ 가을의 전령사 귀뚜라미

몸 전체는 흑갈색이고 8~10월 사이 서늘한 가을밤 어둡고 습기 찬 돌밑이나 주택가 근처에서 볼 수 있는 귀뚜라미는 오래전 중국에서는 애완용으로도 키웠다고 합니다.

귀뚜라미는 변온 동물로 온도에 따라 활동성이 바뀌는데, 온도가 낮아질수록 대사 활동이 늦어지고 울음 반복 속도도 느려지기 때문에 기온이 낮아지면 울음소리도 잦아드는 것입니다. 가을 무렵 귀뚜라미 소리가 듣기 좋은 것은 기온이 내려가면서 울음 반복 속도가 듣기 좋게 살짝 느려지기 때문이라고도 합니다.

1897년 미국 과학자 아모스 돌베어는 '온도계 구실을 하는 귀뚜라미'라는 논문에서 귀뚜라미가 특정 시간에 몇 번 우는지 횟수를 센 다음 온도를 계산하는 방식으로 '돌베어 법칙'을 만들기도 했습니다. 특히 북아메리카 지역에 사는 흰나무 귀뚜라미는 기온 변화에 정확히 반응하여 울음소리를 낸다고 합니다. 그래서 귀뚜라미 울음소리로 기온을 알 수 있다고 합니다. 귀뚜라미는 수컷이 짝짓기를 위해 구애 행동을 할 때에 날개를 비벼 울음소리를 내는 것인데, 24℃를 전후에서 짝짓기를 가장 많이 하기 때문에 가장 아름다운 울음소리를 낸다고 합니다.

귀뚜라미가 1분 동안 운 횟수를 n
화씨온도를 F라 할 때,

귀뚜라미 우는 소리 횟수와 온도의 관계식

$$F = \frac{1}{4}(n + 160)$$

▲ 돌베어 법칙

확인 이 내용이 담긴 디지털 매체는 [블][로][그]이다.

정답과 해설 24쪽

2 주차

반딧불이

딱정벌레목 반딧불이과의 곤충으로, 개똥벌레라고도 하며 몸길이는 12~18mm임. _ 똑똑백과사전

▲ 어두운 숲에서 날아다니는 반딧불이

몸 전체는 검은색으로, 배쪽에 있는 노란 부분이 산소와 만나 빛을 내는 신기한 곤충입니다. 지구상에 약 2000여 종이 존재하며, 숲 속이나 하천을 끼고 있는 산기슭 등 음습한 곳에서 주로 서식을 합니다. 암컷이 이끼나 나무뿌리에 알을 낳으면 알에서 나온 애벌레는 다슬기나 달팽이를 먹이로 하여 15~20mm까지 자랍니다. 애벌레는 번데기를 거쳐 어른벌레인 반딧불이가 되어 빛을 내며 밤에 활동하기 시작합니다. 다 자란 반딧불이는 이슬을 먹고 살고 손톱만큼 작습니다. 크기는 암컷이 수컷보다 조금 더 큽니다.

반딧불이는 다른 곤충과 다른 큰 특징이 하나 있습니다. 바로 빛을 내는 것인데요, 반딧불이가 빛을 내는 까닭은 짝을 찾기 위해서라고 합니다. 반짝이는 줄이 두 개면 수컷이고 한 개면 암컷이랍니다. 예전에는 반딧불이가 지천으로 많다는 뜻에서 개똥벌레라고 불리기도 했는데, 요즘에는 환경 오염, 인공조명, 살충제 등의 원인으로 반딧불이를 잘 볼 수 없습니다. 우리나라에서는 전라북도 무주군 설천면 남대천 일대와 같이 환경이 아주 깨끗한 곳에서 볼 수 있으며 천연기념물로 지정하여 보호하고 있습니다.

▲ 빛을 내는 반딧불이

#귀뚜라미 #반딧불이 #곤충 #짝짓기 #빛을내는곤충 #온도 #암수 #천연기념물 #개똥벌레

반딧불이가 줄어드는 원인	• 급격한 도시화 개발로 인해 서식지가 줄어들었다. • 농약 사용이 많아지면서 물이 오염되어 물속에서 애벌레 생활을 하는 반딧불이의 개체 수가 줄어들었다. • 야행성인 반딧불이는 주로 밤에 활동하므로 암수 짝짓기를 하기 위해 불빛으로 신호를 하는데, 인공조명이 늘어나면서 반딧불이의 불빛 신호에 혼란을 주었다.

▶ 블로그의 내용을 모두 골라 ○표를 하세요.

귀뚜라미의 특징을 설명했다.	○
반딧불이가 줄어드는 원인이 나타나 있다.	○
귀뚜라미와 반딧불이의 먹이가 비슷한 까닭을 소개했다.	

해설 이 글은 귀뚜라미와 반딧불이의 특징을 소개한 블로그입니다. 먹이가 비슷하다는 내용은 나타나 있지 않습니다.

▶ 블로그의 주제와 관련된 내용을 검색하려고 합니다. 왼쪽의 귀뚜라미처럼 검색 키워드로 알맞은 것에 ○표를 하세요.

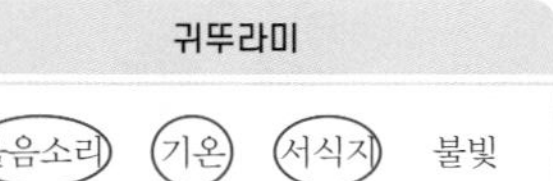

귀뚜라미	반딧불이
(울음소리) (기온) (서식지) 불빛	돌베어, (천연기념물), (빛), (개똥벌레)

해설 '불빛'은 반딧불이 관련 키워드이고, '돌베어'는 귀뚜라미 관련 키워드입니다.

▶ 블로그 댓글에서 친구들이 '반딧불이를 보호하기 위해 해야 할 일'에 대해 서로의 생각을 나누고 있어요. 나의 생각은 어떠한지 댓글을 써 보세요.

댓글

우진 농약을 많이 사용해서 수질 오염 때문에 반딧불이 애벌레들이 살기 힘들다고 해. ♥ 1

연주 그러니까 동물이 사람들과 어울려 살아갈 수 있도록 환경 오염이 되지 않게 노력해야 해. ♥ 1

상원 무주 남대천 일대뿐 아니라 많은 곳에서 반딧불이를 자주 볼 수 있으면 좋겠어. ♥ 1

예 반딧불이가 짝짓기를 할 수 있도록 반딧불이가 서식할 만한 곳 주변에 인공조명을 줄이면 좋겠어. ♡ 0

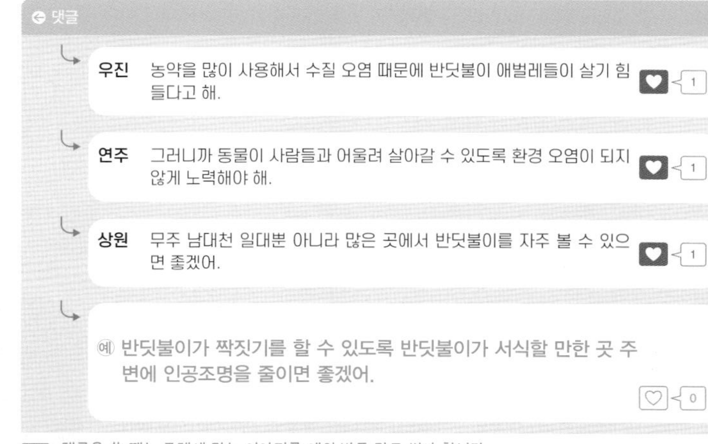

해설 댓글을 쓸 때는 주제에 맞는 이야기를 예의 바른 말로 써야 합니다.

2 주차

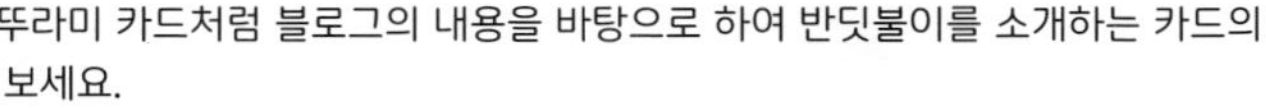

활동 1 귀뚜라미 카드처럼 블로그의 내용을 바탕으로 하여 반딧불이를 소개하는 카드의 내용을 써 보세요.

귀뚜라미
귀뚜라미과의 곤충으로 온도에 따라 활동성이 바뀌는 곤충이다. 가을 무렵 가장 듣기 좋은 울음소리를 낸다.

반딧불이
예 반딧불이과의 곤충으로 스스로 불빛을 내는 곤충이다. 전북 무주군 주변에 주로 살며 천연기념물이다.

해설 반딧불이의 핵심적인 특징을 간단하게 소개해 봅니다.

활동 2 환경 오염으로 서식지와 개체 수가 줄어들고 있는 반딧불이에게 전하고 싶은 말을 생각하여 전자 우편을 써 보세요.

받는 사람 반딧불이에게

제목 예 반짝이는 너희들을 보고 싶어

예 안녕? 잘 지내니?
환경 오염과 농약 사용, 인공조명 등으로 너희들의 서식지가 줄어들어서 나도 아쉽지만 너희는 더 슬플 것 같아. 친구들이 점점 줄어드는 거잖아.
사실 나는 반짝반짝 빛을 내며 날아다니는 너희들의 모습을 사진으로밖에 보지 못했어. 지금 무주에 가면 너희들이 날아다니며 반짝이는 모습을 볼 수 있니? 동물과 사람이 어우러져 자연스러운 모습으로 건강하게 생활하면 얼마나 좋을까? 반딧불이 친구들의 수가 더 이상 줄지 않고 점점 더 많아졌으면 좋겠어.

보내기

해설 반딧불이의 상황을 생각해 보고 하고 싶은 말이나 궁금한 점을 떠올려 전자 우편을 써 봅니다.

4회 사회

2 인터넷 뉴스를 읽고 제안하는 글 쓰기

어린이를 보호해요

집에 하나쯤 있는 축구공, 달콤하고 맛있는 초콜릿, 스마트폰 배터리에 꼭 필요한 물질인 코발트, 이것들 뒤에는 어린이들의 눈물이 숨겨져 있다는 걸 아시나요? 뉴스 내용을 바탕으로 어린이들이 더 이상 착취 당하지 않도록 제안하는 글을 써 보세요.

초록 신문

뉴스홈 | 최신기사

송고시간 | 20OO-12-04 15:47

성혜미 기자

스피드, 반발력, 정확도. 첨단 기술의 집약체인 축구공이 어떻게 만들어지는지 아십니까? 천 번이 넘는 손박음질로 오각형과 육각형 서른 두 조각을 실수없이 이어야 합니다. 외피를 만드는 과정은 100% 수작업으로 1,620회의 바느질을 해야 합니다. 전 세계인의 축제인 월드컵에 쓰이는 축구공의 70% 이상이 인도와 파키스탄에서 만들어지고 있고 어린이의 노동력에 의해 생산된다고 합니다.

하루종일 축구공 조각을 꿰맸더니 지문이 없어지고 나무처럼 손이 딱딱해졌지만, 10만 원도 넘게 팔리는 축구공 하나를 만들고 받는 돈은 150원 남짓입니다.

축구공뿐만이 아닙니다. 세계 은행에 따르면, 초콜릿 원료인 카카오 농장에서 일하는 어린이의 절반 이상이 말 그대로 입에 풀칠조차 힘든 아주 가난한 환경이라고 합니다. 문제는 빈곤한 농민들이 인건비를 줄이기 위해서 어린이를 싼 값에 고용할 수밖에 없다는 것입니다.

그리고 스마트폰 배터리에 꼭 필요한 코발트 채취를 위해 콩고민주공화국의 어린이들이 노동력을 착취당하고 있다는 사실이 알려져 충격을 주고 있습니다. 콩고민주공화국의 코발트 생산량은 전 세계 60% 정도로, 이를 위해 4만 명이 넘는 어린이들은 하루 12시간 이상 감독관의 폭언과 폭력에 시달리며 코발트 광산에서 일하는데요. 특히 한 대학의 분석 결과에 따르면 코발트 광산에서 일하는 사람들의 소변에서 기준치의 최대 43배가 넘는 코발트가 검출돼 어린이들의 건강마저 위협받고 있는 실정입니다.

이러한 강제적인 어린이 노동력 착취를 없애기 위해서는 무엇보다 지구촌의 관심과 동참이 필요합니다.

확인 이 내용이 담긴 디지털 매체는 [인][터][넷] [뉴][스]이다.

▶ 인터넷 뉴스를 통해 알게 된 내용으로 알맞은 것을 모두 골라 ○표를 하세요.

전 세계의 카카오 생산량	
월드컵에 쓰이는 축구공 중 인도와 파키스탄의 생산량 비중	○
콩고민주공화국의 코발트 생산량 비중	○

해설 월드컵에 쓰이는 축구공의 70% 이상이 인도와 파키스탄에서 만들어지고 있고, 콩고민주공화국의 코발트 생산량은 전 세계 60% 정도입니다. 전 세계의 카카오 생산량은 나타나 있지 않습니다.

▶ 인터넷 뉴스 중 '기자의 마무리'에 해당하는 내용의 기호를 쓰세요. 답 ㉯

㉮ 스피드, 반발력, 정확도. 첨단 기술의 집약체인 축구공이 어떻게 만들어지는지 아십니까?
㉯ 이러한 강제적인 어린이 노동력 착취를 없애기 위해서는 무엇보다 지구촌의 관심과 동참이 필요합니다.
㉰ 문제는 빈곤한 농민들이 인건비를 줄이기 위해서 어린이를 싼 값에 고용할 수밖에 없다는 것입니다.

해설 뉴스는 '기자의 도입-기자의 보도-기자의 마무리'로 구성됩니다. ㉮는 기자의 도입, ㉯는 기자의 마무리, ㉰는 기자의 보도에 해당합니다.

활동 인터넷 뉴스 내용을 바탕으로 하여 어린이들이 코발트 광산에서 일하지 않도록 해야 한다는 내용으로 제안하는 글을 써 보세요.

예 한창 학교에서 공부하거나 친구와 어울려 뛰어놀아야 할 어린이들이 하루의 반 이상을 일만 하며 지내며 건강마저 위협받고 있습니다. 어린이들의 노동력이 착취되고 있는 나라에서는 국가 차원에서 감시와 통제가 이루어지면 좋겠습니다. 어린이들이 일을 한다면 정당한 대가를 받으며 건강하게 할 수 있도록 어른들이 지켜주면 좋겠습니다.

해설 제안하는 글에는 문제 상황, 제안하는 내용, 제안하는 까닭이 드러나 있습니다. 제안하는 글을 쓸 때는 '~합시다', '~하면 좋겠습니다', '~하면 어떨까요?' 등의 표현을 사용하여 씁니다.

뉴스의 구성

- 기자의 도입: 뉴스의 핵심 내용을 안내한다.
- 기자의 보도: 보는 사람의 이해를 돕기 위해 일반 시민이나 전문가와의 면담, 통계 자료가 포함되기도 한다.
- 기자의 마무리: 전체 내용을 요약하거나 핵심 내용을 강조, 앞으로의 전망을 쓴다.

1 인터넷 백과사전을 읽고 바코드와 QR 코드 비교하기

5회 과학

바코드의 비밀

흰 바탕에 검은 막대로 나타낸 바코드는 무엇을 의미하는 것일까요? 바코드의 모양 바로 밑에는 13개의 숫자가 나열되어 있습니다. 인터넷 백과사전을 통해 그 숫자에 담긴 비밀을 알아보고 바코드와 QR 코드의 특징을 비교해 보세요.

ⓔ 똑똑백과사전 사전 소개 | 연표

바코드의 비밀

우리 주변의 물건에서 쉽게 찾을 수 있는 흰색 바탕에 여러 줄의 검은색 막대, 무엇을 말하는 것일까요? 바로 바코드입니다. 바코드를 읽어들이는 기계를 바코드에 대면 '삑'하고 소리가 나면서 계산대 모니터에 상품 가격이 뜹니다. 바코드 덕분에 복잡한 데이터를 입력할 필요가 없는 것입니다. 이는 0과 1로 정보를 표현하는 컴퓨터가 잘 읽을 수 있도록 상품의 여러 정보를 흰색 바탕에 검은색 막대로 표현한 것입니다. 그럼 바코드 밑에 나열된 숫자들에도 무언가 의미가 있겠지요? 가끔 물건을 살 때 바코드가 잘 읽히지 않아 결국 키보드로 숫자를 입력하는 경우를 본 적이 있을 것입니다. 이 숫자는 사람이 바코드를 읽을 수 있게 써 둔 것입니다.

바코드의 13개의 숫자들 중 가장 앞의 세 개는 제조 국가, 즉 '대한민국 880'과 같이 나라마다 고유의 번호가 있는데 그것을 의미합니다. 두 번째 네 개의 숫자는 제조업자, 세 번째 다섯 개의 숫자는 상품을 나타내는 고유 번호, 그리고 마지막 한 개 숫자는 앞의 숫자들이 맞는지 검증하는 체크 숫자입니다. 그러니까 마지막의 숫자는 앞의 숫자들에 의해 결정되는 셈입니다.

▲ 바코드에 숨은 방정식

바코드의 숫자의 검증은 홀수 번째 자리에 있는 수들을 더하고, 짝수 번째 있는 수들은 세 배를 해서 더한 합이 10의 배수가 되도록 하면 됩니다. 어찌 보면 복잡해 보이지만 방정식을 사용하여 계산해 보면 간단합니다. 바로 위의 그림과 같이 일차방정식의 계산이 바코드 숫자에 숨겨진 비밀입니다.

확인 이 내용이 담긴 디지털 매체는 인터넷 [백][과][사][전]이다.

2 주차

▶ 인터넷 백과 사전을 통해 알게 된 내용으로 알맞은 것을 골라 ○표를 하세요.

- 바코드를 만든 사람과 비밀 [ ]
- 바코드에 숨은 일차방정식의 비밀 [○]

해설 인터넷 백과사전에는 바코드에 숨은 일차방정식의 비밀에 대한 내용이 나타나 있습니다.

▶ 바코드에 들어 있는 정보를 알맞게 말한 친구는 누구누구인지 이름을 쓰세요. 답 영진, 재호

영진: 제조 국가와 제조업자를 알 수 있어.
선우: 물건을 만든 사람이 누구인지 알 수 있어.
재호: 어떤 상품인지 고유 번호를 통해 알 수 있지.

해설 바코드 13개의 숫자들 중 제일 앞 세 개는 제조 국가, 두 번째 네 개의 숫자는 제조업자, 세 번째 다섯 개의 숫자는 상품을 나타내는 고유 번호이고 마지막 한 자리는 바코드 숫자를 검증하는 체크 숫자입니다.

활동 인터넷 백과사전에서 찾은 내용을 바탕으로 하여, 바코드와 QR 코드를 비교하여 공통점과 차이점을 정리해 보세요.

바코드	공통점	QR 코드
예 • 흰색 바탕에 검은색 막대. • 상품에 대한 정보를 담고 있음.	정보가 담겨 있음.	• 격자 무늬임. • 그림, 사진 더 많은 정보를 담고 있음.

해설 바코드와 QR 코드는 둘다 정보를 담고 있다는 공통점이 있지만 모양과 구조, 그리고 담아낼 수 있는 정보의 내용이 다릅니다.

QR 코드 알아보기 정보를 나타내는 2차원 바코드인 QR 코드는 격자 무늬로 되어 있다. 일반 바코드는 한쪽 방향, 즉 1차원적으로 숫자 또는 문자 정보가 저장 가능한 반면, QR 코드는 가로 세로 2차원 형태로 그림, 사진, 지도 등 많은 정보를 담을 수 있다. 요즈음에는 학습에도 이용되어 QR 코드를 찍으면 문제 풀이 동영상이 나오는 형태로 활용된다.

2 뉴스 방송 대본과 인터넷 뉴스를 보고 실천 방법 정리하기

청소년의 스마트폰 과의존 위험

뉴스 방송 대본과 인터넷 뉴스에 청소년의 스마트폰 과의존 위험에 관한 기사가 소개되었어요. 뉴스 방송 대본과 인터넷 뉴스를 통해 스마트폰 과의존 현상에 대해 알아보고, 이것을 예방하기 위한 실천 방법을 정리해 보세요.

여러분은 혹시 스몸비라는 말을 들어본 적 있나요? 스마트폰을 계속 들여다보며 길을 걷는 모습이 '좀비' 같다는 데서 '스마트폰 좀비'라는 말이 나오고, 이를 더 줄여서 '스몸비'라는 신조어가 나왔다고 합니다. 오늘은 청소년의 스마트폰 중독 실태와 대안에 대해 정보통신부 연구원을 모시고 이야기를 나누어 보겠습니다. 안녕하세요. 연구원님, 스마트 중독 문제 정말 심각하지요?

정보통신부 연구원: 네. 현대 사회에서 스마트폰은 신체의 일부가 되었다고 할 정도로 일상에서 없어서는 안될 도구가 되었죠. 하지만 말씀하신 대로 스몸비라는 신조어가 생길 정도로 전 세계에서 스마트폰 과의존이 심각한 사회 문제가 되고 있습니다. 2020년에 발표한 한국 인터넷 백서에 따르면 지난해 10대 청소년의 인터넷 동영상 서비스 주 평균 이용 시간은 7~9시간으로 2019년에 비해 3.1시간 이상 증가한 것으로 나타났습니다. 또 과학기술정보통신부의 '2020년 스마트폰 과의존 실태조사'에 따르면 만10~19세 청소년의 과의존 위험군이 35.8%로 나타나 청소년의 스마트폰 과의존에 대한 우려가 커지고 있습니다.

아나운서: 청소년의 스마트폰 과의존, 대체 어떤 문제들을 불러옵니까?

정보통신부 연구원: 가장 큰 문제는 뇌에 휴식을 주지 못한다는 점입니다. 스마트폰은 뇌의 특정 부분만 자극해 감정 조절 능력이나 집중력, 판단력 등의 발달을 어렵게 합니다. 또 과도한 사용으로 수면 부족을 불러와 학습 능력을 떨어뜨리고, 우울감이나 불안감이 증가해 또래와 원만한 관계를 맺는 데 어려움을 보이는 경우도 있습니다.

아나운서: 그렇다면, 이에 대한 대책이라던가, 대안은 없을까요?

정보통신부 연구원: 가정에서 건전한 스마트폰 이용 방법에 대해 이야기를 나누는 것이 중요합니다. 가상이 아닌 실제 생활에서 교류와 성취감을 느낄 수 있는 놀이나 프로그램 등을 접하는 것도 좋습니다. 또 스마트폰 과의존으로 인한 어려움을 상담하고 예방 교육을 실시하는 기관도 있으니 이런 기관의 도움을 받는 것도 좋은 방법이지요.

아나운서: 네, 지금까지 스마트폰 중독 실태와 대안에 대한 말씀 감사합니다.

확인 이 내용이 담긴 디지털 매체는 텔레비전 뉴스와 인터넷 [뉴][스]이다.

NEWS | HOT뉴스 | 정치 | 스포츠 | TV 연예 | 날씨

스마트폰 중독, 청소년에게 왜 위험할까?

김지예 기자 입력 20○○.07.09 11:54

코로나19 팬데믹으로 인한 온라인 수업의 증가는 초중고생들에게 스마트폰 과의존을 초래하다.

우리나라에서 초중고생 스마트폰 사용에 대한 우려와 통제 필요성 제기는 2014년부터 본격화됐습니다. 당시 대한소아청소년의학회가 정신건강의학과 전문의들을 대상으로 아동·청소년들의 스마트폰 사용에 대한 의견을 물어본 결과 응답자의 대부분이 아동과 청소년의 스마트폰 사용 연령 제한이 필요하다고 답했습니다. 사용 제한이 필요한 이유로는 자기 조절 능력 부족과 통제력 부족 등을 꼽았습니다. 또 많이 사용했을 때 발생할 수 있는 문제로 중독 위험, 위험 상황 노출 등을 말했습니다.

이와 관련된 연구로 미국의 심리학자 진 트웬지 교수는 소셜미디어와 스마트폰의 영향을 받고 자란 세대 50만 명을 5년간 추적 연구한 결과, 스마트폰 사용시간이 1시간 미만인 청소년과 비교해 하루에 3시간 이상 스마트폰을 사용하는 청소년은 절망과 자살 충동을 느낄 가능성이 30퍼센트 이상 높았다는 연구 결과를 발표하기도 했습니다.

세계보건기구(WHO)도 2019년 어린이의 스마트폰 사용과 관련한 길잡이를 발표했습니다. 2~4세 어린이는 하루 1시간 이상 스마트폰 등 전자기기 화면을 계속해서 봐서는 안 되고, 1세 이하는 전자기기 화면에 노출되는 일이 없도록 해야 한다는 것입니다. 세계보건기구는 적절한 신체적 활동과 충분한 수면이 보장돼야 비만과 각종 질병을 예방하고 건전한 습관을 익힐 수 있다고 강조했습니다.

마지막으로 스마트폰 과의존을 이겨내는 방법을 소개합니다.

1. 스마트폰 사용 시간을 기록하기
2. 사용 시간 제한 설정하기
3. SNS 팔로우 수를 줄이기
4. 자투리 시간에 할 수 있는 습관 만들기
5. 스마트폰 사용 금지 구역 만들기
6. 스마트폰 알림은 최소한으로 하기
7. 잘 때 스마트폰은 다른 방에 두기

자기자신에게 알맞은 방법을 적용하여 적정 사용 시간을 지킬 수 있도록하는 노력이 필요합니다.

청소년의 스마트폰 과의존 증상	• 스마트폰이 없거나 사용할 수 없을 때 매우 불안하다. • 스마트폰 사용으로 계획한 일을 제때 하지 못할 때가 많다. • 스마트폰 사용 시간이나 빈도를 스스로 조절할 수 없다.

▶ 두 매체의 뉴스는 무엇에 대한 정보를 담고 있는지 알맞은 것에 모두 ○표를 하세요.

스마트폰 과의존의 문제점	○
스마트폰의 종류와 유용성	
스마트폰 과의존의 해결 방법	○

해설 텔레비전과 인터넷 뉴스는 스마트폰 과의존의 문제점과 스마트폰 과의존의 해결 방법에 대해 말하고 있습니다.

▶ 두 매체의 뉴스의 내용으로 알맞지 않은 것의 기호를 쓰세요. 답 ㉣

㉮ 스마트폰의 가장 큰 문제는 뇌에 휴식을 주지 못한다는 것이다.
㉯ 스마트폰의 과도한 사용은 수면 부족을 불러와 우울감이 증가한다.
㉰ 스마트폰 사용 시간을 기록해 보면 스마트폰 과의존을 줄이는 데 도움이 된다.
㉱ 스마트폰 과의존을 줄이려면 스마트폰 게임을 오랜 시간 동안 즐겁게 해야 한다.

해설 가상이 아닌 실제 상황에서 성취감을 느낄 수 있는 놀이를 하면 스마트폰 과의존에서 벗어나는 데에 도움이 됩니다.

활동 1 뉴스 방송 대본을 참고하여 빈칸에 알맞은 말을 써 보세요.

스마트폰 과의존 추세로 생겨난 신조어

스마트폰을 들여다보며 길을 걷는 모습이 '(좀비)' 같다. → 스마트폰 (좀비) → 스몸비

해설 텔레비전 뉴스 도입부에서 다룬 내용입니다.

활동 2 뉴스를 통해 알 수 있는 스마트폰 과의존의 문제점을 읽고 해결 방안을 찾아 써 보세요.

가장 큰 문제는 뇌에 휴식을 주지 못한다는 점이다. 스마트폰은 뇌의 특정 부분만 자극해 감정 조절 능력이나 집중력, 판단력 등의 발달을 어렵게 한다. 또 과도한 사용으로 수면 부족을 불러와 학습 능력을 떨어뜨리고, 우울감이나 불안감이 증가해 또래와 원만한 관계를 맺는 데 어려움을 보이는 경우도 있다.

해결 방법	예 스마트폰 사용 시간을 기록하기 사용 시간 제한 설정하기 SNS 팔로우 수를 줄이기 자투리 시간에 할 수 있는 습관을 만들기 스마트폰 사용 금지 구역 만들기 스마트폰 알림은 최소한으로 하기 잘 때 스마트폰은 다른 방에 두기

해설 뉴스 대본을 읽고 스마트폰 과의존에 대한 해결 방법을 찾아 써 봅니다.

활동 3 스마트폰 과의존이나 중독을 예방하기 위해 실천할 수 있는 방법을 생각하여 정리해 보세요.

건전한 스마트폰 이용 방법	• 하루 사용 시간을 정해 놓고 쓴다. • 예 대화를 할 때에는 스마트폰을 보지않고 대화에 집중한다. • 예 꼭 필요한 스마트폰을 사용한다.
실생활에서 성취와 교류감을 높이는 방법	• SNS 사용 시간과 빈도를 줄인다. • 예 가족과 마주 보고 대화하는 시간을 늘인다. • 예 친구와 함께하는 놀이를 자주 한다.

해설 스마트폰을 건전하게 사용하기 위해서는 사용 시간, 범위 등을 정하고, 실생활에서 가족이나 친구와 할 수 있는 활동, 개인의 여가 활동을 늘립니다.

확인 문제 »

I 다음의 매체는 무엇인가요? (②)

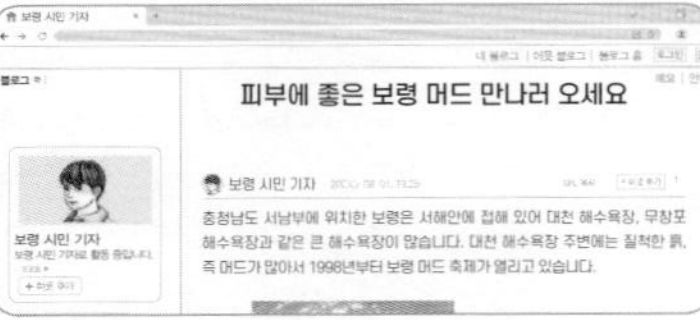

① 카드뉴스
② 블로그
③ 인터넷 뉴스
④ 인터넷 게시판
⑤ 인터넷 백과사전

해설 블로그에서 찾은 자료입니다.

2 다음 매체를 알맞게 읽지 않은 친구의 이름을 쓰세요.

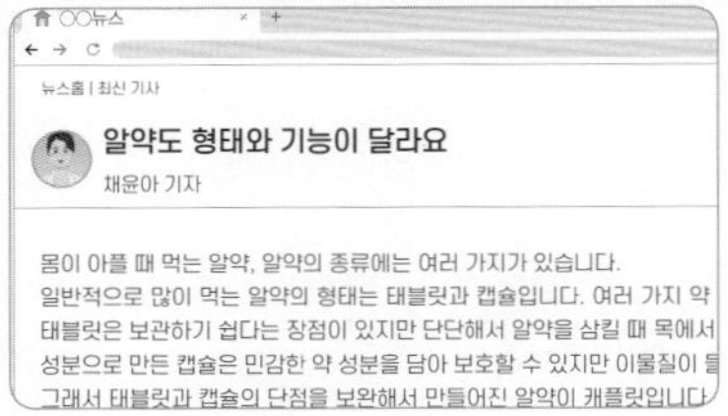

알약도 형태와 기능이 달라요

채윤아 기자

몸이 아플 때 먹는 알약, 알약의 종류에는 여러 가지가 있습니다.
일반적으로 많이 먹는 알약의 형태는 태블릿과 캡슐입니다. 여러 가지 약
태블릿은 보관하기 쉽다는 장점이 있지만 단단해서 알약을 삼킬 때 목에서
성분으로 만든 캡슐은 민감한 약 성분을 담아 보호할 수 있지만 이물질이 들
그래서 태블릿과 캡슐의 단점을 보완해서 만들어진 알약이 캐플릿입니다.

우식: 채윤아 기자가 쓴 인터넷 뉴스이다.
다미: 기사를 입력한 날짜와 시간을 알 수 없다.
재웅: 알약의 여러 가지 형태와 기능에 대한 내용의 기사이다.

(다미)

해설 인터넷 뉴스는 기사를 입력한 날짜와 시간을 알 수 있습니다.

3 다음은 블로그의 일부를 발췌한 것입니다. 누구에 대한 설명인지 이름을 쓰세요.

모든 사람이 법 앞에 평등하다며 민법을 공표하고, 중앙은행을 만드는 등 많은 개혁을 단행하고 프랑스의 영토를 넓힌 영웅이라는 평가가 있는 한편, 스스로 황제 자리에 앉아 자신의 가족에게 온갖 특권과 혜택을 몰아 주는 비리를 저지르고 무모한 전쟁으로 수많은 프랑스 젊은이들의 목숨을 희생시킨 독재자라는 평가가 있다.

(나폴레옹)

해설 나폴레옹은 프랑스의 전쟁 영웅이지만 많은 전투로 인하여 너무나 많은 생명이 희생되어 그 평가가 엇갈리고 있습니다.

4 블로그에서 다음과 같은 키워드를 가진 글을 읽어 보았습니다. 관련 있는 우리나라의 세시 풍속은 무엇인가요? (④)

#작은설 #팥죽 #동지부적 #붉은색

① 설 ② 단오 ③ 추석 ④ 동지 ⑤ 정월 대보름

해설 동지는 해가 다시 길어지기 시작하는 날이기 때문에 다음 해가 시작되는 날이라고 생각해 작은설로 불리고 팥죽을 먹는 풍습이 있습니다.

확인 문제 »

5 웹툰을 읽고 웹툰 속 지수에게 필요한 학습 태도로 알맞은 것의 기호를 쓰세요.

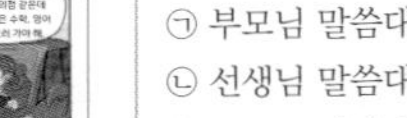

㉠ 부모님 말씀대로 학습하기
㉡ 선생님 말씀대로 학습하기
㉢ 스스로 판단하여 자기 주도 학습하기

(㉢)

해설 웹툰 속 지수는 엄마 주도 학습을 하고 있습니다. 때문에 자기 주도 학습이 필요합니다.

6 다음은 블로그의 일부를 발췌한 것입니다. 글에서 알 수 있는 반딧불이가 다른 곤충과 다른 특징은 무엇인지 쓰세요.

반딧불이는 다른 곤충과 다른 큰 특징이 하나 있습니다. 바로 빛을 내는 것인데요, 반딧불이가 빛을 내는 까닭은 짝을 찾기 위해서라고 합니다. 반짝이는 줄이 두 개면 수컷이고 한 개면 암컷이랍니다.

(예 다른 곤충과는 달리 빛을 낸다. / 짝기 위해 빛을 낸다.)

해설 반딧불이의 특징을 찾아봅니다.

7 인터넷 백과사전에서 알 수 있는 바코드에 대한 설명으로 옳지 않은 것을 모두 고르세요. (③, ⑤)

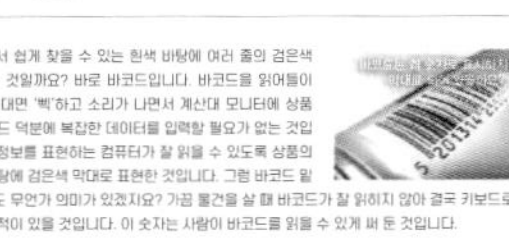

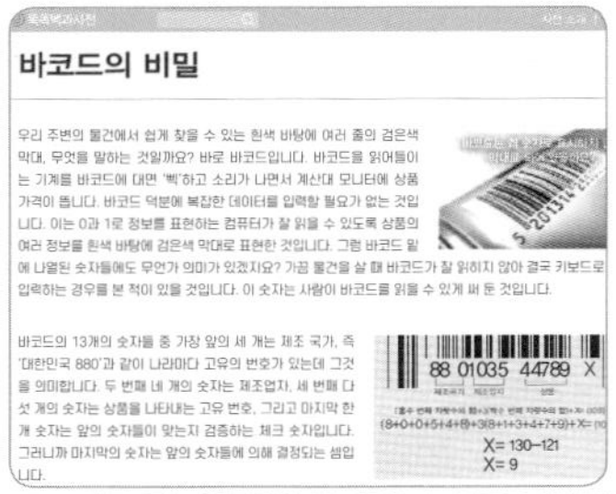

① 바코드로 제조 국가를 알 수 있다.
② 바코드로 제조업자를 알 수 있다.
③ 제품과 관련된 동영상을 볼 수 있다.
④ 바코드는 검은 막대와 흰 막대로 나타낸다.
⑤ 물건의 제조일자를 알 수 있다.

해설 바코드는 컴퓨터가 잘 읽을 수 있도록 흰색 바탕에 검은색 막대로 표현한 것으로 제조 국가, 제조업자, 상품을 나타내는 고유 번호 그리고 앞의 숫자들이 맞는지 검증하는 체크 숫자로 이루어져 있습니다.

3 주차

정답과 해설

3 주차

1회 1 거주 지역의 관광지화
2 감염병 극복의 역사

2회 1 새로운 경제 모델, 공유 경제
2 거북을 키워요

3회 1 내 마음속의 양심
2 시청 소감을 남겨요

4회 1 감정까지 읽는 인공 지능 스피커
2 한옥의 과학적 난방

5회 1 건강하게 먹어요
2 콩쥐와 신데렐라의 비슷한 점과 다른 점

1 주차

1회 1 사이좋게 지내자
2 매미가 살아남는 법

2회 1 사랑해, 우리말
2 학교 내 휴대 전화 사용 금지

3회 1 내가 만드는 맛집 지도
2 비둘기에게 먹이를 주지 마세요

4회 1 오늘도 비, 내일도 비
2 아동을 위해, 아동과 함께

5회 1 개인 정보 내 손으로 지켜요
2 진짜와 가짜를 구분하는 능력

2 주차

1회 1 우리 학교를 소개합니다
2 보령 머드 축제

2회 1 알약의 여러 종류
2 나폴레옹 되짚어보기

3회 1 학습 계획하기
2 동지

4회 1 귀뚜라미와 반딧불이
2 어린이를 보호해요

5회 1 바코드의 비밀
2 청소년의 스마트폰 과의존 위험

4 주차

1회 1 아빠와 나는 K-팝 사랑꾼
2 세계의 음식, 크루아상

2회 1 키오스크의 장점과 단점
2 수소가 도시를 바꾼다

3회 1 타지마할
2 어느 것을 고를까요?

4회 1 독서 동아리 회원을 모집해요
2 교사가 궁금해요

5회 1 지하철역에 나타난 슈퍼맨
2 밥버거 만들기

1회 사회

■1 뉴스 방송 대본을 읽고 인터넷 게시판에 글 쓰기

거주 지역의 관광지화

지역을 대표하는 장소가 될 초고층 빌딩 건설 재추진을 앞두고 주민들과 환경 단체 사이에 많은 이견 차를 보이고 있어요. 관련한 텔레비전 뉴스 방송 대본을 읽고 이 건물을 지을 경우 문제점이 무엇일지 생각하여 인터넷 게시판에 글을 써 보세요.

다음 뉴스입니다. ○○도 ○○시에서 10년 동안 계획한 지역을 대표할 건설 사업이었죠? 150층 초고층 빌딩 건설 재추진을 앞두고 있다고 합니다. 이 소식은 김준서 기자가 취재했습니다.

기자: 『이곳은 ○○도 ○○시에서 우리나라 초고층 빌딩이 위치할 자리로 선정한 곳입니다. 이곳에 건립하려다가 중단됐던 150층 규모의 ○○ 타워가 이곳 주민들의 강력한 요구를 반영하여 재추진될 것으로 알려지자, 환경 단체들이 안전 및 환경을 우려하며 반대하고 나섰습니다. 이에 주민들은 이 타워가 건설될 경우 이곳이 지역을 대표하는 유명 장소가 되어 지역 경제 활성화에 도움을 준다고 주장하고 있습니다.

지역 주민(인터뷰): ○○ 타워가 건설된다면 최고의 관광 자원이자, 우리 지역의 위상을 높여 줄 거예요.

기자: 하지만 환경 단체들은 안전성 및 기후 위기 등을 이유로 초고층인 ○○ 타워 건설을 중단해야 한다는 입장을 고수하고 있습니다.

환경 단체(인터뷰): 초고층 건물은 재난 및 안전에 취약하고 막대한 에너지를 소비하며 대량의 탄소를 배출하게 되어서 환경에 악영향을 끼칠 것입니다.』

기자: 지역 주민과 환경 단체의 팽팽한 의견 대립은 좀처럼 좁혀지지 않는 평행선을 걷고 있지만, ○○도 ○○시에서는 주민들은 계획대로 ○○ 타워 재추진을 밀어붙일 전망입니다. 지역 관광지화로 지역 경제를 살리는 것이 우선인지, 환경을 지키는 것이 우선인지 어느 쪽이 공공의 이익을 위하는 것인지 우리 모두 생각해 봐야 할 문제입니다. ETS 뉴스 김준서 기자였습니다.

확인 이 내용이 담긴 디지털 매체는 텔레비전 [뉴][스]이다.

▶ 뉴스 방송 대본을 읽고 알게 된 내용으로 알맞은 것에 모두 ○표를 하세요.

○○ 타워가 건설될 경우 지역이 관광지가 되어 지역 경제 활성화에 도움을 줄 것이다.	○
○○ 타워가 건설될 경우 막대한 탄소를 배출하여 환경에 문제를 끼칠 것이다.	○
○○ 타워는 ○○도 ○○시 주민뿐 아니라 전 국민이 염원하는 우리나라 대표의 초고층 빌딩이 될 것이다.	

해설 ○○ 타워는 ○○도 ○○시 주민들이 강력하게 바라는 지역을 대표하는 초고층 빌딩입니다.

▶ 다음 빈칸에 알맞은 말에 ○표를 하세요.

뉴스 방송 대본에서 『 』부분은 (진행자의 도입 , (기자의 보도) , 기자의 마무리)에 해당한다.

해설 『 』부분은 충분한 정보를 제공하기 위해서 인터뷰한 내용이나 관련 자료가 나타나는 '기자의 보도'에 해당합니다.

활동 초고층 건물을 지을 경우 어떤 문제점이 발생할지 생각하여 반대하는 입장이 되어 인터넷 게시판에 글을 써 보세요.

자유 게시판

예 ○○ 타워가 건설되면 일조권 침해가 생깁니다 인쇄

등록일: 20○○.9.13 | 조회: 0

예 저는 이 지역에서 10년째 거주 중인 ○○○입니다. 지금 재추진 중인 ○○ 타워가 만약 건설된다면 저희 집에 들어오던 태양빛을 가리게 되어 일조권에 침해가 생깁니다. 저는 이와 같은 이유로 이곳 주민이지만 ○○ 타워 건설을 반대하는 입장입니다.

해설 내가 지역주민이 되어 반대하는 이유를 정리하여 의견을 써 봅니다.

뉴스 기사를 쓸 때 주의할 점

- 기사가 공공의 이익을 위하는 것인지 파악해야 한다.
- 명예 훼손이나 개인 사생활을 침해해서는 안 된다.
- 의도가 좋아도 취재 과정이 정당하지 못하면 인정받지 못한다.

1회 역사

2 블로그를 읽고 감염병 연표 만들기

감염병 극복의 역사

그동안 인류를 괴롭혔던 수많은 감염병을 블로그를 통해 알아보았어요. 우리 인류를 괴롭혔던 감염병의 종류를 알아보고 그 감염병을 어떻게 극복했는지 살펴보았어요. 블로그 정리하여 감염병 연표를 완성해 보세요.

나의 창고 | 역사세상

내 블로그 | 이웃 블로그 | 블로그 홈 | 로그인

블로그 | 메모 | 안부

척척박사

사소한 것도 모아두는 창고

프로필 ▸

+ 이웃 추가

목록

전체 보기(39)

상식도 척척(8)
과학도 척척(11)
요리도 척척(10)
ㄴ한식(5)
ㄴ중식(2)
ㄴ일식(3)

감염병을 극복한 인류의 역사

척척박사 20○○. 12. 29. 17:33 URL 복사

전 세계를 두려움에 떨게 한 감염병 코로나19. 하지만 이전에도 인류는 수많은 감염병을 겪고 극복해 왔습니다. 감염병 극복의 역사를 알아보겠습니다.

흑사병_쥐에 기생하는 벼룩에 의해 페스트균이 옮겨져 발생하는 병입니다. 14세기 약 100년 동안 유럽 인구의 1/3을 사망에 이르게 하였습니다. 흑사병의 폭발적인 증가 원인은 비위생적인 환경이었는데, 그 후 위생 관념이 생기면서 극복했습니다.

콜레라_1800년대 약 100년간 전 세계를 휩쓴 감염병입니다. 콜레라균에 오염된 물이 근본적인 원인입니다. 상하수도 시스템을 분리하고 공중위생 개선을 위해 노력한 결과 극복할 수 있었습니다.

천연두_1900년대 이후 전 세계에서 3억~5억 명 사망한 두창 바이러스에 의한 감염병입니다. 1798년 영국 의사 에드워드 제너가 종두법을 개발하여 시행한 덕분에 예방과 치료가 가능해졌습니다. 1980년 세계보건기구(WHO)에서 천연두 종식을 선언하였습니다.

스페인 독감_제1차 세계대전 이후 유행하기 시작한 인플루엔자 바이러스에 의한 감염병으로 미국에서 퍼졌습니다. 전쟁 당시 중립국이었던 스페인의 보도를 통해 알려져 스페인 독감으로 이름 지어졌습니다. 사회적 거리두기를 시행하여 극복할 수 있었습니다.

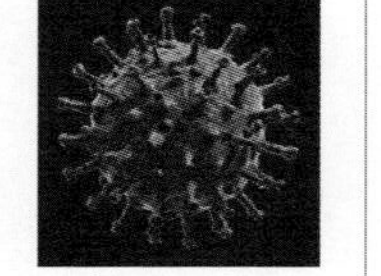

▲ 코로나19 바이러스

코로나19_현재 전 세계에서 유행 중이며 2021년 12월 기준 전 세계 사망자는 약 540만 명이나 됩니다. 개인위생 관리와 사회적 거리두기, 백신 개발 등으로 극복할 수 있을 것입니다.

확인 이 내용이 담긴 디지털 매체는 [블] [로] [그]이다.

3 주차

▶ 블로그를 읽고 알게 된 인류를 괴롭혔던 감염병이 아닌 것을 골라 ○표를 하세요.

흑사병 | 콜레라 | (타박상) | 스페인 독감

해설 감염병은 병원체에 의해 감염되어 발병하는 질환입니다.

▶ 블로그를 읽고 알게 된 감염병과 극복한 방법을 선으로 이으세요.

콜레라 — 상하수도 시스템 분리

스페인 독감 — 사회적 거리두기

해설 콜레라는 콜레라균에 오염된 물이 원인으로, 상하수도 시스템을 분리하는 등의 노력으로 극복했고, 스페인 독감은 사회적 거리두기 실천으로 극복할 수 있었습니다.

활동 블로그의 내용을 바탕으로 인류를 괴롭혔던 감염병 연표를 완성해 보세요.

감염병	발병 시기	원인	극복을 위한 노력
흑사병	14세기	쥐에 기생하는 벼룩에 의해 페스트균이 옮겨져 발생	위생 관념이 생기면서 극복함.
콜레라	1800년대	예 콜레라균에 오염된 물	상하수도 시스템을 분리하고 공중위생 개선을 위해 노력함.
천연두	1900년대	두창 바이러스	우두법을 개발하여 시행함.
스페인 독감	제1차 세계대전 이후	인플루엔자 바이러스	예 사회적 거리두기를 실천함.

해설 블로그 내용을 보고 연도순에 따라 내용을 정리해 봅니다.

감염병 예방을 위한 행동 수칙

- 비누로 30초 이상 꼼꼼하게 손을 씻는다.
- 기침할 때는 옷소매로 가린다.
- 안전한 물과 익힌 음식을 먹는다.
- 감기 등이 유행할 때는 마스크를 쓰고 다닌다.

2회 사회

■ 카드 뉴스를 읽고 아이디어 쓰기

새로운 경제 모델, 공유 경제

물건이나 서비스를 여럿이 공유해 사용하는 공유 경제가 새로운 경제 모델로 확산되고 있어요. 공유 경제의 사례가 담긴 카드 뉴스를 읽고 공유하면 좋을 물건이나 서비스를 그 이유와 함께 써 보세요.

자동차 공유 서비스
'운행되는 시간보다 주차되어 있는 시간이 훨씬 많은 차량을 여럿이 함께 사용하면 어떨까?' 하는 아이디에서 나온 서비스입니다. 자동차 소유주와 승객을 연결해 차량을 공유하여 이용하는 서비스입니다.

집 공유
'사용하지 않는 공간을 여행객에게 숙박 공간으로 공유하면 어떨까?' 하는 아이디어에서 나온 서비스입니다. 숙소 소유주와 여행객을 연결해 공간을 공유하여 이용하는 서비스입니다.

주방 공유
배달 음식의 인기가 높아지면서 여러 음식점이 주방을 함께 쓰는 공유 주방의 인기가 점점 높아지고 있습니다. 음식점의 초기 창업 비용을 낮추어 비용 부담을 줄일 수 있습니다.

옷 공유
면접 등 특별한 날에 주로 입는 정장을 필요로 하는 청년들에게 공유하는 서비스입니다. 양질의 정장을 청년들에게 공유하여 취업 비용에 대한 부담을 줄여줍니다.

확인 이 내용이 담긴 디지털 매체는 카 드 뉴 스 이다.

3 주차

▶ 카드 뉴스에서 다루고 있는 주제를 생각하며 빈칸에 들어갈 말을 쓰세요. 답 공유 경제

물건이나 서비스를 여럿이 공유해 사용하는 (　　　　　)이/가 새로운 경제 모델로 확산되고 있다.

해설 뉴스에서 다루고 있는 주제는 공유 경제가 새로운 경제 모델로 확산되고 있다는 것입니다.

▶ 과거 경제 활동 모습과 공유 경제로 바꾸었을 때의 좋은 점을 선으로 이으세요.

- 배달 음식점을 창업할 때 주방 시설하는 비용이 들었다. — 여럿이 함께 쓰는 주방을 이용하면서 배달 음식점 창업 비용 부담을 줄일 수 있다.
- 면접을 보기 위해 단정해 보이는 정장을 구매해 입었다. — 면접 때 입을 정장을 빌려주는 서비스가 있어 취업 비용에 대한 부담을 덜 수 있다.

해설 공유 주방, 공유 옷에 대한 과거 경제 모습과 공유 경제로 바꾸었을 때 모습입니다. 공유 경제는 소유가 아닌 공유를 통해 자원의 낭비를 줄이고, 비용 부담을 낮추는 새로운 경제 모델입니다.

활동 카드 뉴스를 읽고 알게 된 공유 경제 내용을 바탕으로 공유하면 좋은 물건이나 서비스를 써 보세요.

공유할 물건이나 서비스	이유
아기 장난감	아기 장난감은 아기가 자라면서 사용하지 않게 된다. 이를 공유하면 장난감 비용도 줄이고 환경도 보호할 수 있다.
예 식재료	예 1~2인 가구 비중이 늘면서 미처 사용하지 못한 식재료를 이웃과 공유하면 부식비 비용을 줄이고, 환경도 오염시키지 않는다.

해설 나에게 더 이상 필요 없는 물건이 다른 사람에게는 필요한 물건일 수 있습니다.

공유 경제의 예
- 나에게 더 이상 필요 없는 물건이나 안 쓰는 물건
- 초기에 설치 비용이 높은 시설이나 공간
- 지식 정보나 창작물 등

2회 과학

2 웹툰과 인터넷 백과사전을 읽고 인터넷 게시판에 글쓰기

거북을 키워요

요즘은 집에서 거북, 도마뱀, 이구아나 등 특수 동물을 키우는 사람도 많아요. 웹툰과 인터넷 백과사전을 읽고 거북을 키우는 방법을 알아보고, 거북을 강이나 바다에 유기하는 사람들에게 인터넷 게시판에 제안하는 글을 써 보세요.

반려 거북의 종류에는 어떤 것이 있을까요?

레오파드 육지거북

평생 육지에서 살아가는 육지 거북입니다. 육지거북 중에서 4번째로 크게 자라는 중형 거북으로, 반려용으로 많이 키웁니다. 등딱지의 문양이 표범무늬 같아서 표범무늬 거북이라고 불리기도 합니다. 등딱지가 다른 육지거북에 비해서 높게 자라기 때문에 뒤집혀도 오뚝이처럼 빨리 정상으로 돌아올 수 있습니다.

▲ 레오파드 육지거북

남생이

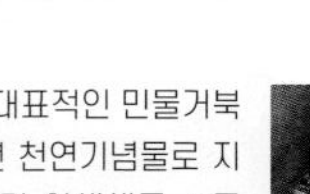

우리나라의 대표적인 민물거북으로 2005년 천연기념물로 지정된 멸종위기 야생생물 Ⅱ급으로 법정보호종입니다. 때문에 남생이는 함부로 기를 수 없으며 환경부의 허락을 받은 곳에서 입양받아야 합니다. 성질이 온순하며 등딱지는 매우 단단합니다. 수명은 약 20년 정도입니다.

▲ 남생이

늑대거북

톱니 모양의 돌기가 있고, 등딱지만큼이나 긴 꼬리가 특징입니다. 독특한 생김새로 반려용으로 선호하지만 다른 거북들에 비하여 빠르게 성장하며 성격이 포악합니다.

▲ 늑대거북

확인 이 내용이 담긴 디지털 매체는 웹툰과 인터넷 백 과 사 전 이다.

3 주차

ⓔ 똑똑백과사전 사전 소개 | 연표

반려 거북 키우기

준비물

수조, 히터기, 온도계, 여과기, 쉼터, 램프, 먹이 등

수조	거북이 성장했을 때의 크기를 생각하여 넉넉한 사이즈로 준비한다.
히터	추위에 약해 온도가 내려가면 움직임이 느려지고 병에 걸릴 수 있기 때문에 히터로 물의 온도를 유지해 준다.
온도계	온도 체크를 위해 필요하다.
여과기	물을 깨끗하게 유지해 주고 물비린내가 나는 것을 막기 위해 필요하다.
쉼터	물 밖에서 쉴 수 있도록 쉼터를 만들어 준다.
램프	거북도 햇빛을 봐야 하므로 램프로 햇빛의 역할을 대신해 준다.
먹이	전용 사료와 가끔씩 채소를 먹이로 준다.

먹이 주기

크기에 따라 적당한 양의 사료를 하루에 한 번, 혹은 2~3일에 한 번 물 위에 띄워 줍니다. 사료를 과하게 주면 먹지 않은 사료로 수질이 오염 될 수 있으니 알맞게 준다.

물 갈아 주기

수돗물을 3일 정도 받아 두었다가 염소 성분이 제거된 다음 사용한다.

주의할 점

- 거북의 몸에 살모넬라균이 있을 수 있으므로 거북을 만졌을 때는 손을 깨끗이 씻어야 한다.
- 수시로 온도 체크를 하여 적정 온도 26~28도를 유지해야 한다.
- 육지를 만들어 주어 일광욕을 하며 등딱지를 말리고 쉴 수 있도록 한다.
- 배설물의 양이 많아 물이 오염되기 쉬우므로 수질 관리를 잘 해야 한다.
- 성장 속도에 따라 환경을 바꿔 주고 끝까지 책임지고 키워야 한다.

반려 거북의 관리

- 소중한 생명이므로 끝까지 책임지고 관리해야 한다.
- 거북이 탈출하거나 잃어버렸을 때는 반려동물을 찾는 앱을 활용하여 찾는다.
- 반려 거북을 강이나 바다에 버리면 생태계에 나쁜 영향을 미칠 수 있으므로 절대 함부로 버리면 안 된다.

거북의 수명 | 장수의 상징으로 알려진 거북의 수명은 자연에서 살아가는 일반적인 거북의 경우 보통 20~30년 정도이며, 바다거북은 평균 약 50년 정도를 산다고 한다. 하지만 반려동물로 키우는 거북은 대략 15~20년 정도를 산다고 한다.

▶ 거북의 특징에 따라 알맞게 선으로 이으세요.

- 남생이 — 우리나라의 대표적인 민물거북으로 2005년 천연기념로 지정되 었습니다.
- 늑대거북 — 톱니 모양의 돌기가 있고, 등딱지만큼이나 긴 꼬리가 특징입니다.
- 레오파드 육지거북 — 등딱지의 문양이 표범무늬 같이서 표범무늬 거북이라고 불리기 도합니다.

해설 거북의 특징에 알맞게 선으로 잇습니다.

▶ 인터넷 백과사전을 읽고 알게 된 내용으로 알맞은 것에 ○표를 하세요.

(반려 거북 키우는 방법) ○ / 파충류의 종류 / 반려 거북의 유해성

해설 인터넷 백과사전은 반려 거북 키우는 방법에 대한 정보를 담고 있습니다.

▶ 거북을 키울 때 주의할 점으로 알맞은 것을 골라 ○표를 하세요.

사료는 한꺼번에 많이 주어야 빨리 자란다.	
거북을 키우는 수조의 온도는 15도로 맞춰 준다.	
배설물의 양이 많아 물이 오염되기 쉬우므로 수질 관리를 잘 해야 한다.	○

해설 사료는 거북의 크기에 따라 적당한 양만 주고, 수조의 온도는 26~28도로 맞춰 주어야 합니다.

활동 1 인터넷 백과사전을 통해 알게 된 거북을 키울 때 주의할 점을 정리해 보세요.

수조를 꾸밀 때	먹이를 줄 때
거북이 성장했을 때의 크기를 생각하여 넉넉한 사이즈로 준비한다. 물 밖에서 쉴 수 있도록 쉼터를 만들어 준다.	예 크기에 따라 적당한 양의 사료를 하루에 한 번, 혹은 2~3일에 한 번 물 위에 띄워 준다.
물을 갈아 줄 때	**배설물이 생겼을 때**
예 수돗물을 3일 정도 받아 두었다가 염소 성분이 제거된 다음 사용한다.	여과기로 배설물을 걸러주고 물을 자주 갈아준다.

해설 인터넷 백과사전의 내용을 정리하여 씁니다.

활동 2 인터넷 백과사전을 읽고 알게 된 내용을 바탕으로 거북을 키우다가 강이나 바다에 유기하는 사람들에게 제안하는 글을 쓰려고 합니다. 주어진 글의 뒷부분을 완성해 보세요.

자유 게시판

제목 : 반려 거북을 유기하지 맙시다. 인쇄

등록일: 20○○.4.13 | 조회: 0

거북을 나의 반려동물로 받아들였다는 것은 가족이 된다는 것입니다. 그런데 최근 반려 거북을 키우다가 마음이 바뀌거나 키우기 힘들다는 이유로 강이나 바다에 유기하는 사례가 늘고 있습니다.

예 반려 거북을 강이나 바다에 유기하게 되면 하천이나 바다 생태계에 나쁜 영향을 미칠 수 있습니다.
파충류도 소중한 생명입니다. 입양하기 전에 반려 동물에 대해 잘 알아보고, 신중하게 생각한 다음 입양해야 하며, 입양했다면 끝까지 책임져야 한다고 생각합니다.

공감 0 | 댓글 0

해설 반려 거북을 유기하면 안 되는 이유를 써 봅니다.

3 주차

3회 생활

■1 독자 후기와 댓글을 읽고 게시판에 댓글 쓰기

내 마음속의 양심

연수는 《자전거 도둑》을 읽고 서점 게시판에 독자 후기를 썼어요. 연수의 독자 후기와 댓글을 읽어 보고 하고 싶은 말을 댓글로 써 보세요.

독자 후기

국내 도서 > 어린이 > 독자 후기　　인쇄

《자전거 도둑》을 읽고

작성자: 김유진 | 등록일: 20○○.10.9 | 조회: 41

아버지의 서재에서 익숙한 도서 제목이 눈에 들어왔습니다. 교과서에서 배운 소설이라 호기심이 생겨 책을 펼쳤습니다.

수남이는 고향을 떠나 청계천 세운상가 전기용품 점원으로 일하는 16세 아이입니다. 수남이는 주인 영감의 칭찬에 용기를 얻고 골목의 누구보다 더 일찍 일어나 가게 문을 열고 열심히 일합니다. 어느 날 배달하러 간 곳에서 힘겹게 돈을 받아 낸 수남은 자전거를 세워 놓은 쪽으로 달려가는데 세워 놓은 자전거가 쓰러지면서 신사의 차와 부딪히게 됩니다. 신사는 수남에게 차 수리비를 요구하고 수남은 잘못했다고 신사에게 빌지만 신사는 수남의 자전거에 자물쇠를 채우고는 이 자전거를 찾으려면 오천 원을 가지고 오란 말을 하고 떠납니다. 혼란에 빠진 수남은 자전거를 가지고 도망치게 되고 주인 영감은 그런 수남의 행동을 칭찬합니다. 하지만 수남은 자신의 행동이 도둑질인 것 같고, 자전거를 들고 달렸을 때에 느끼던 쾌감은 무엇인지 죄책감을 느끼며 괴로워합니다. 문득 수남은 도덕적으로 자신을 견제해 줄 어른이 그리워졌고 짐을 꾸려 시골로 내려갈 결심을 합니다.

《자전거 도둑》의 배경인 1970년대는 우리나라의 경제가 빠른 속도로 성장하면서 돈, 좋은 집 같은 물질적인 가치를 쫓기 시작했다고 합니다. 이러한 물질 만능주의는 주인 영감이나 신사처럼 다른 사람을 배려하기보다는 자신의 이익을 먼저 생각하는 이기적인 태도를 많이 보였을 거라 짐작됩니다. 그런데 돈만 아는 어른들과 달리 성실하고 양심적인 수남이의 모습을 통해 우리가 마음속에 지니고 살아야 하는 것이 무엇인지를 알려 주려는 것 같습니다.

공감 5 | 댓글 3

ㄴ **딱지치기** 이 책은 수남이의 마음속 갈등이 왜 생겼는지, 그리고 수남이는 그것을 어떻게 해결해 가는지에 주목하며 읽어야 해요.

ㄴ **달고나** 자전거를 들고 달린 수남이가 느꼈던 감정이 뭐였는지 궁금했습니다. 자전거를 들고 달렸을 때는 두려움과 무서움이 먼저 들 것 같은데 왜 쾌감을 느꼈다고 했을까요?

ㄴ **초코우유** 최근에 자전거를 구입해서 열심히 배우고 있는데 쉽지가 않네요. 진작에 자전거를 배워야 했어야 했나 봐요.

확인 이 내용이 담긴 디지털 매체는 인 터 넷 게 시 판 이다.

3 주차

▶ 《자전거 도둑》에서 내면의 갈등을 겪는 인물을 찾아 ○표를 하세요.

(수남)　　주인 영감　　자동차 주인 신사

해설 신사와의 약속을 어기고 자물쇠가 채워진 자전거를 훔쳐 달아난 수남은 도둑질을 하면서 쾌감을 느낀 자신의 행동에 혼란스러워합니다.

▶ 댓글 게시판에서 '초코우유'가 쓴 댓글이 잘못된 점으로 알맞은 것의 기호를 쓰세요. 답 ㉰

㉮ 은어와 비속어를 사용했다.
㉯ 글쓴이의 생각을 비판했다.
㉰ 글의 내용과 관련 없는 내용을 썼다.
㉱ 너무 길고 자세히 써서 댓글의 요점을 파악할 수 없다.

해설 '초코우유'는 독서 감상문에 대한 내용의 댓글이 아닌 자신의 개인적인 일에 대한 댓글을 썼습니다.

활동 연수의 독자 후기와 댓글을 읽고 인터넷 게시판에 댓글로 써 보세요.

댓글

댓글 달기

예 자전거를 가져 온 수남이를 칭찬하는 주인 영감의 태도가 이해가 되지 않았습니다. 자물쇠가 채워진 자전거를 가져오게 된 까닭을 들었으면 그런 행동을 하면 안 된다고 어른 입장에서 충고했어야 합니다.

1000자 이내 등록

해설 《자전거 도둑》에 나오는 인물에 대한 생각을 써 봅니다.

인터넷 게시판이란? 인터넷 상에서 여러 사람에게 알리는 글을 볼 수 있으면서, 자신의 글을 올릴 수도 있는 공간을 말한다.

3회 생활

2 인터넷 게시판을 읽고 답글 쓰기

시청 소감을 남겨요

텔레비전 방송 프로그램 누리집에 시청자들의 칭찬 답글이 많이 올라와 있네요. 이런 간단한 시청 소감을 통해서도 비평 능력을 키울 수 있어요. 자신이 본 텔레비전 프로그램 중 하나를 골라 인터넷 게시판에 시청 소감을 댓글로 남겨 보세요.

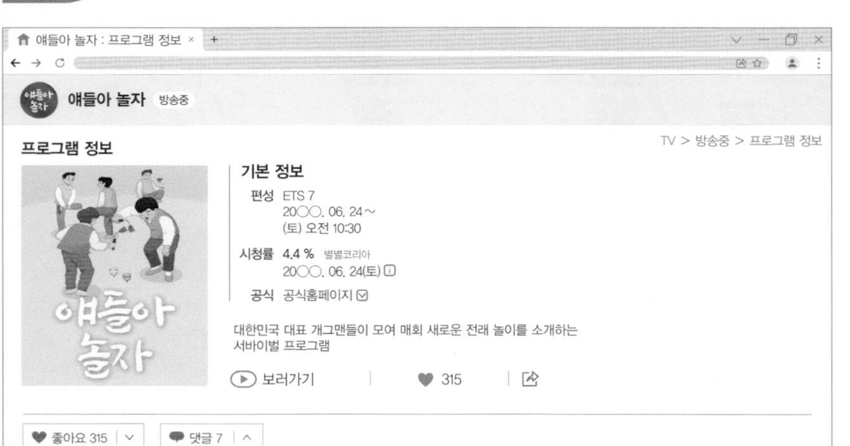

애들아 놀자 : 프로그램 정보

애들아 놀자 방송중

TV > 방송중 > 프로그램 정보

프로그램 정보

기본 정보
편성 ETS 7
20○○. 06. 24 ~
(토) 오전 10:30
시청률 4.4 % 별별코리아
20○○. 06. 24(토)
공식 공식홈페이지

대한민국 대표 개그맨들이 모여 매회 새로운 전래 놀이를 소개하는 서바이벌 프로그램

보러가기 315

좋아요 315 댓글 7

- **김지안** 출연자들이 게임을 하는 프로그램은 많았는데 전래 놀이로 접근한 것이 새롭고 좋았습니다. 제작진, 출연자 모두 파이팅입니다!
- **이한결** 다음 주에는 어떤 전래 놀이를 가지고 나올지 너무너무 궁금해요.
- **윤채린** 전래놀이가 이렇게 다양했단 말인가. 우리 전통 놀이 문화에 대해 다시 생각하게 되었어요.
- **민선우** 출연자들이 이기려고만 하지 않고, 함께 즐기는 모습이 보기 좋았습니다. 시청자도 함께 참여할 수 있는 기회가 있으면 좋겠어요.
- **주승연** 정말 시간 가는 줄 모르고 봤습니다. 1시간이 이렇게 빨리 가다니. 일주일을 어떻게 기다릴지 걱정이네요.
- **김주리** 재미있는 전래 놀이가 이렇게 많다니 친구들과 함께 놀이를 해 봐야겠어요.
- **박희진** 시청자들이 참여할 수 있는 방법이 있으면 더 좋겠어요.

확인 이 내용이 담긴 디지털 매체는 [인][터][넷] [게][시][판]이다.

정답과 해설 39쪽

3 주차

▶ 인터넷 게시판은 무엇에 대한 내용인지 알맞은 것에 ○표를 하세요.

책	영화	(방송 프로그램)

해설 시청자들이 방송 프로그램을 보고 게시판에 댓글을 남겼습니다.

▶ 방송 프로그램 인터넷 게시판 댓글의 특징을 모두 골라 ○표를 하세요.

제작진만 글쓰기에 참여할 수 있다.	
짧은 글을 통해 자신의 의견을 표현할 수 있다.	○
다른 사람의 의견이나 생각을 확인해 볼 수 있다.	○

해설 인터넷 게시판 댓글은 여러 사람이 글쓰기에 참여할 수 있습니다.

활동 이번 주에 보았던 텔레비전 프로그램 중 하나를 골라 인터넷 게시판에 시청 소감을 댓글로 남겨 보세요.

댓글
댓글 달기
예 볼수록 랩의 매력에 빠져 들게 돼요. 이번 주는 특히 참가자들의 랩 가사 속에 공감되는 부분이 정말 많았어요.
1000자 이내 등록

해설 자신이 시청한 텔레비전 프로그램을 생각하여 게시판에 댓글을 써 봅니다.

인터넷 게시판 댓글의 특징

- 여러 사람이 글쓰기에 참여할 수 있다.
- 짧은 글을 통해 자신의 의견을 표현할 수 있다.
- 다른 사람의 의견이나 생각을 확인해 볼 수 있다.
- 목적에 따라 게시판 활용의 방법이 달라질 수 있다.

4회 과학

1 뉴스 방송 대본을 읽고 광고 만들기

감정까지 읽는 인공 지능 스피커

텔레비전 뉴스를 통해 일상 곳곳에서 인간과 함께하는 인공 지능 스피커에 대해 알게 되었어요. 한 번도 안 써 본 사람은 있어도 한 번만 써 본 사람은 없다는 인공 지능 스피커를 소개하는 광고를 만들어 보세요.

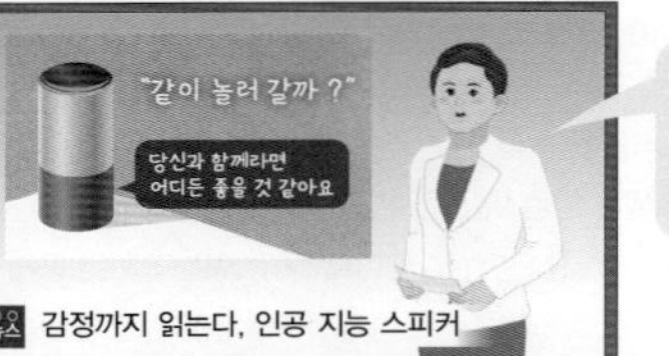

보시는 대화는 사람과 인공 지능 스피커의 대화라고 하는데요. 인공 지능 스피커가 무엇인지 지능미 기자가 소개합니다.

지능미 기자: "같이 놀러 갈까?"라는 사람 말을 알아듣고 사람처럼 대답하는 인공 지능 스피커가 사람 목소리에 반응하고 대답하는 원리는 무엇일까요? 이 질문에 대한 답은 인공 지능 연구가인 김인공 전문 위원이 소개해 주신다고 합니다.

전문 위원: 문의하신 원리는 음성 신호를 음성 인식 엔진으로 변환하여 들어온 음성을 음소 단위로 분류 인식하여 단어 사이의 관계를 확률적으로 계산한 다음, 소리를 글자로 만들어 인식하고 최적의 답을 찾아 소리로 내보내는 인공 지능 음성 인식 기술에 기반합니다. 딥 러닝의 기반은 수많은 데이터에서 규칙을 발견해 사람이 사물을 구분하듯 선별하여 길찾기, 정보 검색, 전화 연결, 음악 재생을 할 수 있는 것입니다.

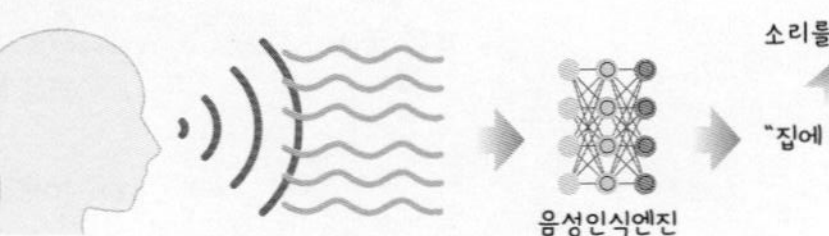
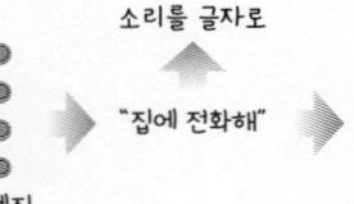
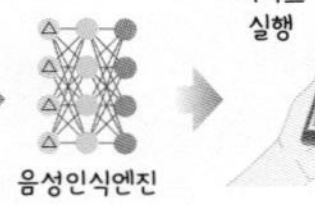

지능미 기자: 이처럼 인공 지능 스피커는 우리가 사용하는 문장의 의미를 빅데이터 분석을 통해 학습하는데요, "덕분에 기분 좋은 하루가 될 것 같네요." 와 같은 사용자 기분에 맞춘 감성 지능형 대화, 시각 장애인 전용 음성 도서, 함께 놀 수 있는 친구 기능까지 앞으로 음성 인식 인공 지능 스피커는 생활 속 어디에서나 등장할 것입니다.

아나운서: 지능미 기자, 잘 들었습니다. 인공 지능 스피커는 음성 기반 플랫폼으로 발전해 자율주행, 사물 인터넷은 물론 사람과 교감하는 역할도 하게 되겠군요. 이상 인공 지능 스피커에 대한 소식이었습니다.

확인 이 내용이 담긴 디지털 매체는 텔레비전 뉴 스 이다.

▶ 뉴스 방송 대본을 통해 알게 된 내용으로 알맞은 것을 두 가지 골라 ○표를 하세요.

인공 지능 로봇의 발전 / (인공 지능 스피커의 기능) / (인공 지능 스피커의 원리)

해설 텔레비전 뉴스를 통해 인공 지능 스피커의 원리와 역할(기능) 등을 알 수 있습니다.

▶ 인공 지능 스피커의 음성 인식 기술은 어떤 과정을 거치는지 차례대로 번호를 쓰세요.

단어 사이의 관계를 확률적으로 계산한 다음 소리를 글자로 만들어 인식함.	3
음성신호를 음성인식 엔진으로 변환함.	1
최적의 답을 찾아 다시 소리로 내보냄.	4
들어온 음성을 음소 단위로 분류하여 인식함.	2

해설 인공 지능 스피커는 음성 신호를 음성 인식 엔진으로 변환하여 들어온 음성을 음소 단위로 분류 인식하여 단어 사이의 관계를 확률적으로 계산한 다음, 소리를 글자로 만들어 인식하고 최적의 답을 찾아 다시 소리로 내보내는 인공 지능 음성 인식 기술에 기반합니다.

활동 뉴스 방송 대본 내용을 바탕으로 인공 지능 스피커의 광고를 만들어 보세요.

예 대화를 나누고 싶다고요?

여기 감정까지 읽어 대화를 나눌 수 있는 스피커가 있습니다. 스피커 속 친구의 목소리가 궁금하지 않으세요?

지금, 켜 보세요~!

해설 광고는 상품이나 서비스에 대한 정보를 여러 가지 매체를 통하여 소비자에게 널리 알리는 의도적인 활동입니다. 뉴스 내용을 바탕으로 하여 인공 지능 스피커를 알리는 광고를 만들어 봅니다.

인공 지능과 인공 감정 지능

인간의 감정을 인지하고 해석하여 적절한 반응을 보이는 것이 '인공 지능(AI: Artificial Intelligence)'이라면 '인공 감정 지능(AEI: Artificial Emotional Intelligence)'은 인간의 감정을 인식하고 식별하여 인간과 교감하는 인공 지능으로 컴퓨터 과학, 심리학, 인지 과학 등의 다양한 분야가 접목되는 융합 분야를 말한다.

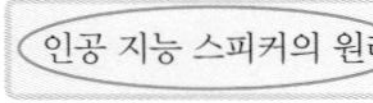

4회 문화

2 인터넷 백과사전을 읽고 한옥 카드 만들기

한옥의 과학적 난방

한류의 영향으로 한옥에 대한 세계인의 관심이 높아졌어요. 인터넷 백과사전을 읽고 옥의 구조를 살펴보세요. 그리고 그 안에 담긴 한옥의 우수성을 정리하여 한옥 카드를 만들어 보세요.

한옥

요약 온돌과 마루 구조를 가진 우리나라 고유의 가옥 양식

한옥은 자연에서 나는 나무와 흙을 재료로 하여 못이나 접착제를 쓰지 않고 끼워 맞춤 형태로 지은 자연 친화적 건축물이다. 또 북쪽으로 갈수록 찬 기운을 막고 열을 유지하기 위해 방을 두 줄로 배열하는 겹집 구조가 발달하였고, 남쪽으로 갈수록 바람이 잘 통하도록 방을 한 줄로 배열하는 홑집 구조와 마루가 발달하였다.

온돌

온돌은 한옥에서 볼 수 있는 고유한 난방 장치이다. 아궁이에서 불을 때면 불과 연기가 부넘기, 고래를 지나는 동안 구들장을 데워 방 전체를 따뜻하게 하고 연기는 굴뚝을 통해 빠져나간다. 이는 다른 나라의 전통 난방 방식인 벽난로나 화로에 비해 열기를 오랫동안 잡아 두어 열효율이 높고, 재나 연기가 실내로 들어오지 않아 쾌적한 난방 방식이다.

마루

마루는 방과 방 사이를 이은 공간이다. 바닥이 지면으로부터 떨어져 있어서 땅에서 올라오는 습기나 열기를 막고, 통풍이 잘 되게 해 준다. 온돌이 겨울철 난방을 위한 시설이라면 마루는 여름철을 시원하게 보내기 위한 공간으로 남쪽으로 갈수록 더 발달했다.

처마

처마는 지붕이 기둥보다 바깥쪽으로 나와 있는 부분이다. 처마는 비가 집 안으로 들이치는 것을 막아 줄 뿐만 아니라 계절별 태양 고도에 맞게 각도를 두어 여름철에는 집 안으로 햇빛이 적게 들게 하고, 겨울철에는 많은 빛이 실내로 들어올 수 있게 만들었다.

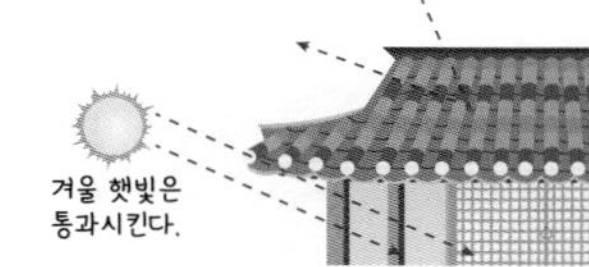

확인 이 내용이 담긴 디지털 매체는 인 터 넷 백 과 사 전 이다.

3 주차

▶ 인터넷 백과사전을 읽고 알 수 있는 한옥의 특징에 모두 ○표를 하세요.

자연에서 나는 재료로 지은 자연 친화적 건축물이다.	○
북쪽으로 갈수록 마루가 넓게 발달했다.	
못이나 접착제를 쓰지 않고 끼워 맞춤 형태로 지었다.	○

해설 북쪽으로 갈수록 찬 기운을 막고 열을 유지하기 위해 마루를 작게 지었고, 남쪽으로 갈수록 바람이 잘 통하도록 마루를 넓게 지었습니다.

▶ 다음과 같은 과학적 원리가 담긴 한옥의 구조는 각각 무엇인지 빈곳에 쓰세요.

온돌	처마
한옥의 고유한 난방 장치로, 열기를 오랫동안 잡아 두어 방 안을 따뜻하게 한다.	계절별 태양 고도에 맞게 각도를 두어 여름철에는 집 안으로 햇빛이 적게 들게 하고, 겨울철에는 많은 빛이 실내로 들어올 수 있게 만들었다.

해설 온돌은 아궁이에 불을 때어 구들장을 뜨겁게 하여 방 전체를 따뜻하게 하는 난방 장치입니다. 처마는 지붕이 기둥보다 바깥쪽으로 나와 있는 부분입니다.

활동 한옥의 우수성을 알리는 한옥 카드를 만들어 보세요.

한옥의 우수성 ❶	한옥의 우수성 ❷	한옥의 우수성 ❸
온돌은 한옥에서 볼 수 있는 고유한 난방 장치로, 열효율이 높다.	예 마루는 땅에서 올라오는 습기나 열기를 막고, 통풍이 잘 되게 해 주며, 여름을 시원하게 보낼 수 있게 해 준다.	예 여름철과 겨울철의 태양 고도를 고려해 처마에 각도를 두어 여름에는 햇빛이 적게 들게 하고, 겨울에는 햇빛이 많이 들어오게 해 준다.

해설 한옥의 온돌, 마루, 처마에 담긴 과학적 원리를 떠올려 정리합니다.

소통을 고려한 한옥

- 여름철에는 마루, 겨울철에는 온돌방에서 온 가족이 함께 모여 시간을 보낸다.
- 집 가운데에 있는 넓은 마당은 집안의 큰일 등을 치르는 공동체 공간으로 쓰인다.
- 담장이 낮은 편이라서 오가는 이웃과 소통하기에 좋다.

■ 온라인 대화를 읽고 대화 하기

건강하게 먹어요

나연이가 친구들과 온라인 대화를 하고 있어요. 나연이는 햄버거를 먹으러 가려고 했는데 다른 친구들은 건강해지는 음식을 먹자고 하네요. 친구들과의 온라인 대화 내용을 바탕으로 먹고 싶은 건강한 학교 급식 식단을 써 보세요.

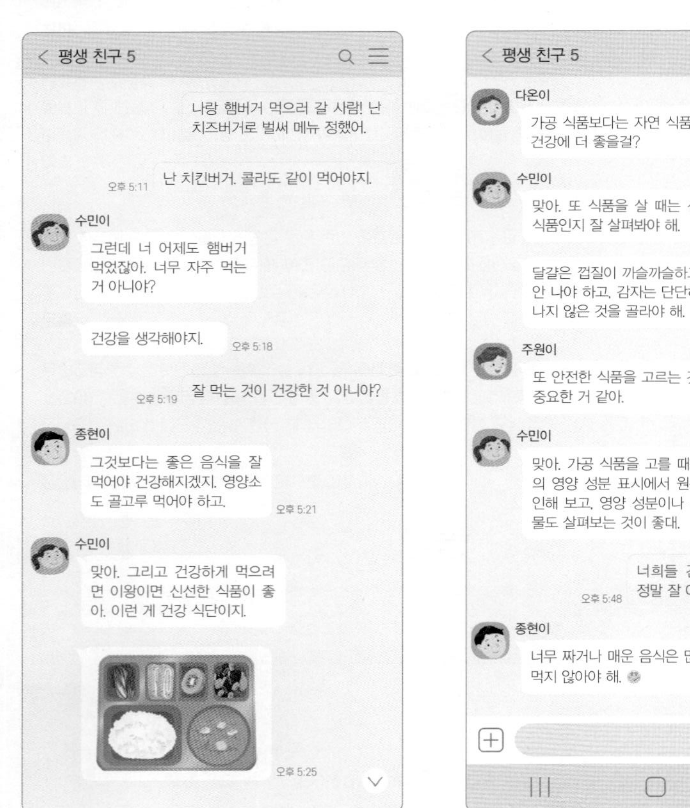

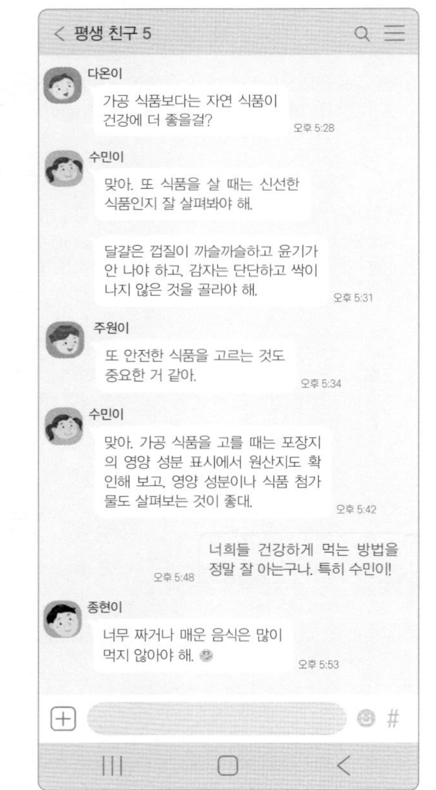

확인 이 내용이 담긴 디지털 매체는 온 라 인 대 화 방 이다.

3 주차

▶ 온라인 대화 내용으로 알맞은 것에 ○표를 하세요.

나연이와 친구들은 (재미있는 운동 방법 , (건강하게 먹는 방법))에 대해 온라인 대화를 하고 있다.

해설 나연이와 친구들은 건강하게 먹는 방법에 대하여 온라인 대화를 하고 있습니다.

▶ 온라인 대화를 읽고 알 수 있는 건강한 식생활을 위한 내용에 모두 ○표를 하세요.

좋아하는 영양소 위주로 먹는다.	
너무 짜거나 매운 음식을 많이 먹지 않는다.	○
가공 식품을 고를 때는 영양 성분을 확인한다.	○

해설 건강한 식생활을 하기 위해서는 여러 영양소를 골고루 먹어야 합니다.

활동 나연이 친구들의 온라인 대화 내용을 바탕으로 다원이와 주원이 처럼 내가 먹고 싶은 건강한 학교 급식 식단을 써 보세요.

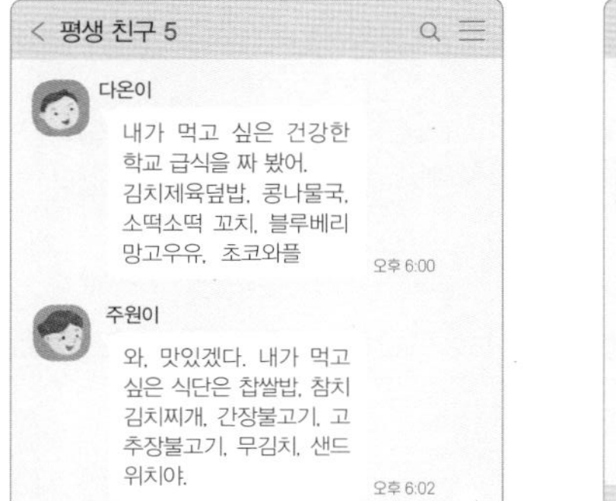

평생 친구 5

예 내가 먹고 싶은 학교 급식은 계란말이, 된장국, 김치볶음밥, 브로콜리무침, 딸기 블루베리 요거트야.

해설 친구들과 대화한 내용을 바탕으로 건강한 학교 급식 메뉴를 떠올려 써 봅니다.

알면 보이는 영양 성분 표시

가공된 식품을 살 때에는 제품에 표시된 영양 성분 표시를 꼼꼼하게 확인해야 한다. 영양 성분 표시에는 그 식품의 1회 제공량이나 식품을 만든 원재료명와 원산지가 표시되어 있다. 그리고 영양성분의 함유량이나 보관 방법, 식품첨가물을 확인할 수 있어서 자신에게 잘 맞는 제품을 고르는 데에 도움이 된다.

3 주차

2 블로그를 읽고 댓글 쓰기

콩쥐와 신데렐라의 비슷한 점과 다른 점

작가를 꿈꾸는 지수는 블로그에 콩쥐팥쥐와 신데렐라의 이야기를 각색한 대본 일부를 올렸어요. 친구들이 지수가 쓴 글을 읽고 온라인 대화방에서 등장인물에 대해 이야기를 나누고 있어요. 지수의 글에 대한 의견을 댓글로 써 보세요.

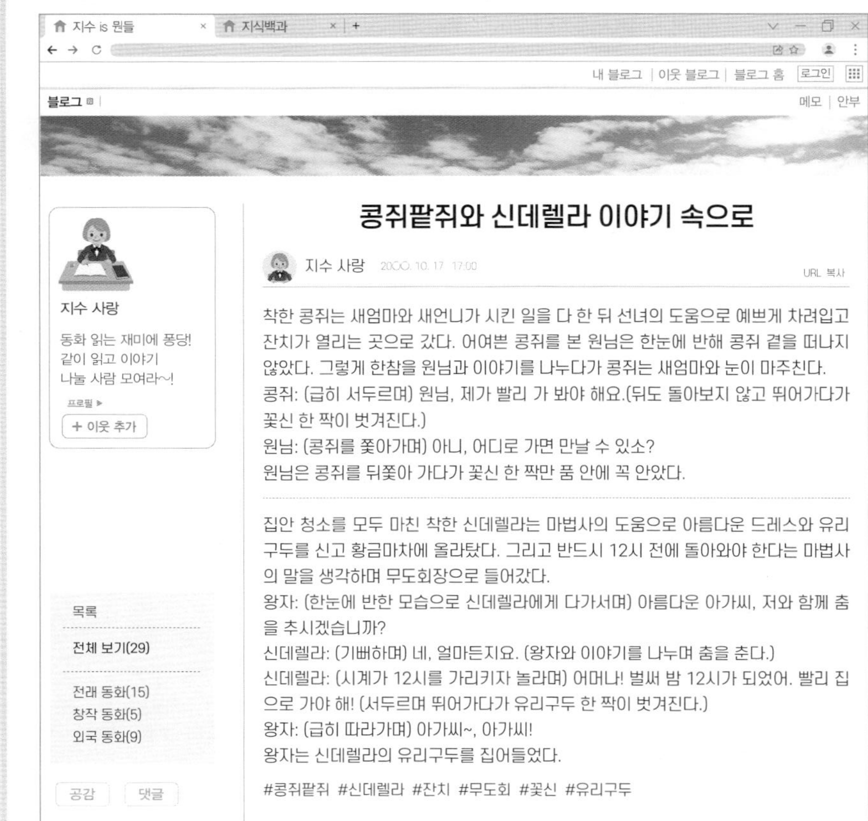

지수 is 원들 | 지식백과

내 블로그 | 이웃 블로그 | 블로그 홈 | 로그인

블로그 | 메모 | 안부

지수 사랑

동화 읽는 재미에 퐁당! 같이 읽고 이야기 나눌 사람 모여라~!

프로필 ▸

+ 이웃 추가

목록

전체 보기(29)

전래 동화(15)
창작 동화(5)
외국 동화(9)

공감 | 댓글

콩쥐팥쥐와 신데렐라 이야기 속으로

지수 사랑 20○○. 10. 17. 17:00 URL 복사

착한 콩쥐는 새엄마와 새언니가 시킨 일을 다 한 뒤 선녀의 도움으로 예쁘게 차려입고 잔치가 열리는 곳으로 갔다. 어여쁜 콩쥐를 본 원님은 한눈에 반해 콩쥐 곁을 떠나지 않았다. 그렇게 한참을 원님과 이야기를 나누다가 콩쥐는 새엄마와 눈이 마주친다.
콩쥐: (급히 서두르며) 원님, 제가 빨리 가 봐야 해요.(뒤도 돌아보지 않고 뛰어가다가 꽃신 한 짝이 벗겨진다.)
원님: (콩쥐를 쫓아가며) 아니, 어디로 가면 만날 수 있소?
원님은 콩쥐를 뒤쫓아 가다가 꽃신 한 짝만 품 안에 꼭 안았다.

집안 청소를 모두 마친 착한 신데렐라는 마법사의 도움으로 아름다운 드레스와 유리 구두를 신고 황금마차에 올라탔다. 그리고 반드시 12시 전에 돌아와야 한다는 마법사의 말을 생각하며 무도회장으로 들어갔다.
왕자: (한눈에 반한 모습으로 신데렐라에게 다가서며) 아름다운 아가씨, 저와 함께 춤을 추시겠습니까?
신데렐라: (기뻐하며) 네, 얼마든지요. (왕자와 이야기를 나누며 춤을 춘다.)
신데렐라: (시계가 12시를 가리키자 놀라며) 어머나! 벌써 밤 12시가 되었어. 빨리 집으로 가야 해! (서두르며 뛰어가다가 유리구두 한 짝이 벗겨진다.)
왕자: (급히 따라가며) 아가씨~, 아가씨!
왕자는 신데렐라의 유리구두를 집어들었다.

#콩쥐팥쥐 #신데렐라 #잔치 #무도회 #꽃신 #유리구두

확인 이 내용이 담긴 디지털 매체는 [블] [로] [그]와 온라인 대화방이다.

블로그와 온라인 대화방의 공통점과 차이점

- 공통점: 상대방과 다양한 이야기로 소통할 수 있다.
- 차이점: 블로그는 다양한 형태로 내용을 자세히 쓸 수 있고 댓글로 소통이 가능하지만, 온라인 대화방은 여럿이 실시간으로 대화를 하는 공간으로 긴 이야기보다 짤막한 대화를 할 수 있다.

▶ 온라인 대화방에서 나누는 이야기의 주제는 무엇인지 ○표를 하세요.

옛날과 오늘날의 비슷한 점과 다른 점	
콩쥐팥쥐와 신데렐라의 비슷한 점과 다른 점	○

해설 블로그 내용을 바탕으로 온라인 대화방에서 아이들은 콩쥐팥쥐와 신데렐라의 비슷한 점과 다른 점을 이야기하고 있습니다.

▶ 온라인 대화방의 특징으로 알맞은 것을 모두 찾아 기호를 쓰세요. 답 ㉮, ㉱

㉮ 긴 이야기보다 짤막한 대화를 할 수 있다.
㉯ 휴대 전화나 컴퓨터를 이용해 그린 만화를 인터넷을 통해 연재하고 볼 수 있다.
㉰ 다양한 형태로 내용을 자세하게 쓸 수 있고 댓글로 소통이 가능하다.
㉱ 실시간으로 여럿이 대화를 할 수 있는 공간이다.

해설 블로그는 다양한 형태로 내용을 자세히 쓸 수 있고 댓글로 소통이 가능하지만, 온라인 대화방은 여럿이 실시간으로 대화를 하는 공간으로 긴 이야기보다 짤막한 대화를 할 수 있습니다.

▶ 지수가 블로그에 올린 대본을 통해 연극이나 영화로 만들 때 들어갈 장면을 알맞게 말한 친구에 모두 ○표를 하세요.

해설 지수가 블로그에 대본에는 팥쥐가 원님에게 꽃신을 전해 주는 장면은 나타나 있지 않습니다.

3 주차

활동 1 다음은 콩쥐팥쥐와 신데렐라 이야기의 한 장면들입니다. 친구들이 온라인 대화방에서 이야기를 나눈 것을 바탕으로 짐작할 수 있는 콩쥐와 신데렐라의 비슷한 성격에 모두 ○표를 하세요.

콩쥐는 일을 하고 팥쥐가 비웃는 모습

신데렐라는 청소를 하고 새엄마가 일을 시키는 모습

잘난 척을 잘한다. (착하다.) 욕심이 많다. (부지런하다.)

해설 콩쥐와 신데렐라는 둘 다 해야 할 일을 끝까지 해내는 성격이며, 착하고 부지런한 점이 비슷하다고 말했습니다.

활동 2 온라인 대화방에 참여하지 못한 친구가 지수의 글을 읽고 블로그에 댓글을 썼어요. 이에 대한 나의 생각을 댓글로 써 보세요.

좋아요 7 | 댓글 1

ㄴ 이야기꾼 지수야, 나는 콩쥐와 신데렐라가 너무 착하기만 한 게 마음에 들지 않아. 왜 시키는 대로 일만 하고 구박을 받고도 가만히 있었을까?

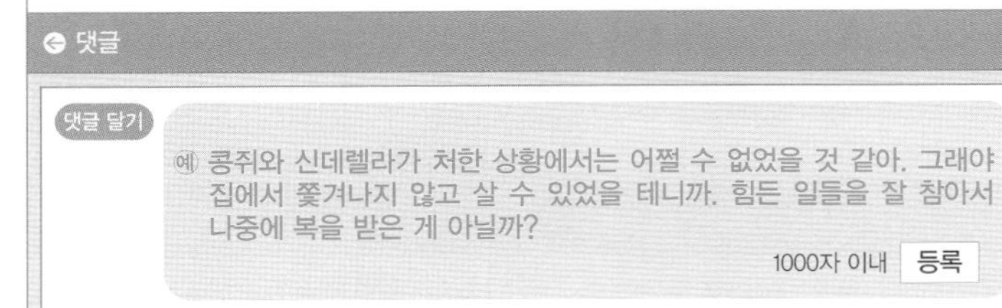

해설 친구의 의견에 대한 생각과 그 까닭을 자유롭게 댓글로 써 봅니다.

확인 문제 »

1 다음은 왼쪽과 같은 디지털 매체에 어떤 글을 쓸 때 주의할 점입니다. 빈칸에 알맞은 말을 쓰세요.

〈텔레비전 ( )을/를 쓸 때 주의할 점〉
- 기사가 공공의 이익을 위하는 것이어야 한다.
- 명예 훼손이나 개인 사생활을 침해해서는 안 된다.
- 의도와 취재 과정이 모두 정당해야 한다.

(뉴스 기사)

해설 주어진 매체는 텔레비전 뉴스입니다. 텔레비전 뉴스 기사를 쓸 때 주의점입니다.

2 다음 블로그의 키워드로 알맞지 않은 것은 무엇인가요? (⑤)

① 콜레라
② 천연두
③ 흑사병
④ 코로나19
⑤ 백혈병

해설 블로그를 읽고 전염병의 종류와 극복의 역사를 알 수 있습니다. 백혈병은 전염병이 아닙니다.

3 다음 매체에 대한 설명으로 알맞은 것을 두 가지 고르세요. (③, ⑤)

① 신문에 실린 광고이다. ② 영상으로 만들어진 것이다.
③ 이런 매체를 카드 뉴스라고 한다. ④ 사진과 글의 내용이 다를 수 있다.
⑤ 줄글로만 된 뉴스에 비해 읽기가 쉽다.

해설 카드 뉴스는 사진과 그림, 글로 구성되어 일반적인 줄글로만 된 뉴스보다 읽기가 쉽습니다.

확인 문제 »

4 반려 동물을 키우고 싶어서 '아파트 수족관에서 키울 수 있는 거북'이라는 키워드를 검색해 보았습니다. 알맞지 않은 것은 무엇인가요? (②)

① 남생이 ② 레오파드 육지거북 ③ 늑대거북
④ 자라 ⑤ 바다 거북

해설 레오파트 육지거북은 이름에서 알 수 있듯이 평생을 육지에서 살아가는 거북입니다.

5 텔레비전 방송 프로그램에 대한 시청 소감을 쓰기에 알맞은 매체는 무엇인지 ○표를 하세요.

온라인 대화방 / (인터넷 게시판) / 인터넷 백과사전

해설 프로그램 시청자라면 누구나 사용이 가능한 인터넷 게시판에 남기는 것이 좋습니다.

6 인터넷 게시판 댓글의 특징이 아닌 것은 무엇인가요? (⑤)

① 여러 사람이 글쓰기에 참여할 수 있다.
② 짧은 글을 통해 자신의 의견을 표현할 수 있다.
③ 다른 사람의 의견이나 생각을 확인해 볼 수 있다.
④ 목적에 따라 게시판 활용의 방법이 달라질 수 있다.
⑤ 주제와 상관 없이 자유롭게 글을 쓸 수 있다.

해설 인터넷 게시판에 댓글을 쓸 때는 은어나 비속어, 그리고 주제와 관련 없는 글을 쓰지 않아야 합니다.

7 한옥에 대한 다음 정보는 어느 디지털 매체에서 찾은 것인가요? (⑤)

> 똑똑백과사전
>
> **한옥**
>
> 온돌과 마루 구조를 가진 우리나라 고유의 가옥 양식
>
> 한옥은 자연에서 나는 나무와 흙을 재료로 하여 못이나 접착제를 쓰지 않고 끼워 맞춤 형태로 지은 자연 친화적 건축물이다. 또 북쪽으로 갈수록 찬 기운을 막고 열을 유지하기 위해 방을 두 줄로 배열하는 겹집 구조가 발달하였고, 남쪽으로 갈수록 바람이 잘 통하도록 방을 한 줄로 배열하는 홑집 구조와 마루가 발달하였다.

① 블로그 ② 인터넷 뉴스 ③ 온라인 대화방
④ 인터넷 게시판 ⑤ 인터넷 백과사전

해설 인터넷 백과사전에서 찾은 정보입니다.

디지털 매체 학습으로 문해력 키우기

'디지털독해가 문해력이다'

디지털독해력은 다양한 디지털 매체 속 정보를 읽어내는 힘입니다.

아이들이 접하는 디지털 매체는 매일 수많은 정보를 만들어 내기 때문에 디지털 매체의 정보를 판단하는 문해력은 현대 사회의 필수 능력입니다.

〈디지털독해가 문해력이다〉로 교과서 내용을 중심으로 디지털 매체 속 정보를 확인하고 다양한 과제를 해결해 보세요.

4 주차

정답과 해설

4 주차

- 1회
  - 1 아빠와 나는 K-팝 사랑꾼
  - 2 세계의 음식, 크루아상
- 2회
  - 1 키오스크의 장점과 단점
  - 2 수소가 도시를 바꾼다
- 3회
  - 1 타지마할
  - 2 어느 것을 고를까요?
- 4회
  - 1 독서 동아리 회원을 모집해요
  - 2 교사가 궁금해요
- 5회
  - 1 지하철역에 나타난 슈퍼맨
  - 2 밥버거 만들기

1 주차

- 1회
  - 1 사이좋게 지내자
  - 2 매미가 살아남는 법
- 2회
  - 1 사랑해, 우리말
  - 2 학교 내 휴대 전화 사용 금지
- 3회
  - 1 내가 만드는 맛집 지도
  - 2 비둘기에게 먹이를 주지 마세요
- 4회
  - 1 오늘도 비, 내일도 비
  - 2 아동을 위해, 아동과 함께
- 5회
  - 1 개인 정보 내 손으로 지켜요
  - 2 진짜와 가짜를 구분하는 능력

2 주차

- 1회
  - 1 우리 학교를 소개합니다
  - 2 보령 머드 축제
- 2회
  - 1 알약의 여러 종류
  - 2 나폴레옹 되짚어보기
- 3회
  - 1 학습 계획하기
  - 2 동지
- 4회
  - 1 귀뚜라미와 반딧불이
  - 2 어린이를 보호해요
- 5회
  - 1 바코드의 비밀
  - 2 청소년의 스마트폰 과의존 위험

3 주차

- 1회
  - 1 거주 지역의 관광지화
  - 2 감염병 극복의 역사
- 2회
  - 1 새로운 경제 모델, 공유 경제
  - 2 거북을 키워요
- 3회
  - 1 내 마음속의 양심
  - 2 시청 소감을 남겨요
- 4회
  - 1 감정까지 읽는 인공 지능 스피커
  - 2 한옥의 과학적 난방
- 5회
  - 1 건강하게 먹어요
  - 2 콩쥐와 신데렐라의 비슷한 점과 다른 점

1회 생활

■ 온라인 대화방을 읽고 온라인 대화 하기

아빠와 나는 K-팝 사랑꾼

아빠와 지효는 좋아하는 가수에 대한 이야기를 하며 서로에 대해 공감하고 있어요. 아빠와 지효의 온라인 대화 내용을 통해 세대 간의 공감에 대해 생각해 보고, 대화 상대와 상황에 따라 공감하는 온라인 대화를 해 보세요.

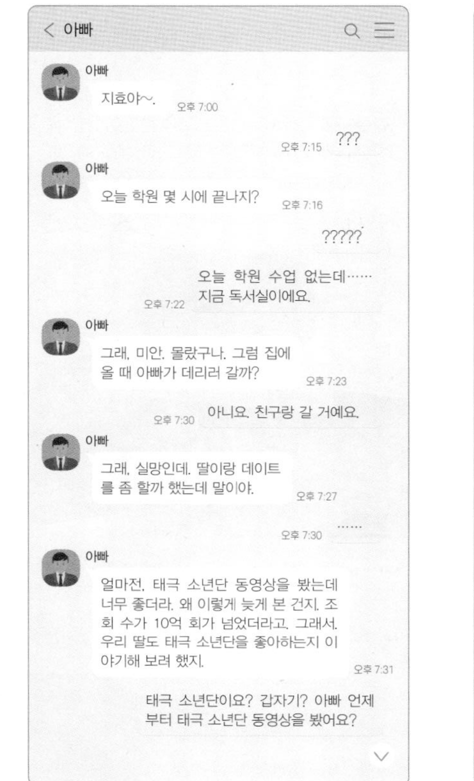

확인 이 내용이 담긴 디지털 매체는 [온][라][인] [대][화][방]이다.

정답과 해설 49쪽

4 주차

▶ 온라인 대화방의 내용으로 알맞은 것에 ○표를 하세요.

((아빠와 지효), 지효와 친구)가 공통의 관심사를 찾아 공감을 하게 되는 온라인 대화이다.

해설 아빠와 지효는 태극 소년단이라는 공통의 관심사가 있다는 것을 알게 되어 자연스럽게 대화를 이어 갈 수 있었습니다.

▶ 아빠와 처음 대화할 때 지효가 잘못한 점에 ○표를 하세요.

다른 사람의 사진을 함부로 보냈다.	
상대방을 고려하지 않고 비속어를 사용했다.	
아빠와 말에 맞장구를 치거나 적극적으로 호응하지 않았다.	○

해설 지효는 아빠와의 대화에서 맞장구를 치거나 상대방의 말에 호응하는 등 적극적으로 반응하지 않았습니다.

활동 아빠와 지효의 온라인 대화에서 공감하는 내용으로 대화를 바꾸어 써 보세요.

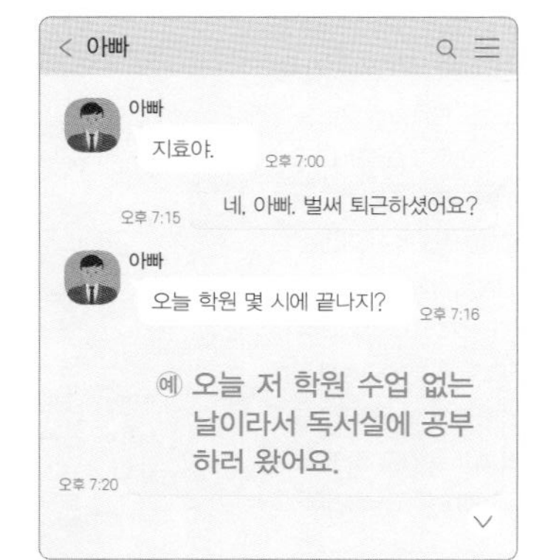

해설 지효의 입장이 되어 공감하는 내용으로 써 봅니다.

공감하며 대화하는 방법

- 맞장구를 치거나 상대방의 말에 호응하는 등 적극적으로 반응한다.
- 상대방의 감정과 생각을 인정하는 수용적인 표현을 한다.
- 상대를 비난하지 않고 자신의 생각과 느낌을 적극적으로 표현한다.

2 블로그를 읽고 마인드맵 정리하기

세계의 음식, 크루아상

세나는 너무나 맛있었던 크루아상 사진을 자신의 SNS에 올리고, 크루아상에 대한 정보를 찾아보았어요. 블로그를 통해 알게 된 크루아상에 대한 정보를 마인드맵으로 정리해 보세요.

← 게시물

S.Senaa

쏠라씨, mayo_kim님 외 19명이 좋아합니다.

세나네 #크루아상 #프랑스크루아상 #초승달모양빵 #페이스트리 #오스트리아빵 #헝가리빵 #먹스타그램 #먹팔 #맛팔

#오늘도_나는_음식여행♥

#겉바속촉의 정석

13시간 전

← 댓글

쏠라씨 오, 빵이 초승달 모양이네.
6시간 댓글 달기

mayo_kim 크루아상이네요. 프랑스를 대표하는 빵이죠~.
4시간 댓글 달기

선민 그런데 기원은 프랑스가 아니라 오스트리아나 헝가리라고 들었어요. 오스만투르크 제국과의 전쟁 승리를 기념해 오스만투르크 제국 국기에 있는 초승달 모양을 본떠 제빵사가 빵으로 만든 것이라고 해요.
2시간 댓글 달기

쏠라씨 초승달 모양 빵 이름이 크루아상이구나. 오늘도 하나 배워 갑니다.
1시간 댓글 달기

쩰마씨 이번에 빵집 다녀와서 크루아상에 대해 잘 소개되어 있는 블로그를 찾았어요. 공유해 드릴게요.
15분 댓글 달기

게시

확인 이 내용이 담긴 디지털 매체는 SNS와 블 로 그 이다.

빵데렐라네 집 | 지도

내 블로그 | 이웃 블로그 | 블로그 홈 | 로그인

블로그

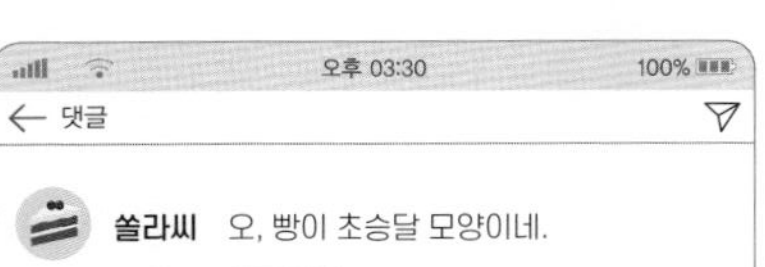

빵데렐라

맛으로 떠나는 세계 여행의 여행지기입니다.

+ 이웃 추가 | 채팅

목록

전체 보기(108)

아시아(28)

아프리카(13)

유럽(23)

오세아니아(11)

북아메리카(14)

남아메리카(19)

메모 | 안부

켜켜이 쌓인 부드러움, 크루아상

빵데렐라 20○○. 03. 11. 21:02 URL 복사

안녕하세요? 오늘 떠날 맛의 여행지는 프랑스입니다. 프랑스는 미식의 나라답게 디저트 천국인데요, 바게트와 함께 프랑스빵을 대표하는 크루아상에 대해 알아보겠습니다. 자, 맛으로 떠나는 세계 여행, 프랑스 크루아상을 향해 출발합니다.

겉은 바삭하고 속은 촉촉한 크루아상은 프랑스어로 '초승달'을 의미하기 때문에 프랑스의 빵으로 알려져 있지만, 본래는 프랑스가 아닌 오스트리아나 헝가리의 빵으로 추측되고 있습니다. 정확한 유래는 알려지지 않았으나, 1683년 오스트리아의 수도 빈이 오스만 제국의 군에 포위되었을 때, 우연히 제빵사가 오스만 제국의 군의 공격 계획을 알게 되어 그 사실을 오스트리아 군에게 알려 전쟁을 승리로 이끌게 되었습니다. 그 후 제빵사는 그 공로를 인정받아 오스만 제국의 국기에 그려진 초승달 모양으로 빵을 만들 수 있는 특권을 부여받아 크루아상이 탄생했다는 이야기가 있습니다. 또 다른 이야기로는 전쟁에서의 공로를 인정받은 제빵사가 이에 대한 답례와 군의 사기를 높이기 위해 오스만 제국의 국기에 그려진 초승달 모양의 빵을 구운 것에서 비롯되었다는 이야기도 있습니다. 그래서 일부 아랍 국가에서는 패전의 아픔을 기억하며 크루아상을 먹지 않도록 법으로 금지하고 있다니 어느 정도의 믿을만한 이야기입니다. 그리고 오스만 제국 국기의 초승달 모양은 현재 터키 국기에 그 흔적이 남아 있기도 합니다.

이후 마리 앙투아네트를 통해 프랑스로 건너갔다고 알려진 크루아상이 지금의 형태로 발전하기 시작한 것은 20세기 파리에서입니다. 밀가루 반죽에 버터를 듬뿍 넣은 후 밀대로 밀고 다시 접기를 반복하여 빵 반죽과 버터가 겹겹이 쌓여 켜켜이 층을 이루는 크루아상은 겉은 바삭하고 속은 부드러운 식감이 특징입니다. 밀가루와 버터, 우유, 달걀, 소금으로 만들어지는 크루아상은 유럽에서는 아침 식사로 많이 이용되고 있습니다. 오늘날에는 초콜릿으로 속을 채우거나 아몬드와 크림을 곁들이는 등 다양한 레시피의 변형이 시도되고 있습니다.

#미식의 나라 #초승달 #오스만제국 #제국국기 #프랑스 #크루아상

프랑스의 아침식사

프랑스어로 아침식사는 '프티 데줘네'라고 하는데, 이는 '작은 점심'이라는 뜻이다. 아침식사를 공복감을 없애는 정도로 점심 전에 먹는 간단한 식사로 여기는 것이다. 프랑스의 가정에서는 일반적으로 아침식사에는 커피 또는 핫초콜릿에 오렌지나 자몽주스 한 잔, 잼을 바른 바게트나 크루아상 하나 정도를 즐겨 먹는다.

▶ 세나가 SNS에서 소개한 음식은 무엇인지 ○표를 하세요.

타르트 | (크루아상) | 바게트

해설 세나는 맛있게 먹었던 크루아상 사진을 자신의 SNS에 올렸습니다.

▶ 블로그를 읽고 알게 된 크루아상에 대한 내용으로 알맞지 않은 것에 ○표를 하세요.

크루아상은 프랑스어로 '초승달'을 의미한다.	
프랑스 제빵사가 초승달을 보고 영감을 얻어 초승달 모양의 빵을 만든 데서 유래하였다.	○
프랑스의 빵으로 알려져 있지만, 크루아상의 유래는 프랑스가 아닌 오스트리아나 헝가리의 빵으로 추측되고 있다.	
밀가루 반죽에 버터를 듬뿍 넣은 후 밀대로 밀고 다시 접기를 반복해서 반죽하며 켜켜이 층을 내어 만든다.	

해설 크루아상의 초승달 모양은 오스만 제국 국기에 그려진 초승달 모양에서 유래하였다는 이야기가 있습니다.

▶ 크루아상과 비슷한 모양의 국기를 찾아 ○표를 하고, 해당하는 국기가 현재 어느 나라의 국기인지 나라의 이름을 쓰세요.

터키

해설 오스만 제국 국기의 초승달 문양은 현재 터키 국기에 그 흔적이 남아 있습니다.

활동 블로그를 읽고 알게 된 크루아상에 대한 내용을 마인드맵으로 정리해 보세요.

4 주차

이름에 담긴 뜻

예 초승달

모양

초승달 모양

크루아상

밀가루 반죽과 버터가 겹겹이 쌓여 켜켜이 층을 이루는 초승달 모양의 빵이다.

식감

예 겉은 바삭하고 속은 부드러움

예 **유래**

17세기 말 오스트리아 또는 헝가리에서 오스만 제국과의 전쟁 승리를 기념하여 오스만 제국 국기에 있는 초승달 모양을 본떠 만들었다는 이야기가 있음.

해설 블로그에 소개된 크루아상에 대한 내용을 정리하여 마인드맵을 만들어 봅니다.

2회 사회

1 뉴스 방송 대본을 읽고 온라인 토론 하기

키오스크의 장점과 단점

우리 주변에 언제부터인가 무인 정보 단말기인 키오스크가 많아졌어요. 키오스크 사용의 장점과 단점에 대해 기획 보도한 텔레비전 뉴스를 보고 온라인 토론방에서 토론이 벌어졌어요. 온라인 토론방에서 자신의 생각이나 의견을 써 보세요.

은행, 주민센터, 공항, 백화점, 종합병원, 음식점, 영화관, 카페. 이곳들의 공통점은 무엇일까요? 모두 키오스크가 설치된 곳이죠. 이제 우리 생활 속에 깊숙이 들어와 있는 키오스크의 장점과 단점을 이순신 기자가 기획 보도합니다.

이순신 기자: 안녕하십니까? 이순신 기자입니다. 키오스크란 공공 장소에 설치하는 무인 정보 단말기입니다. 우리나라에 도입된 2000년대 초반에는 출금, 입금, 공과금 납부 등 간단한 은행 업무를 해결하는 정도로 사용되었습니다. 그런데 이제는 정말 다양한 곳에서 이 키오스크를 볼 수 있습니다.

아나운서: 코로나19 상황이 지속되면서 비대면 결제 시스템인 키오스크 설치가 늘고 있죠? 키오스크를 어디서 또 볼 수 있나요?

이순신 기자: 예, 많은 사람들이 이용하는 서점, 음식점, 편의점, 주차장, 체육관, 공연장, 대학 등 여러 곳에서 키오스크를 흔히 볼 수가 있습니다.

진행자: 예, 그렇군요. 키오스크가 늘어나면서 좋은 점도 있지만 불편한 점도 있겠죠?

아나운서: 예, 동전의 양면처럼 모든 일에는 양면성이 있으니까요. 키오스크는 주로 중고등학생들이나 20대와 30대처럼 스마트 기기에 익숙한 젊은 사람들은 편리하게 사용하고 있으나, 고령층이나 장애인들이 사용하기는 쉽지 않은 게 현실입니다. 그리고 빠르고 편리하다는 장점이 있는 반면에 일자리 감소에 영향을 미친다는 단점이 있습니다. 하지만 키오스크만 설치되어 있는 무인 매장은 점점 더 늘어나고 있습니다. 과연 이게 좋은 것인지는 다시 한번 생각해 보면 좋겠습니다.

확인 이 내용이 담긴 디지털 매체는 텔레비전 [뉴][스]이다.

4 주차

▶ 텔레비전 뉴스에서 보도하고 있는 주제는 무엇인지 ○표를 하세요.

(키오스크의 양면성) | 동전의 양면성 | 키오스크의 사용 방법

해설 텔레비전 뉴스에서는 키오스크의 장점과 단점에 대해 기획 보도하고 있습니다.

▶ 키오스크의 장점과 단점을 알맞게 선으로 이으세요.

장점 ———— 빠르고 편리하다.

단점 ———— 일자리 감소에 영향을 미친다.

해설 키오스크의 장점은 빠르고 편리하다는 것이고, 단점은 일자리 감소에 영향을 미친다는 것입니다.

활동 텔레비전 뉴스를 보고 키오스크 확대에 대하여 온라인 토론방에 의견을 써 보세요.

온라인 토론방

키오스크 확대에 대한 의견을 올려 주세요

진우 전 키오스크 설치 확대에 찬성합니다. 점원이 친절하지 않은 경우엔 기분이 나쁘기도 하거든요. 그런데 키오스크는 그런 경우가 없어서 좋은 거 같아요. 2:05

서희 전 키오스크 설치 확대에 반대합니다. 물론 키오스크가 편리하고 빠르고, 직접 점원을 대면하지 않는 장점이 있긴 합니다. 하지만 뉴스 보도 내용처럼 일자리가 점점 감소된다는 것은 큰 사회문제이기 때문입니다. 2:15

예 전 키오스크 설치 확대에 반대합니다. 최근 저희 할머니께서 저에게 햄버거를 사 주시려고 패스트푸드점에 갔다가 키오스크에서 주문을 못하고 오셨다는 말씀을 전해 들었습니다. 이렇게 나이 드신 분들이나 장애인들에게는 아직까지 키오스크 사용은 불편하기 때문입니다.

해설 텔레비전 뉴스를 보고 알게 된 내용을 바탕으로 장점과 단점을 생각하여 자신의 의견을 써 봅니다.

키오스크 더 알아보기

- '신문이나 담배, 음료 등을 파는 매점.'이란 뜻의 영어이다.
- 현금 자동 입출금기(ATM) 단말기, 발권이나 구매 등을 할 수 있는 단말기, 광고나 정보 등을 제공하는 정보 검색용 단말기 등 다양하게 쓰이고 있다

2회 과학

2 인터넷 뉴스를 읽고 소개하는 글 쓰기

수소가 도시를 바꾼다

지구 온난화의 대안이자 새로운 경제 시스템으로 수소 경제가 등장하였습니다. 수소 경제에 대해 자세하게 소개한 다음 인터넷 뉴스를 읽고 친구에게 수소 경제에 대해 소개하는 글을 써 보세요.

○○뉴스 최신기사 정치 환경 경제 산업 사회 전국 세계 문화 라이프

뉴스 홈 > 환경

[미래 에너지] 수소가 도시를 바꾼다

ETS뉴스 입력 20○○.04.12. 14:22 업데이트 20○○.04.13 00:33

[ETS뉴스=이영재 기자]

수소는 고갈되어 가는 지구의 자원과 온실가스로 급격히 뜨거워지는 지구를 구원할 새로운 에너지원이다.
세계 각국이 탄소 중립을 선언하며 지구 온난화를 멈추기 위해 노력하고 있는 지금 수소 경제는 지구 온난화의 대안이자 새로운 경제 체제로 전기 생산의 에너지인 수소를 안정적으로 생산하고 저장하고 운송하는 산업 및 시장을 창출하는 경제 체제를 말한다. 2009년 일본에서 세계 최초로 가정용 수소 연료 전지 보급을 시작하였고, 우리나라도 울산을 중심으로 수소 경제 기반 시설을 구축하고 있다.

석유, 석탄과 같은 화석 연료를 대체할 에너지원인 수소는 우주 질량의 75%를 차지하지만 공기 중에는 순수한 수소가 거의 없기 때문에 수소를 추출하는 작업이 필요하다. 그래서 먼저 천연자원으로 전기를 생산하고 재생에너지로 생산한 전기로 물에 들어 있는 수소를 분리하는 물 분해 방식으로 수소 연료를 생산할 수 있지만 생산 과정에서 이산화 탄소가 배출되는 문제가 있다. 때문에 가장 이상적인 방법은 그린 수소를 생산하는 것이다. 생산 과정에서 이산화 탄소 배출이 전혀 없는 수소를 그린 수소라고 하는데, 그린 수소는 천연자원에서 추출하는 수소보다 5배 정도가 비싸다. 하지만 2030년이면 수소 생산 비용이 지금의 절반 수준으로 떨어질 전망이다. 이제 수소 연료 전지를 충전하여 움직이는 수소차를 타게 날도 머지않았다.
한편, 2019년 수소 경제 활성화 로드맵 발표한 우리 정부는 수소 경제를 통해 자동차·선박 등 수송 분야와 전기·열 생산 등 에너지 분야까지 다양한 새로운 시장과 산업 창출이 가능하고, 수소 생산, 운송·저장, 충전소 등 기반 시설 구축은 연관 산업 효과가 크고 중소·중견 기업의 투자와 고용 창출이 가능한 미래 성장 산업으로 인식하는 한편, 온실가스 감축, 미세 먼지 저감, 재생에너지 이용 확대 등 친환경 에너지 확산과 에너지원 다각화, 해외 에너지 의존도 감소 등 에너지 자립에도 기여할 것으로 기대하고 있다.

확인 이 내용이 담긴 디지털 매체는 인 터 넷 뉴 스 이다.

정답과 해설 53쪽

4주차

▶ 인터넷 뉴스를 읽고 알게 된 내용으로 알맞은 것에 ○표 하세요.

공기 중에는 순수한 수소가 많다.	
수소는 우주 질량의 15%를 차지한다.	
수소 경제는 지구 온난화의 대안이자 새로운 경제 시스템이다.	○

해설 수소는 우주 질량의 75%를 차지하지만 공기 중에는 순수한 수소가 거의 없습니다.

▶ 다음에서 설명하는 수소는 무엇인지 쓰세요. 답 그린 수소

생산 과정에서 이산화 탄소 배출이 전혀 없는 수소를 말한다.

해설 생산 과정에서 이산화 탄소 배출이 전혀 없는 수소를 그린 수소라고 합니다.

활동 인터넷 뉴스를 보고 알게 된 내용을 바탕으로 하여 승희처럼 수소 경제에 대해 소개하는 글을 써 보세요.

승희

수소를 에너지로 개발하여 관련 산업을 발전시키고 시장을 창출하는 것이 바로 수소 경제의 핵심이야. 수소 경제는 고갈되어 가는 지구 자원과 지구 온난화의 대안으로 등장했어.

나

예 수소 경제는 지구 온난화를 멈추기 위한 대안이자 새로운 경제 체제로 전기 생산의 에너지인 수소를 안정적으로 생산, 저장, 운송하는 산업 및 시장을 창출하는 경제 체제야.

해설 수소 경제에 대해 알게 된 내용을 정리해 봅니다.

수소 에너지의 장점
- 날씨나 지역의 영향을 받지 않는다.
- 장기간 대용량 저장이 가능하다.
- 환경오염 물질 배출이 없다.

3회 문화

1 블로그를 보고 카드 뉴스 만들기

타지마할

세계에는 다양한 건축물이 있어요. 그중에서도 세계적으로 아름답기로 소문난 건축물 중 하나가 세계 문화 유산인 인도 타지마할이에요. 인도 타지마할에 대한 자료를 쓴 블로그를 정리하여 카드 뉴스를 만들어 보세요.

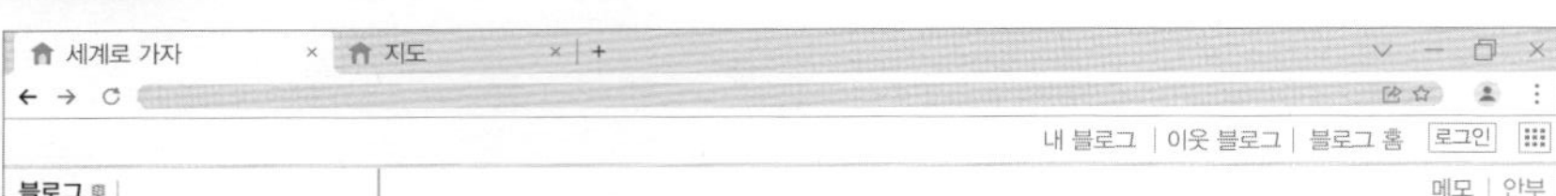

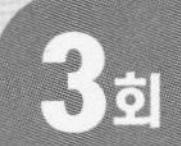

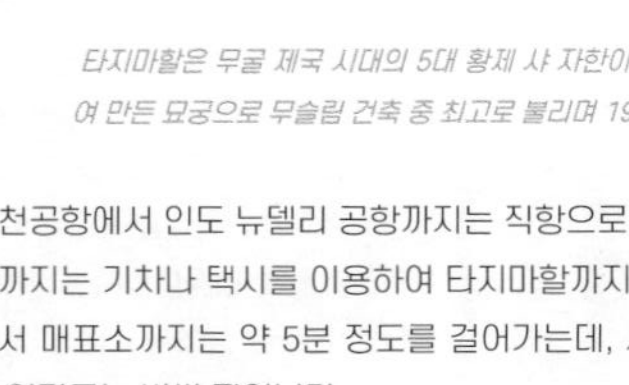

세계로 가자 | 지도

내 블로그 | 이웃 블로그 | 블로그 홈 | 로그인

블로그

여행지기

#여행 #재미 #새로움

+이웃 추가 | 채팅

목록

전체 보기(834)

가족(54)
ㄴ부모님, 형제들(16)

글(122)
ㄴ내 책(6)
ㄴ책 이야기(27)

여행하고 싶은 곳 (5)

메모 | 안부

인도_타지마할

여행지기 20○○. 6. 5. 13:05 URL 복사

타지마할은 무굴 제국 시대의 5대 황제 샤 자한이 사랑하는 왕비 뭄타즈 마할을 위하여 만든 묘궁으로 무슬림 건축 중 최고로 불리며 1983년 세계문화유산에 등재됨.

인천공항에서 인도 뉴델리 공항까지는 직항으로 8시간 정도 갑니다. 뉴델리에서 아그라까지는 기차나 택시를 이용하여 타지마할까지 갈 수 있다고 합니다. 타지마할 입구에서 매표소까지는 약 5분 정도를 걸어가는데, 세계적으로 유명한 대표 관광지인 만큼 입장료는 비싼 편입니다.

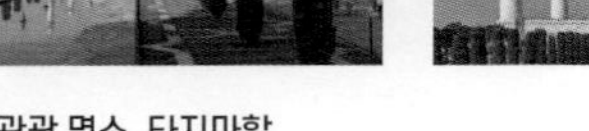

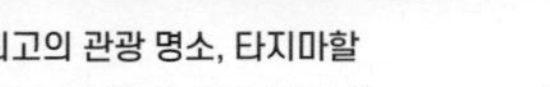

인도 최고의 관광 명소, 타지마할

17세기무굴 제국의 황제 샤자한(Shah Jahan)이 사랑하는 아내를 추모하기 위해 아그라(Agra)에 흰색 대리석으로 지은 웅장한 궁전인 타지마할은 이슬람 예술 작품 가운데 최고의 작품으로 누구나 인정할 수밖에 없는 세계 문화 유산입니다. 원래 이름은 왕비의 이름에서 유래된 뭄타즈 마할이었는데 언제부터인가 바뀌어 타지마할로 불리게 되었습니다. 타지마할의 색깔 자체가 순백색이다 보니 일출, 일몰 때 보이는 빛깔이 달라 신비로운 아름다움을 보여줍니다.

확인 이 내용이 담긴 디지털 매체는 블 로 그 이다.

정답과 해설 54쪽

타지마할 건축

건물과 입구의 수로 및 정원의 완벽한 좌우 대칭은 깔끔한 균형미를 느끼게 합니다. 대칭을 이루는 서쪽 건물은 이슬람 사원이고 동쪽 건물은 균형을 맞추기 위해 세운 건물이라고 합니다. 이슬람의 화려한 돔 양식으로 무굴 제국 건축의 묘미를 보여 주는 타지마할은 건축을 시작한 지 22년 만에 완성되었다고 합니다.

공사 당시 이탈리아, 이란, 프랑스를 비롯한 외국의 건축가들과 매일 2만여 명의 사람을 동원하여 22년간 공사를 벌인 끝에 1653년 완공했다고 합니다. 궁전 형식의 묘지로 구성되었으며, 궁전을 꾸민 보석들은 터키와 미얀마, 이집트, 중국 등에서 가져온 것입니다. 360여 년이 지났지만 순백의 대리석은 눈부시고 신의 손으로 어루만지듯 정교하게 새겨진 꽃과 다양한 문양의 조각은 이루 말할 수 없을 정도로 아름답습니다.

타지마할 내부

타지마할 내부는 바닥까지 대리석으로 빛나고 있습니다. 내부에는 뭄타즈 마할과 결혼 생활을 하며 나눈 샤자한의 절절한 사랑이 새겨져 있습니다. 타지마할 건축에 온 국가 재정을 모두 써 버린 결과 샤자한은 막내아들에 의해 폐위됩니다. 이후 샤자한은 야무나 강을 사이에 두고 아그라 성에 갇혀 뭄타즈 마할만 그리워하다 생을 마감했다고 합니다. 건물 완공 당시에는 뭄타즈 마할의 묘만 있었지만 현재는 샤자한과 뭄타즈 마할이 함께 잠들어 있다고 합니다. 현재 타지마할 건물 내부 1층에는 대리석으로 만든 왕과 왕비의 관이 있지만 빈 관이며 샤자한과 뭄타즈 마할의 유골은 지하묘에 안장되어 있다고 합니다.

#인도 #아그라 #샤자한 #타지마할 #뭄타즈 #묘당 #왕비 #아그라성 #이슬람

타지마할에 대한 소문

- 묘지 하나를 짓는 데 오랜 기간이 걸려 일꾼들이 사는 도시가 새롭게 생겨났다고 한다.
- 샤 자한이 타지마할과 마주 보는 곳에 자신의 묘로 흑색 타지마할을 짓고자 했다는 이야기도 있지만 문헌상으로 증명된 내용은 아니다.

▶ 블로그를 읽고 알 수 있는 건축물에 ○표를 하세요.

만리장성	(타지마할)	자유의 여신상

해설 블로그에서는 타지마할에 대해 설명하고 있습니다.

▶ 블로그의 내용으로 알 수 있는 내용에 모두 ○표를 하세요.

인천 공항에서 뉴델리 공항까지 가는데 걸리는 시간	○
타지마할이 차지하고 있는 땅 넓이	
타지마할을 지은 건축 기간	○

해설 블로그를 읽고 인천 공항에서부터 뉴델리까지의 소요 시간과 타지마할의 건축 기간을 알 수 있습니다.

▶ 블로그의 내용을 바탕으로 타지마할에 대한 키워드를 뽑으려고 합니다. 알맞은 것에 모두 ○표를 하세요.

(묘지)	(뭄타지 마할)	(샤자한)
성곽	기독교	(세계 유산)

해설 타지마할은 세계 유산으로 등재된 아름다운 묘지로 인도 아그라에 위치해 있고, 샤자한이 왕비 뭄타지 마할을 추모하여 만든 궁전 형식의 묘지입니다.

활동 사진 자료에 알맞게 타지마할에 대한 카드 뉴스를 만들려고 합니다. 빈곳에 알맞은 내용을 넣어 카드 뉴스를 완성해 보세요.

타지마할에 대하여

샤자한이 사랑했던 왕비 뭄타즈 마할을 추모하여 만든 왕궁 형식의 묘지, 타지마할입니다.

예 흰색 대리석으로 지은 웅장한 궁전인 타지마할은 이슬람 예술 작품 가운데 최고의 작품으로 누구나 인정할 수밖에 없는 세계 문화 유산입니다.

예 정교하게 새겨진 꽃과 다양한 문양의 조각은 이루 말할 수 없을 정도로 아름답습니다.

건물 완공 당시에는 뭄타즈 마할의 묘만 있었지만 현재는 샤자한과 뭄타즈 마할이 함께 잠들어 있다고 합니다.

해설 사진의 모습을 가장 잘 나타낼 수 있는 내용을 찾아 간략한 카드 뉴스를 만들어 봅니다.

3회 생활

2 두 매체의 광고를 읽고 온라인 대화 하기

어느 것을 고를까요?

진호와 민호는 게임을 하기 위해 인쇄 광고와 모바일 광고에서 게임 광고를 보았어요. 두 광고를 비교해 보고 진호와 민호는 어느 광고의 게임을 왜 선택할 것인지 생각해 보세요.

● 인쇄 광고

● 모바일 광고

확인 이 내용이 담긴 디지털 매체는 인쇄 광고와 모바일 [광][고]이다.

정답과 해설 56쪽

4 주차

▶ 두 매체에서 광고하는 것은 무엇인지 ○표를 하세요.

게임기 　 게임 도서 　 (모바일 게임)

해설 인쇄물와 모바일에서 모바일 게임을 광고하고 있습니다.

▶ 다음은 인쇄 광고와 모바일 광고 중 어느 것의 특징인지 쓰세요. 답 모바일 광고

원하는 것을 찾았을 때 빠르게 구입할 수 있다.

해설 모바일 광고는 그 자리에서 바로 구입이 가능합니다.

활동 민호와 진호는 모바일 광고의 게임을 선택하였습니다. 온라인 대화 내용을 보고 진호의 입장이 되어 모바일 광고의 게임을 선택한 이유를 써 보세요.

< 민호

민호야, 나는 '〈도토리 나무를 찾을까? 심을까?〉'로 결정했어. 너는 어때? 오후 2:30

민호: 나도 마찬가지야. 모바일 광고를 클릭해서 미리 맛보기 게임을 해 봤는데 재미있었거든. 오후 2:40

< 민호

우리 통했네. 내가 모바일 광고의 '〈도토리 나무를 찾을까? 심을까?〉'를 선택한 이유는

예 맛보기 체험을 할 수 있어서 좋았어. 그리고 바로 구입해서 할 수 있어서 편했고.

해설 진호와 민호가 선택한 게임은 모바일 광고 게임입니다. 왜 모바일 광고의 게임을 선택하게 되었는지 모바일 광고 특징과 관련지어 씁니다.

모바일 광고
- 스마트폰 등의 스마트 기기를 통해 광고하는 것을 말한다.
- 스마트 기기만 있으면 언제 어디서든지 볼 수 있어서 접근성이 쉽다.
- 광고 대상을 다른 모바일 광고끼리 쉽게 비교할 수 있다.

4회 생활

1 온라인 대화를 읽고 SNS에 글 쓰기

독서 동아리 회원을 모집해요

교내 자율 동아리 모집 기간이 되었어요. 준서와 동아리 친구들은 독서 동아리 홍보를 위해 어떻게 하면 좋을지 온라인 대화방에서 의논하고 있어요. 온라인 대화를 읽고 SNS에 올릴 독서 동아리를 홍보하는 글을 써 보세요.

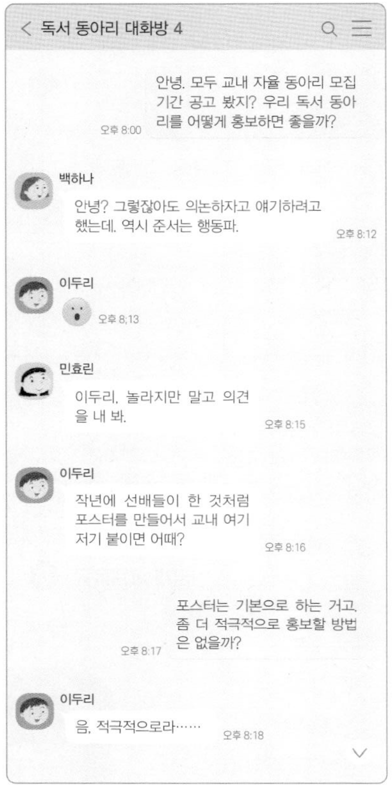

독서 동아리 대화방 4
안녕. 모두 교내 자율 동아리 모집 기간 공고 봤지? 우리 독서 동아리를 어떻게 홍보하면 좋을까?
오후 8:00
백하나
안녕? 그렇잖아도 의논하자고 얘기하려고 했는데. 역시 준서는 행동파.
오후 8:12
이두리
오후 8:13
민효린
이두리, 놀라지만 말고 의견을 내 봐.
오후 8:15
이두리
작년에 선배들이 한 것처럼 포스터를 만들어서 교내 여기저기 붙이면 어때?
오후 8:16
포스터는 기본으로 하는 거고, 좀 더 적극적으로 홍보할 방법은 없을까?
오후 8:17
이두리
음, 적극적으로라……
오후 8:18

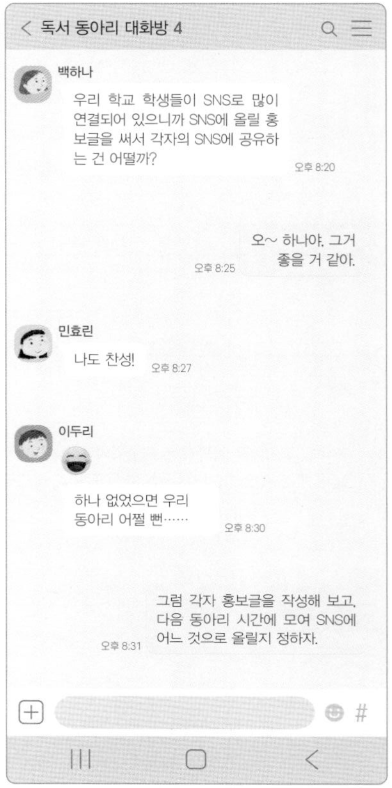

독서 동아리 대화방 4
백하나
우리 학교 학생들이 SNS로 많이 연결되어 있으니까 SNS에 올릴 홍보글을 써서 각자의 SNS에 공유하는 건 어떨까?
오후 8:20
오~ 하나야, 그거 좋을 거 같아.
오후 8:25
민효린
나도 찬성!
오후 8:27
이두리
하나 없었으면 우리 동아리 어쩔 뻔……
오후 8:30
그럼 각자 홍보글을 작성해 보고, 다음 동아리 시간에 모여 SNS에 어느 것으로 올릴지 정하자.
오후 8:31

확인 이 내용이 담긴 디지털 매체는 온 라 인 대 화 방 이야.

4 주차

▶ 온라인 대화 내용으로 알맞은 것에 ○표를 하세요.

(학교 캠페인 , (독서 동아리)) 홍보를 위해서 나눈 온라인 대화이다.

해설 교내 자율 동아리 모집 기간이 되어 독서 동아리 홍보를 준비하면서 나눈 온라인 대화입니다.

▶ 온라인 대화에서 정한 홍보 방법을 모두 골라 ○표를 하세요.

홍보 포스터 붙이기	○
홍보글 SNS에 올리기	○
전단지 만들기	

해설 준서와 동아리 친구들은 독서 동아리 홍보를 위해 홍보 포스터를 교내에 붙이고, SNS에 홍보글을 올리기로 하였습니다.

활동 왼쪽 예시와 같이 SNS에 올릴 독서 동아리를 홍보하는 글을 써 보세요.

tta.s.tty
좋은 책은 좋은 친구와 같아요.
독서 동아리
'책세상'으로 오세요.
좋은 친구를 만날 수 있어요.
301 Likes

예 친구와 함께 책과 함께
오늘도 우리는
꿈을 키워 나갑니다.
독서 동아리 '책꿈세'와 함께
책 읽지 않을래요?
58 Likes

해설 친구들과 함께 하는 독서 동아리의 좋은 점을 생각하며 써 봅니다.

온라인 대화의 예절, 넷티켓

- 마주 보고 이야기하는 마음가짐으로, 유언비어 및 속어와 욕설은 삼가고, 상호 비방의 내용이나 타인의 명예를 훼손시킬 우려가 있는 내용은 쓰지 않는다.
- 만나고 헤어질 때는 인사를 하고, 대화방에 들어가면 지금까지 진행된 대화의 내용과 분위기를 어느 정도 경청하며, 글을 쓰기 전에 한번 더 생각한다.

4회 생활

2 인터넷 게시판을 읽고 댓글 쓰기

교사가 궁금해요

현서는 학교 Q&A 게시판에 '선생님께 질문'이라는 글을 썼어요. 현서의 질문과 선생님의 답글을 읽고 교사라는 직업에 대한 나의 생각을 정리해 보세요.

똑똑in 　물어보기

Q 선생님께 질문!

작성자: 장현서 작성일 20○○.09.09. 10:40 　댓글 12 조회수 79 　1:1

직업 체험 수업을 하고 보니 자기 적성에 맞는 직업을 찾는다는 것이 보통 어려운 일이 아니라는 것을 알게 되었어요. 교사라는 직업에 대한 조언을 들어 보고 싶어요. 그래서 가장 먼저 늘 우리 곁에 계시는 선생님께 질문 드립니다. 교사가 되고 싶은 여러분의 적극적인 참여 부탁드립니다.

Q 질문자님의 추가 질문

선생님이 되신 것을 후회하신 적이 있나요?

A 답변자님의 추가 답변

선생님도 사람인지라 가끔은 후회하지만 보람을 더 느끼기에 저는 평생 직업으로 삼을 거예요.

Q 질문자님의 추가 질문

직업병 같은 것이 있을까요?

A 답변자님의 추가 답변

일단 목을 많이 사용하다 보니 성대에 문제가 생기는 분이 많아요. 학생들의 본보기가 되어야 하기 때문에 법을 어기지 않는 것은 기본이고 도덕적으로도 지탄 받을 행동을 하면 안 되기 때문에 항상 그 부분을 신경 써야 하는 심리적인 직업병이 있어요.

 이 내용이 담긴 디지털 매체는 인터넷 게 시 판 이다.

A 답변자님의 추가 답변

이것은 개인적인 것인데 우리 집 아이들은 항상 제가 누군가를 가르치려고 한대요. 직업병이라고 놀려요.

Q 질문자님의 추가 질문

교사 맞춤 성격이라는 것이 있을까요?

A 답변자님의 추가 답변

제 생각을 말씀드리면 외향적 성격이나 사회성이 있으면 좋을 것 같아요. 가르치는 직업이다 보니 말을 많이 해야 해서 외향적이면 좋을 것 같고, 여러 아이들을 가르쳐야 하니 어울려 생활할 수 있는 사회성이 필요해 보여요. 그렇다고 이러한 성격이 아니라고 교사가 될 수 없는 것은 아니에요. 그저 이러한 성격이 교사로 생활하는데 도움이 될 수 있다는 것을 말하는 것 뿐이에요.

Q 질문자님의 추가 질문

교사가 되길 잘했다고 느낄 때가 있었나요?

A 답변자님의 추가 답변

많죠. 그중에서도 반 친구 모두가 서로 배려하며 사이 좋게 지내는 모습을 보았을 때 그런 생각을 가장 많이 하죠.

Q 질문자님의 추가 질문

교사가 되려면 갖춰야 하는 자질, 자격, 이런 것이 있나요?

A 답변자님의 추가 답변

교사는 되고자 노력하면 누구나 될 수 있지만, 교사라면 학생을 사랑하는 마음이 있어야 겠죠. 그리고 지식을 가르쳐야 하니 가르칠 내용에 대한 전문적인 지식을 갖춰야 해요.

직업

- 생계를 유지하기 위하여 자신의 적성과 능력에 따라 일정한 기간 동안 계속하여 종사하는 일을 말한다.
- 사람들은 일을 하며 돈을 벌 수 있기 때문에 직업은 개인 및 가족이 경제적으로 안정된 삶을 유지하는데 중요한 수단이 된다.

▶ 인터넷 게시판에서 현서의 질문에 답글을 쓴 사람은 누구인지 ○표를 하세요.

학부모님 우리 학교 선배님 (학교 선생님)

해설 인터넷 게시판에서 선생님께 질문을 하고 선생님의 답변을 받고 있습니다.

▶ 현서와 친구들이 궁금해하는 점을 어떠한 방식으로 해결하고 있는지 알맞은 것에 ○표를 하세요.

(인터넷 댓글과 답변) 온라인 대화방 전자 우편

해설 선생님들은 교사라는 직업에 대해 궁금하는 현서와 친구들에게 학교 인터넷 게시판에서 질문을 받고 답글을 써 주었습니다.

▶ 인터넷 게시판에서 알려주고 있는 교사가 되기 위해 갖춰야 할 자질에 해당하는 것을 모두 고르세요. 답 ㉮, ㉯

㉮ 학생을 사랑하는 마음이 있어야 한다.
㉯ 전문적인 지식을 갖추고 있어야 한다.
㉰ 교사는 정해진 사람만 될 수 있다.

해설 교사는 정해진 사람만 될 수 있는 것이 아니라 되고자 노력하는 누구라도 될 수 있습니다.

활동 1 교사와의 온라인 대화 내용을 정리해 보세요.

교사라는 직업의 어려움	교사로 보람을 느낄 때
예 목을 많이 사용하다 보니 성대에 문제가 생기는 경우가 많습니다.	반 친구들이 서로 사이 좋게 지내는 모습을 볼 때

해설 인터넷 게시판에서 교사라는 직업의 어려움에 대한 답변을 찾아 써 보세요.

활동 2 내가 현서네 학교 학생이라고 할 때, 선생님께 하고 싶은 질문을 써 보세요.

Q 질문자님의 추가 질문
선생님이 되신 특별한 이유 또는 동기가 있나요?

Q 질문자님의 추가 질문
예 교사와 유사한 직업에는 무엇이 있을까요?

해설 내가 현서네 학교 학생이라고 생각하여 하고 싶은 질문을 써 봅니다.

활동 3 다양한 매체를 이용하여 **활동 2**의 질문에 대한 답글을 써 보세요.

A 답변자님의 추가 답변
초등학교 때 페스탈로치 전기를 읽고 교사가 되고 싶다고 생각했어요.

A 답변자님의 추가 답변
예 사이버 교육 운영자, 독서 지도사, 사이버 교육 운영자 등이 있습니다.

해설 다양한 매체를 활용하여 질문에 대한 답변을 써 봅니다.

5회 과학

1 뉴스 방송 대본을 읽고 온라인 대화 하기

지하철역에 나타난 슈퍼맨

지하철 선로 추락사고 현장에 슈퍼맨처럼 나타나 추락한 사람을 구한 시민이 있었어요. 텔레비전 뉴스를 통해 공동선에 대해 생각해 보고, 온라인 대화방에서 친구들과 대화를 해 보세요.

지하철 선로에 추락한 사람을 구조한 시민이 화제가 되고 있습니다. 이 소식 이정신 기자가 전합니다.

기자: 지난 18일 저녁 10시 40분경, 귀가하기 위해 지하철을 기다리던 대학생 정○○ 씨(20세)가 갑자기 나타난 취객 김○○ 씨(62세)에 떠밀려 지하철 선로로 추락하는 사고가 발생했습니다. 이 모습을 지켜 본 사람들은 놀라 소리를 지르고 몰려들었습니다. 이때 지하철을 기다리던 또 다른 승객 손○○ 씨(34세)가 선로로 뛰어들어 잠시 의식을 잃고 쓰러진 정○○ 씨를 업어서 구한 후 위로 올려 보냈고, 주변에 있던 사람들이 합심하여 두 사람을 끌어올렸습니다. 이 모든 일은 단 1분 만에 일어난 일입니다.

시민 인터뷰 (남): 갑자기 쿵 하고 사람이 떨어지더라고요. 너무 놀랐죠. 바로 119에 신고했어요.

시민 인터뷰 (여): 갑자기 한 남자가 선로로 뛰어들어 떨어진 남자를 구하더라고요. 슈퍼맨이 따로 없었다니까요.

기자: 신고를 받은 119 구조대원이 5분 만에 도착했지만 이미 구조가 완료된 후였습니다. 추락한 정○○ 씨는 가벼운 찰과상만 입었습니다.

손○○ 씨 인터뷰: 사람이 떨어졌고 지하철이 들어오면 죽을 수도 있잖아요. 당연히 구해야 한다는 생각뿐이었습니다.

기자: 지하철이 언제 들어올지 모르는 아찔한 순간, 사람 목숨을 구해야 한다는 생각만으로 선로에 뛰어들어 시민을 구한 손○○ 씨, 지하철에 나타난 슈퍼맨이라는 말이 과하지 않습니다. 지금까지 ETS 이정신 기자였습니다.

확인 이 내용이 담긴 디지털 매체는 텔레비전 [뉴][스]이다.

정답과 해설 60쪽

4 주차

▶ 다음은 텔레비전 뉴스에서 누가 한 말인지 선으로 이으세요.

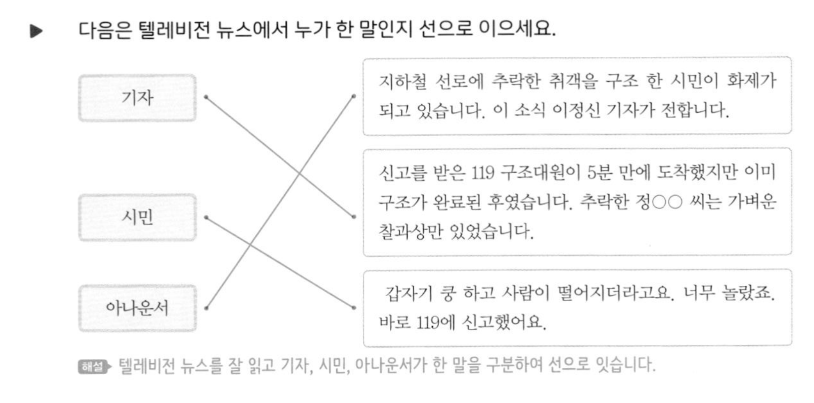

기자	지하철 선로에 추락한 취객을 구조 한 시민이 화제가 되고 있습니다. 이 소식 이정신 기자가 전합니다.
시민	신고를 받은 119 구조대원이 5분 만에 도착했지만 이미 구조가 완료된 후였습니다. 추락한 정○○ 씨는 가벼운 찰과상만 있었습니다.
아나운서	갑자기 쿵 하고 사람이 떨어지더라고요. 너무 놀랐죠. 바로 119에 신고했어요.

(기자 — 신고를 받은 119 구조대원이…, 시민 — 갑자기 쿵 하고…, 아나운서 — 지하철 선로에 추락한 취객을…)

해설 텔레비전 뉴스를 잘 읽고 기자, 시민, 아나운서가 한 말을 구분하여 선으로 잇습니다.

▶ 텔레비전 뉴스의 내용으로 알맞은 것에 ○표를 하세요.

지하철에서 술에 취한 취객이 선로로 떨어졌다.	
지하철 선로에 추락한 사람을 구한 사람은 일반 시민이다.	○

해설 지하철 선로에 추락한 사람을 일반 시민이 구조한 내용입니다.

활동 이 텔레비전 뉴스의 내용에 대한 나의 의견을 온라인 대화방에 쓰세요.

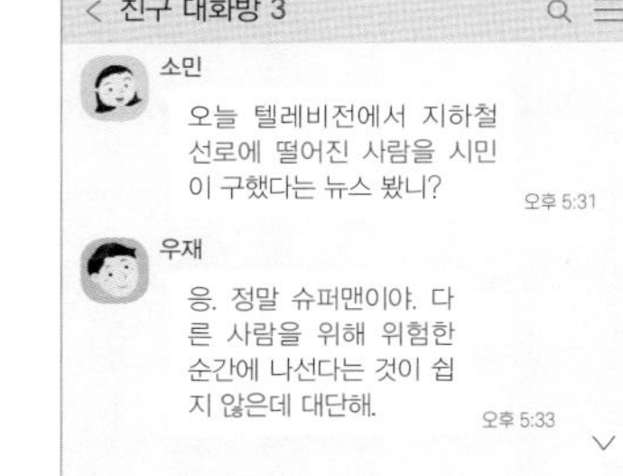

< 친구 대화방 3

예 몇 년 전에도 지하철 선로에 추락한 시민을 구하다가 사망한 사람도 있었잖아. 난 의인으로 남는 것도 좋지만 너무 위험한 일에 함부로 뛰어들면 안 될 것 같아.

해설 지하철 선로에 떨어진 사람을 구할 때 문제점은 없는지 생각하며 써 봅니다.

공동선(共同善)
- 개인을 위한 것이 아닌 국가나 사회, 온 인류를 위한 선이다.
- 공동의 이익이나 공동체를 위한 가치를 추구한다.
- 공동체의 가치가 개인의 행동에 영향을 미친다.

5회 생활

2 SNS와 온라인 대화를 읽고 SNS에 글 쓰기

밥버거 만들기

요리사가 꿈인 지우는 지난 봄부터 요리 학원에 다니고 있어요. 3개월에 한 번씩 창작 요리 주제가 나오는데, 미리 재료와 조리법을 생각해야 해요. SNS와 온라인 대화방의 내용을 읽고 밥버거 레시피를 써 보세요.

확인 이 내용이 담긴 디지털 매체는 SNS와 [온][라][인] [대][화][방]이다.

정답과 해설 61쪽

4주차

▶ 지우와 함께 요리 수업을 듣는 사람들이 만들려고 하는 요리에 알맞게 선으로 이으세요.

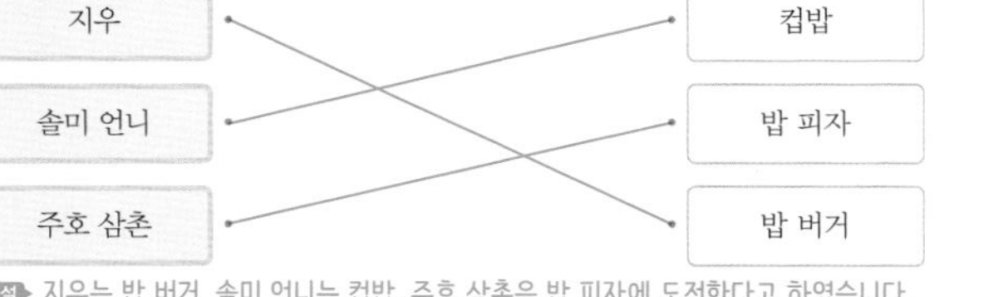

해설 지우는 밥 버거, 솔미 언니는 컵밥, 주호 삼촌은 밥 피자에 도전한다고 하였습니다.

활동 SNS에 올라온 컵밥 레시피를 참고하여 주어진 재료로 SNS에 올릴 밥버거 레시피를 정리해 써 보세요.

tta.s.tty

재료: 식은 밥 180g, 김치 50g, 햄 작은 것 1캔, 달걀 1개, 식용유 약간, 참기름, 김가루 약간

레시피: 팬에 기름을 두르고 잘게 썬 김치와 햄을 넣고 볶는다. 넓은 컵에 밥을 담고, 김치, 햄 볶음을 올린다. 그 위에 달걀프라이를 올리고 참기름을 넣어 마무리한다.

28 Likes

재료: 식은 밥 150g, 양상추 1장, 치즈 1장, 양파, 냉동 떡갈비 1장, 달걀 1개, 케첩, 마요네즈, 스테이크 소스

레시피: 예 식은 밥을 둥글고 납작하게 빚는다. 양파를 얇게 썰어 찬물에 담가 매운 맛을 빼 주고, 달걀과 떡갈비를 구워 양상추와 양파, 치즈와 소스를 차례대로 올리고, 둥글게 빚어 둔 밥으로 덮는다.

31 Likes

해설 재료에 어울리는 요리 이름을 정하고, 만드는 과정을 알기 쉽게 순서대로 정리하여 써 봅니다.

레시피 정리하는 방법

- 레시피는 음식을 만드는 기술이나 방법, 과정 등을 말한다.
- 분량이나 조리 과정이 잘 드러나게 정리한다.
- 복잡한 요리일수록 요리의 이름, 조리 시간, 준비 재료, 제품 사진 등을 활용하여 보는 사람이 이해하기 쉽게 정리한다.

확인 문제 »

ㅣ 지후와 아빠의 온라인 대화를 보고 지후의 "……"을 대신하는 공감하는 태도의 말로 알맞은 말의 기호를 쓰세요.

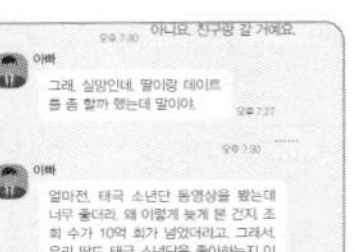

㉮ 어쩔, 나 약속.
㉯ 아쉬워요. 저도 그러고 싶은데 친구랑 약속이 있어요.
㉰ 어색해서 싫어요.

(㉯)

해설 상대방의 말에 적극적으로 반응하며 상대방의 감정과 생각을 인정하는 수용적인 표현으로 공감하며 대화하는 것이 좋습니다.

2 다음과 같은 매체에 대한 설명으로 알맞지 않은 것의 기호를 쓰세요.

㉮ 글보다는 사진을 많이 보여준다.
㉯ 다른 사람과 실시간으로 대화할 수 있다.
㉰ 주고받은 사진은 허락없이 사용할 수 있다.
㉱ 직접 만나지 않고 대화를 하더라도 예의를 지켜 말한다.

(㉰)

해설 SNS으로 주고 받은 사진이라도 저작권이 있으므로 허락없이 함부로 사용하지 않아야 합니다.

3 다음과 같은 매체의 특징으로 알맞지 않은 것의 기호를 쓰세요.

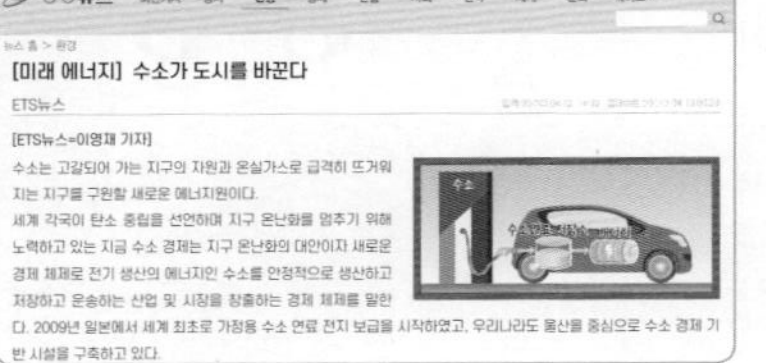

㉮ 글을 쓴 사람의 이름을 알 수 있다.
㉯ 글쓴이는 언제라도 내용을 고칠 수 있다.
㉰ 글을 전송한 시각을 알 수 있다.
㉱ 진행자와 말을 주고받으며 내용을 전달할 수 있다.

(㉱)

해설 주어진 매체는 인터넷 뉴스입니다. 진행자와 말을 주고받으며 내용을 전달하는 것은 텔레비전 뉴스입니다.

4 다음에서 설명하는 것은 무엇인지 쓰세요.

- '신문이나 담배, 음료 등을 파는 매점.'이란 뜻의 영어이다.
- 현금 입출금 단말기, 발권이나 구매 등을 할 수 있는 단말기 등에 쓰이고 있다.

(키오스크)

해설 키오스크에 대한 설명입니다.

확인 문제 »

5 다음 매체에 대한 설명은 무엇인가요? (⑤)

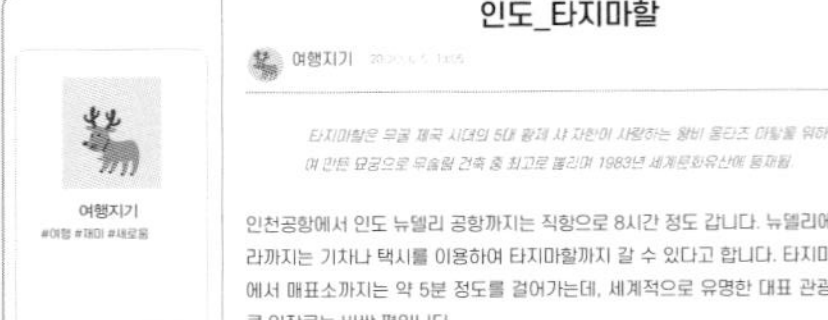

① 다른 사람과 실시간 대화를 할 수 있다.
② 글이나 사진, 영상 등을 실시간으로 주고받을 수 있다.
③ 줄임말이나 유행어를 사용하여 대화를 주고받을 수 있다.
④ 전문적인 지식으로 검증된 내용으로만 구성해야 한다.
⑤ 글쓴이의 생각이나 정보 중심으로 하루하루 날짜별로 구성할 수 있다.

해설 블로그는 주로 자신의 생각이나 정보 위주로 사진과 동영상을 사용하여 구성하고 하루하루 날짜별로 구성할 수 있습니다.

6 모바일 광고에 대한 설명이 아닌 것의 기호를 쓰세요.

㉮ 스마트폰 등의 스마트 기기를 통해 광고하는 것을 말한다.
㉯ 스마트 기기만 있으면 언제 어디서든지 볼 수 있다.
㉰ 한 번 만든 광고는 수정이 어렵다.

(㉰)

해설 한 번 만들고 나면 수정이 어려운 광고는 인쇄 광고입니다.

7 다음과 관련된 매체는 무엇인지 알맞은 것에 ○표를 하세요.

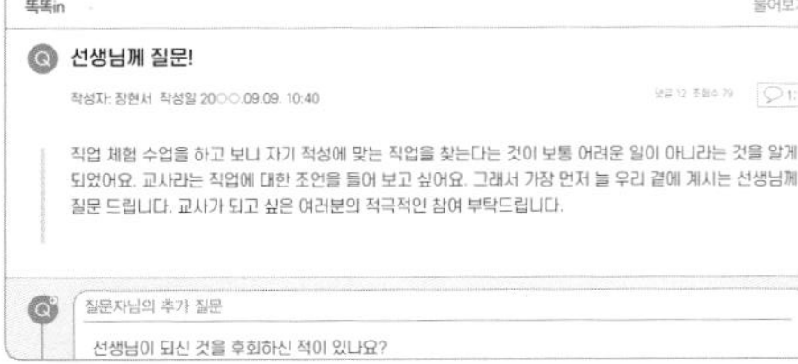

온라인 대화방
인터넷 Q&A 게시판 (○)
SNS

해설 인터넷 Q&A 게시판은 질문에 맞는 분야를 선택하고 질문을 작성하면 답변을 받을 수 있습니다.

디지털 매체 학습으로 문해력 키우기

‘디지털독해가 문해력이다’

디지털 매체에서 정보를 알맞게 읽어내는 문해력

◇

교과별 성취 기준을 바탕으로 한 디지털 매체 학습을 중심으로 구성

◇

실생활에서 자주 접하는 다양한 디지털 매체를 제시하여 활용해 보는 활동

◇

디지털 매체를 활용한 다양한 독해 활동과 확인 문제를 구성

◇

학습 내용과 함께 가치 동화를 제시하여 5가지 올바른 가치를 강조

교과서를 혼자 읽지 못하는 우리 아이? 평생을 살아가는 힘, ‘문해력’을 키워 주세요!

*EBS **'당신의 문해력'** 교재 시리즈는 **약속**합니다.*

교과서를 잘 읽고
더 나아가 많은 책과 온갖 글을 읽는 능력을 갖출 수 있도록
문해력을 이루는 **핵심 분야별, 학습 단계별** 교재를 준비하였습니다.
한 권 **5회×4주 학습**으로 아이의 공부하는 힘,
평생을 살아가는 힘을 EBS와 함께 키울 수 있습니다.